PUBLICATION DE LA SOCIÉTÉ DE SAINT-VICTOR.

HISTOIRE DU CANADA

II

HISTOIRE

DU

CANADA

DE SON ÉGLISE

ET DE SES MISSIONS

DEPUIS LA DÉCOUVERTE DE L'AMÉRIQUE JUSQU'A NOS JOURS, ÉCRITE SUR DES DOCUMENTS INÉDITS COMPULSÉS DANS LES ARCHIVES DE L'ARCHEVÊCHÉ ET DE LA VILLE DE QUÉBEC, ETC.

PAR M. L'ABBÉ BRASSEUR DE BOURBOURG

Vicaire-Général de Boston, ancien professeur d'histoire ecclésiastique au Séminaire de Québec, membre de l'Académie Pontificale de la Religion Catholique de Rome, etc.

TOME SECOND

PARIS

SAGNIER ET BRAY, LIBRAIRES, RUE DES SAINTS-PÈRES, N° 64

PLANCY

Société de Saint-Victor pour la propagation des bons livres

ARRAS — Même maison, rue de la Pomme-d'Or, 289

AMIENS — Même maison, rue de Noyon, n° 47

1852

PLANCY. — J. COLLIN, IMPRIMEUR.

HISTOIRE DU CANADA

DE SON ÉGLISE ET DE SES MISSIONS.

CHAPITRE XVIII.

DEPUIS LA PROCLAMATION DE LA PAIX JUSQU'A LA CONSÉCRATION DE MARIAUCHEAU D'ESGLIS, COADJUTEUR DE QUÉBEC, EN 1772

Fausse magnanimité de l'Angleterre. Voyage de l'abbé Briand, vicaire capitulaire du diocèse de Québec, à Londres. Ses souffrances dans cette ville. Son voyage à Paris. Il y est consacré septième évêque de Québec (1766). Le ministère anglais refuse de lui reconnaître ce titre. Il revient en Canada. Joie que cause son retour. Ses ménagements pour les vainqueurs. Cruauté des Anglais envers les Acadiens français de l'île Saint-Jean. Représailles des Sauvages Micmacks. Le gouverneur d'Halifax supplie l'abbé Maillard de les apaiser. Mort édifiante de l'abbé Maillard, et ses obsèques à Halifax (1768). Premiers prêtres anglais et irlandais en Canada (1767). Négociations de l'abbé Briand, évêque de Québec, pour obtenir un coadjuteur. Faiblesse du clergé. Élection de Mariaucheau d'Esglis pour coadjuteur de Québec. Pauvreté de ce choix. Sa consécration (1772).

La paix ayant été proclamée en Canada, l'abbé Briand, grand-vicaire capitulaire et administrateur du diocèse durant la vacance, donna à cette occasion un mandement pour ordonner un *Te Deum* afin de remercier Dieu dans toutes les églises du bienfait de la paix, et d'engager le peuple à se soumettre partout avec confiance au nouveau gouvernement (4 mai 1763). « Cet événement, dit un auteur canadien moderne,

» occasionna l'émigration de mille ou douze cents » Français ou Canadiens. Cette diminution de la po- » pulation canadienne était d'autant plus à regretter, » qu'elle avait lieu dans la classe élevée, la seule alors, » à peu d'exceptions près, où il y eût des talents dé- » veloppés et des connaissances acquises. Le change- » ment désastreux qui s'opéra sous le rapport des » arts et des sciences se fit sentir longtemps dans » le pays [1]. » On peut dire, sans craindre de se tromper, qu'il s'y fait sentir encore aujourd'hui. En effet, c'est avec la conquête que l'on voit commencer cette altération dans le caractère des Français du Canada, qui finit par n'en être plus que l'ombre. La timidité, la défiance et l'indécision, marques distinctives d'un peuple vaincu, apparaissent; et ceci surtout devient remarquable dans le clergé et dans la noblesse, classes qui avaient le plus à craindre de la part du vainqueur. On voit chez eux de grands égards pour le gouvernement et les magistrats britanniques; mais ces égards sont forcés, et l'antipathie pour les Anglais paraît bien plus qu'ils ne se l'imaginent ou qu'ils ne voudraient réellement le montrer.

A l'appui de ces paroles, voici ce qu'écrivait en 1838 un homme d'Etat distingué, à son retour du Canada, dont il avait été gouverneur-général [2] : « Des circons- » tances d'une nature particulière, disait lord Dur-

[1] Bibaud, *Histoire du Canada*, Montréal, 1842.

[2] *Rapport de lord Durham, haut-commissaire de Sa Majesté*, etc., sur les affaires des possessions britanniques de l'Amérique du Nord. Première partie.

» ham, exclurent, dès le commencement, les Cana-
» diens français du pouvoir, et mirent les emplois lu-
» cratifs et de confiance aux mains d'une foule d'étran-
» gers venus de la Grande - Bretagne. Les mêmes
» encore remplirent toutes les hautes fonctions judi-
» ciaires. Les fonctionnaires civils, avec les officiers
» de l'armée, formèrent une espèce de classe privilé-
» giée qui occupa le premier rang dans la société. Elle
» en exclut la portion la plus distinguée des Canadiens
» français, et en même temps les écarta du gouverne-
» ment de leur propre pays. Ce n'est que depuis
» peu d'années, ainsi que me l'ont assuré des personnes
» qui connaissent parfaitement le pays, que cette
» classe de fonctionnaires civils et militaires a cessé
» de prendre envers la haute société canadienne ce
» ton et ces airs exclusifs, plus révoltants pour un peu-
» ple remarquable par sa politesse et sa susceptibi-
» lité que le monopole du pouvoir et du lucre. Et
» encore ce favoritisme national n'a-t-il pris fin qu'a-
» près que des plaintes fréquentes et des débats hai-
» neux eurent allumé des passions que des concessions
» n'ont pu éteindre. Les races étaient devenues enne-
» mies, *lorsqu'une justice trop tardive avait été ob-*
» *tenue par la force.* Et même, depuis, le gouvernement
» a trouvé le moyen d'exercer son patronage envers
» les Canadiens *d'une manière aussi offensante pour*
» *eux* que leur précédente exclusion. »

Or, la même année que lord Durham adressait ces paroles à la reine d'Angleterre, un Anglais historien du Canada publiait à Londres les paroles suivantes : « Liberté civile et religieuse fut accordée aux Canadiens ; et, selon les paroles de l'auteur des *Annales politiques du Canada*, — aucune histoire antérieure » ne peut offrir un si grand exemple de grandeur » d'âme et de générosité de la part d'un vainqueur » envers un peuple vaincu : la Grande-Bretagne ouvrant ainsi une ère nouvelle dans les guerres du » monde civilisé, et forçant l'univers à lui donner la » palme pour avoir su conquérir un peuple moins » dans l'intérêt de son ambition et pour le soin de » pourvoir à la sûreté de ses autres colonies que dans » l'espoir d'améliorer la situation des vaincus et de » les faire jouir des droits de la liberté humaine[1]. »

Paroles pompeuses, mensonges brillants, comme ceux que l'Angleterre est habituée à jeter au monde, et que démentent si cruellement les faits. Car, outre l'exclusion où elle tint les Canadiens de toute part dans l'administration de leur pays, durant les longues années qui s'écoulèrent entre la conquête et l'époque moderne, en laissant entre les mains d'Anglais seulement, et souvent sortis des classes les plus viles de leur pays, le monopole de l'autorité civile de la colonie, les nouveaux venus qui se constituaient leurs magistrats ajoutèrent encore l'insulte à l'exclusion, en niant aux Canadiens leurs droits comme sujets britanniques, reconnus par le traité de cession, et en

[1] Montgommery-Martin, *Hist. of Canada*, in his *British Colonies*. London, 1838.

les regardant comme incapables de toute fonction, précisément à cause de leur titre de Catholiques. Un tel état de choses était si évidemment injuste et contraire au traité de Paris, que, par mandement de l'abbé Briand, en sa qualité d'administrateur du diocèse, un appel fut fait aux fidèles dans toutes les églises du Canada, qui les engageait à contribuer chacun selon ses moyens à une levée de fonds nécessaire pour envoyer une députation à Londres afin d'y demander l'octroi des libertés garanties par le traité fait avec la France [1]. C'est apparemment à la suite de leur pétition, qui fut déposée au pied du trône, que les lords du commerce envoyèrent la question suivante à l'attorney-général, sir Fletcher Norton, et au solliciteur-général, sir William de Grey : « Les sujets catholiques romains » de Sa Majesté résidant dans les pays cédés à Sa » Majesté en Amérique par le traité de Paris, ne » sont-ils pas soumis, dans ces colonies, aux incapa» cités et pénalités auxquelles les catholiques romains » sont soumis par les lois dans ce royaume ? »

A cette question si grave pour le Canada, mais qu'on aurait dû considérer comme vaine et ridicule en Angleterre, si la justice y eût régné, puisqu'elle était toute décidée par la capitulation de Montréal et le traité de Paris, les deux personnages ci-dessus mentionnés répondirent, à la date du 10 juin 1765 :

— « Ils ne le sont pas [1]. »

[1] Archives de l'archevêché de Québec.

Ainsi, deux ans après le traité qui cédait le Canada à l'Angleterre, et par lequel la couronne britannique garantissait aux Canadiens le libre exercice de la Religion Catholique, on était encore à se demander à Londres si les Canadiens n'étaient pas soumis aux pénalités et incapacités qui pesèrent si longtemps sur les sujets catholiques des Trois-Royaumes.

Ce dut être un sujet de réflexions bien pénible pour les députés du Canada lorsqu'ils se virent forcés de s'en retourner dans leurs foyers sans autre réponse que celle que nous avons citée et l'espoir incertain d'un avenir meilleur, destiné peut-être à ne jamais se réaliser.

Olivier Briand, administrateur du diocèse de Québec, était alors lui-même à Londres, où il était arrivé avec des lettres de recommandation du général Murray, gouverneur du Canada. Depuis la mort de Pontbriand, c'était sur l'abbé Briand que s'étaient réunis les suffrages du clergé et de la noblesse française du Canada, qui à force d'instances avaient obtenu de lui qu'il demandât des lettres à M. Murray pour se rendre à Londres afin de solliciter du cabinet britannique la permission de demander à Rome l'institution de l'évêché de Québec. C'était une faute, mais qui se conçoit facilement à une époque où les idées d'une juste et sage indépendance, mais d'une indépendance véritable, telle que devait être celle de l'Église du Canada,

[1] *The justice and policy of the late Act of Parliament, etc., for Quebec, asserted and proved.* London, 1774.

de toute puissance temporelle, étaient si peu comprises.

D'après le traité de paix, toute liberté étant garantie à la Religion Catholique, Briand aurait dû se rendre en Europe sans consulter le gouvernement, se faire sacrer évêque après avoir obtenu ses bulles du Souverain-Pontife, et retourner dans son diocèse. Mais personne ne songeait alors à faire l'application du principe constaté dans le traité. Briand s'adressa donc tout simplement au gouverneur, et, cédant au vœu de tous, s'embarqua au mois d'octobre 1764. Il arriva à Londres au mois de décembre suivant, et remit au ministère les lettres du général Murray. Celui-ci avait parfaitement senti que, pour perpétuer le clergé du Canada, il fallait lui donner un évêque. Refuser à l'abbé Briand les lettres qu'il lui demandait, c'était peut-être le forcer à tirer lui-même la conséquence du principe posé dans le traité, et à laisser entièrement de côté le gouvernement dans cette affaire importante; ou bien, s'il empêchait les Canadiens de se donner un premier pasteur, c'était exposer les Anglais à se rendre tout-à-fait odieux à la population française, qui ne manquerait pas de trouver le moyen de faire passer en France ou dans quelque autre pays catholique les candidats proposés pour le sacerdoce; ce qui les aurait mis inévitablement jusqu'à un certain degré dans la dépendance d'une puissance étrangère [1]. Or, c'étaient

[1] *The justice*, etc. — Lettres de M. Murray à M. Briand. Archives de l'archevêché de Québec.

là des alternatives également désagréables et qu'il fallait éloigner à tout prix.

Malgré la sagesse politique du plan proposé par le gouverneur de laisser l'abbé Briand se rendre en France pour y recevoir la consécration épiscopale, celui-ci eut à subir à Londres tous les obstacles que lui suscita le mauvais vouloir du ministère ainsi que l'envie et le fanatisme des protestants. Durant plus d'une année qu'il demeura dans cette ville, il essuya tous les dédains et les insultes des gens de bureau, qui se le renvoyèrent sans pitié et sans lui donner la moindre satisfaction. Il eut à souffrir les hauteurs des membres de l'Église établie, à supporter les privations les plus pénibles, et plus d'une fois il se vit aux prises avec la misère, les ressources lui ayant souvent manqué durant ce pénible séjour.

Vers la fin de l'année 1765, un prêtre irlandais qu'il rencontra par hasard dans les bureaux, apprenant l'objet de ses démarches, et prenant en pitié sa triste situation, l'engagea à cesser ses poursuites, en lui faisant comprendre que le ministère anglais, malgré les promesses et les recommandations de M. Murray, demeurerait sourd à toutes ses demandes, et ne se hasarderait jamais à se compromettre aux yeux de son église au point de lui donner explicitement une réponse favorable. Il lui conseilla de profiter de la liberté que lui accordait le texte du traité de Paris, pour se rendre aussitôt en France, sans s'occuper davantage du bon plaisir de l'Angleterre, l'engageant à s'y faire consacrer évêque, à revenir ensuite à Londres, et à se présenter hardiment, comme évêque catholique du Canada, au ministère, qui ne pourrait faire autrement que de fermer les yeux sur cette démarche [1].

Après tant d'humiliations supportées cependant avec le courage d'un prêtre chrétien, ces paroles du prêtre irlandais rendirent quelqu'espoir à l'abbé Briand. Il suivit le conseil qu'il en avait reçu et se rendit à Paris, où bientôt après il reçut ses bulles, datées du 21 janvier 1766. Le 16 mars suivant, il fut consacré dans une chapelle particulière, à Suresnes près Paris, par Demay de Termont, évêque de Blois. Il retourna ensuite à Londres, produisit courageusement la bulle du Pape au ministère britannique, qui n'exigea de lui d'autre formalité que le serment de fidélité au roi. On lui signifia ensuite qu'il pouvait repartir pour le Canada, non avec le titre d'évêque de Québec, qu'on ne lui reconnaissait point, mais avec celui de surintendant de l'Église Romaine : *Superintendent of the Roman Church in Canada.* Malgré toutes ces circonstances humiliantes et le refus que l'on faisait de le reconnaître officiellement pour évêque de Québec, sa consécration n'en fit pas moins pousser les hauts cris aux protestants zélés, et jeta l'alarme dans l'Église d'Angleterre.

Le retour de l'abbé Briand à Québec (28 juin 1766) fut salué par les cris de joie de tous les Canadiens, qui

[1] Mandement de Mgr Briand, aux archives de l'archevêché. — Journal du voyage fait par Mgr Plessis, évêque de Québec, dans les années 1819 et 1820, en Europe. Première partie. MS de l'archevêché de Québec.

le reçurent avec tous les honneurs dus à sa nouvelle dignité. L'allégresse fut d'autant plus grande, que l'on comptait moins le revoir revêtu de la dignité épiscopale. Le souvenir de toutes les humiliations que les nouveaux maîtres du Canada avaient fait subir à l'évêque de Québec ne lui rendit son troupeau que plus cher. Mais ce souvenir fut chez lui comme le commencement de cette défiance et de cette timidité qui firent bientôt le fonds du caractère franco-canadien, et qui réglèrent d'une manière si déplorable pour la religion les rapports subséquents de l'Église et de l'État. La crainte de blesser les regards susceptibles des protestants empêcha même le nouvel évêque de prendre, durant les premiers mois de son retour, les marques de sa dignité : la soutane violette et la croix pectorale, dont il ne se revêtit ensuite publiquement qu'aux instances réitérées de son troupeau [1]. Sans pouvoir entièrement se rendre compte des craintes qu'ils éprouvaient, les Catholiques prévoyants, et l'évêque le premier, ne pouvaient s'empêcher de voir qu'en le privant ainsi officiellement du titre de sa dignité, le but du gouvernement anglais était d'affaiblir l'influence de l'épiscopat et celle du clergé sur la population canadienne. Or, affaiblir cette influence, c'était affaiblir celle de la

[1] C'est l'historien protestant Smith, qui fut à peu près contemporain de tous ces événements, qui fait malicieusement cette remarque sur la timidité de M. Briand. C'est lui aussi qui raconte que ce prélat, en s'adressant aux Canadiens, à son retour, ne se présenta pas à eux comme évêque, mais comme un *simple faiseur de prêtres*. Ce sont de nouveaux traits à ajouter aux nombreux exemples de la méchanceté et de la mauvaise foi protestantes des hommes du gouvernement d'alors. M. Smith et son père firent tous les deux partie de ce gouvernement en Canada.

Religion Catholique, et préparer les populations à recevoir les sectes protestantes, qui commençaient à s'introduire à la suite des émigrations venant de l'Angleterre. Je me rappelle encore à ce sujet avoir lu une ordonnance du gouverneur anglais, publiée vers la même époque, pour soustraire à l'action de l'évêque catholique et aux pénalités de l'Eglise tout prêtre qui serait disposé à *secouer le joug de l'Église Romaine pour embrasser le véritable Évangile*, c'est-à-dire pour se faire protestant et se marier [1].

La conquête ayant privé l'évêque de Québec de la plus grande partie de ses ressources, qu'il tirait de France, les séminaires de Montréal et de Québec convinrent alors de lui fournir de quoi se loger et se nourrir convenablement, avec un secrétaire et un valet de chambre [2]. Aussi est-ce à dater de l'évêque Briand que les évêques ont commencé à demeurer généralement au séminaire de Québec, où ils partageaient la vie simple et frugale des directeurs, selon le vœu et l'intention de François de Laval, prenant leurs repas dans le même réfectoire que les jeunes gens qui étudiaient la théologie : coutume louable qui exista jusqu'en 1847, mais qui vient de cesser, l'archevêque actuel de Québec s'étant bâti un palais épiscopal à l'aide des souscriptions des fidèles.

[1] W. Smith. *Hist. of Canada.* — *Gazette de Québec.* Voyez les numeros de cette époque.

[2] Mémoire sur le diocèse de Québec, adressé à la sacrée congrégation de la Propagande, à Rome. Archives de l'archevêché de Québec, rég. D. E.

Si les fidèles et le clergé en général avaient vu avec bonheur le retour de l'abbé Briand, revêtu de la dignité et du titre d'évêque de Québec, Récher, curé de la cathédrale, avait envisagé les choses sous un autre point de vue. Profitant de la vacance du siége, et comptant mal à propos que l'abbé Briand ne reviendrait qu'avec le titre précaire de vicaire-apostolique, il s'était emparé de toute l'autorité dans l'église; d'accord avec les marguilliers, il avait refusé de signer l'acte qui authentiquait la prise de possession du siége de Québec par l'évêque, dans sa cathédrale, sous prétexte que cette église était la paroissiale et non la cathédrale de Québec, quoiqu'il y eût une bulle du pape Clément X du 13 novembre 1675, qui érigeait cette église en cathédrale. Le curé et les marguilliers accordaient bien au prélat le droit d'y officier, mais ils ne voulaient point lui permettre de s'y installer comme un évêque dans sa cathédrale, avec son chapitre. Briand eut beau leur remontrer l'injustice et le peu de canonicité de leur procédé, ils persistèrent dans leur rébellion, et pour le moment il parut impossible de les faire céder. La cathédrale était en voie de réparation. Depuis le siége de Québec, on n'avait pas encore pu y dire la messe, et les offices publics se faisaient dans la chapelle du séminaire. L'évêque, à qui il répugnait de prendre des mesures de rigueur, et d'en appeler aux tribunaux laïques, alors tout composés de protestants, se résigna à prendre patience jusqu'à ce que les marguilliers et le curé fussent revenus au parti de la soumission[1]. Je reprendrai plus tard ce sujet, et je ferai voir les conséquences fâcheuses qui résultèrent de l'existence anormale dans l'Eglise d'un corps de laïques indépendant de l'évêque, surtout dans une contrée soumise à un pouvoir acatholique.

Après la reddition de Montréal, les sujets français des bords du Saint-Laurent et de la baie de Fundy, effrayés des victoires des Anglais, s'étaient empressés de se soumettre aux vainqueurs. Les Acadiens dispersés à Miramichi, à Richebuctou, et dans les autres établissements du New-Brunswick et du golfe Saint-Laurent, avaient également offert leur soumission à l'Angleterre. A la conclusion du traité de paix fait à Paris, qui garantissait à ces diverses populations leur liberté civile et religieuse, le New-Brunswick, l'île Saint-Jean (Prince-Edward's Island), celle du Cap-Breton, etc., enfin toutes les colonies du golfe furent annexées au gouvernement de la Nouvelle-Ecosse.

La soumission de toutes ces populations, d'origine française, qui précéda même le traité de Paris, et l'expression des divers articles de ce document, auraient, ce semble, dû les mettre à l'abri de toutes vexations et leur assurer au moins la sécurité dont jouissaient celles du Canada proprement dit. Mais, ainsi que dans la Nouvelle-Écosse, leurs terres et leurs belles métairies étaient un objet d'envie pour les émigrants anglais, surtout

[1] Lettres de Mgr Briand, aux archives de l'archevêché de Québec.

dans l'île Saint-Jean : leur perte fut donc résolue, et sous le prétexte qu'un grand nombre d'Acadiens de cette île étaient encore trop hostiles aux Anglais, non point qu'on eût à alléguer un acte quelconque d'hostilité contre eux, mais seulement *parce qu'ils étaient encore hostiles*, c'est à dire parce qu'ils n'avaient pas encore appris à aimer les Anglais, l'ordre fut donné de leur faire partager le sort affreux de ceux de la Nouvelle-Écosse en 1753[1]. On les embarqua par force dans des navires préparés à ce dessein ; quelques-uns furent envoyés sur les côtes de France, et l'on transporta le reste, comme un bétail inutile ou malfaisant, sur le continent voisin, dans les territoires sauvages et malsains des colonies méridionales, où la plupart durent périr de faim et de misère. Il n'échappa à cette cruelle dispersion que ceux qui eurent le bonheur de fuir dans les montagnes et les bois de leur île, où ils demeurèrent tout le temps qu'il fallut à l'Angleterre pour apprendre que ces Catholiques qu'elle traitait si mal étaient les plus fidèles de ses sujets coloniaux. Douze ans après, la révolution de ses anciennes colonies américaines lui montra ce qu'elle pouvait attendre du courage et de la loyauté des Canadiens.

Après s'être débarrassés si odieusement de ceux dont ils prétendaient avoir quelque chose à craindre,

[1] « A great number of the Acadian French on the island *were still so hostile to the English*, that they were included in the order to remove those of Nova Scotia. A large number were in consequence shipped off to the neighbouring continent, to the southern colonies, and to France...... » Montgommery Martin, *Hist. of Prince-Edward's Island*, in his *British Colonies*.

les Anglais virent tout d'un coup s'élever devant eux des ennemis bien plus terribles : c'étaient les Micmacks, nation sauvage, puissante, et nombreuse, du New-Brunswick, de l'île Saint-Jean, et de la Nouvelle-Écosse. Irrités du traitement barbare qui avait été infligé aux Acadiens et à leurs prêtres, qui avaient été également leurs propres missionnaires, ils cherchèrent à les venger sur les Anglais en massacrant impitoyablement tous ceux qui avaient le malheur de tomber entre leurs mains. Accoutumés à parcourir les bois et les rochers de la Nouvelle-Écosse, c'était là surtout qu'ils tendaient des embûches aux émigrés anglais, et les habitants d'Halifax n'osaient plus se risquer à sortir de l'enceinte de leur ville, dans la crainte d'être massacrés par les Sauvages. Trop rusés pour se laisser prendre par les soldats du gouvernement, les Micmacks échappaient à toutes les manœuvres de la garnison, et la mort la plus cruelle faisait chaque jour de nouveaux vides parmi les colons. Dans l'impossibilité où il se voyait de faire cesser par la force un état de choses si funeste, le gouverneur d'Halifax appela près de lui l'abbé Maillard, ancien vicaire-général de Louisbourg, qui depuis la paix était sorti de la retraite où il s'était caché, et qui continuait, en missionnaire et en prêtre zélé, à parcourir les peuplades sauvages, ainsi que le petit nombre de villages acadiens restés au Cap-Breton et à la côte de Miramichi, pour leur porter le secours de son ministère.

Depuis plus de vingt-cinq ans, ce digne ecclésiastique

était l'objet de la plus profonde vénération de la part des Acadiens et des Micmacks, qui avaient en lui une confiance sans bornes. Le gouverneur d'Halifax le pria d'user de son influence sur ces derniers afin d'arrêter leurs cruautés, et l'invita à fixer sa demeure dans cette ville. Maillard était prêtre et catholique : il oublia le mal que lui avaient fait ses persécuteurs, et n'eut qu'un mot à dire aux Sauvages pour mettre un terme à leurs représailles.

Le gouverneur de la Nouvelle-Écosse, reconnaissant ses services, lui accorda en même temps une pension de deux cents livres sterling, et, à une époque où l'Angleterre gardait encore une haine si fanatique à la Religion Catholique et à ses ministres, l'abbé Maillard eut une église à Halifax, qui lui fut bâtie par ordre du gouvernement. Dès ce moment, les Sauvages y vinrent tranquillement entendre la sainte messe, et l'on n'entendit plus jamais parler d'aucun meurtre [1].

Les Acadiens qui avaient échappé à la déportation générale, dispersés dans le pays, eurent alors eux-mêmes la liberté de se réunir auprès de l'abbé Maillard et de pratiquer sous sa protection les devoirs de la Religion. Environné de la considération que lui attiraient ses vertus et son influence, Maillard vécut encore plusieurs années à Halifax. Attaqué d'une maladie grave, il fut visité par un ministre anglican, qui lui offrit ses services afin de le disposer à bien mou-

[1] Journal du voyage fait par Mgr J.-O. Plessis dans les missions du golfe Saint-Laurent, en 1815. MS. de l'archevêché de Québec.

rir. Le bon vieillard le repoussa doucement, et lui fit cette réponse digne d'un prêtre catholique : — J'ai servi Dieu toute ma vie, et chaque jour je me suis préparé à la mort, en lui offrant le saint sacrifice de la messe. — Il mourut sans sacrements, puisqu'il était seul prêtre dans la Nouvelle-Ecosse, mais, plein de confiance dans la bonté du Père céleste [1], ne laissant que son cadavre aux protestants, qui lui firent des obsèques magnifiques (1768). L'abbé Maillard appartenait, ainsi que je l'ai dit, à la congrégation des Missions-Étrangères de Paris.

Lorsque la nouvelle de sa mort arriva à Québec, l'évêque envoya, pour le remplacer auprès des Micmacks et des Acadiens, Bailly de Messein, qu'il nomma son grand-vicaire pour toute l'ancienne Acadie (Nouvelle-Écosse et New-Brunswick), l'île du Cap-Breton et celle de Saint-Jean ou Prince-Edward. A Bailly, qui n'y resta pas longtemps, succéda l'abbé Bourg; mais ni l'un ni l'autre ne parvinrent jamais à remplacer véritablement auprès de ces populations le vénérable vieillard qu'elles avaient perdu.

Le nombre des émigrants catholiques écossais et irlandais commençant à s'accroître alors dans les nouvelles colonies anglaises, l'évêque de Québec avait, en 1767, élevé aux ordres sacrés un jeune Écossais, Alexandre Mac Donnell, qu'il envoya exercer le saint ministère parmi les sujets britanniques de

[1] Id. ibid — Archives de l'archevêché de Québec.

la langue gaélique et anglaise de l'île du Prince-Edward et de la Nouvelle-Écosse ; c'était le premier prêtre fourni par la Grande-Bretagne dans cette contrée, où il vécut quarante-trois ans, environné, comme Maillard, du respect et de l'amour de ses compatriotes, et surtout des habitants d'Antigonish, dont il fut particulièrement le pasteur [1].

En vertu de la capitulation de Montréal et du traité de 1763, dont les articles accordaient aux Canadiens le *libre exercice* de la Religion Catholique, ceux-ci avaient conservé non seulement le droit d'avoir un évêque, mais encore le titre de cet évêque aurait dû être reconnu du gouvernement, et cet évêque aurait dû être libre de demander à Rome un coadjuteur, avec droit de succession, suivant les formes canoniques. Mais, au mépris des capitulations et du traité, ces *droits* et ces *libertés*, ce *libre exercice*, si ouvertement stipulés, furent méconnus par le cabinet britannique, qui, pendant plus de soixante ans, travailla sans relâche à anéantir l'influence de la Religion Catholique, pour établir plus sûrement l'anglicanisme sur ses ruines. Il y travailla, en avilissant l'épiscopat dans la personne des évêques, et en s'emparant astucieusement de l'élection des coadjuteurs. Or, c'est un fait constaté par les actes déposés aux archives de l'archevêché de Québec, que tous les évêques et archevêques de cette ville, à commencer par le successeur de l'abbé Briand,

[1] Lettre pastorale de Mgr Plessis aux habitants de la Nouvelle-Écosse. — Aux archives de l'archevêché de Québec.

furent choisis par les gouverneurs du Canada, jusqu'à Mgr Signay, prédécesseur de l'archevêque actuel de Québec, inclusivement. Ces actes prouvent encore de la manière la plus évidente que plusieurs de ces choix ne furent pas seulement acceptés avec indifférence par le clergé, mais qu'ils lui furent forcément imposés et que toutes les nominations, à peu d'exceptions près, eurent pour objet les membres de ce clergé les moins capables de soutenir le poids de l'épiscopat, et faits plutôt pour en déconsidérer le caractère auguste aux yeux des Catholiques aussi bien que des protestants.

Avant d'en venir aux faits destinés à constater cette proposition, je citerai à l'appui de ce que je viens de dire les paroles écrites par lord Durham, à ce sujet, dans son mémoire à la reine : « Le Bas-Canada, dit-» il[1], avait, lorsque nous le reçûmes à la conquête, » deux institutions qui seules conservèrent le sem-» blant de l'ordre et de la civilisation dans la société, » — l'Église Catholique et la milice, qui était cons-» tituée et employée de manière à suppléer partielle-» ment au manque de meilleures institutions civiles. » *L'heureuse influence de l'Église Catholique a été* » *limitée et affaiblie;* la milice est maintenant anéan-» tie. »

Après toutes les entraves mises à la nomination de l'abbé Briand, et les outrages dont il l'avait abreuvé à Londres, le ministère britannique, cédant malgré lui

[1] *Rapport de lord Durham, haut commissaire de S. M., sur les affaires du Canada.*

à la nécessité des circonstances, avait toléré le retour de ce prélat à Québec, après sa consécration. Mais, par suite du système d'abaissement et de dégradation qu'il avait résolu d'adopter à l'égard de l'église du Canada, en laissant repartir Briand pour aller exercer les fonctions d'évêque à Québec, il lui en refusait le titre, qu'il transférait déjà en pensée à un prélat de l'église établie. De son côté, l'évêque de Québec, effrayé des lenteurs qu'avait entraînées sa nomination, et des dépenses occasionnées par son voyage et son séjour en Angleterre et en France, effrayé des suites fâcheuses que pouvaient entraîner, pour son diocèse, les longues vacances qui se succèderaient à la mort de chacun des évêques, et voulant épargner à ses successeurs les épreuves si douloureuses que lui avait attirées son élection, songea à demander un coadjuteur, à qui il donnerait la consécration épiscopale, et qui, à sa mort, pourrait le remplacer[1], et se donner lui-même à son tour un coadjuteur, qui continuerait ainsi sans interruption la succession des évêques au Canada. Cette mesure était sage; mais, d'après les idées reçues, Briand ne crut pas pouvoir la mettre à exécution sans en avoir donné communication au gouverneur. Celui-ci comprit bien qu'il serait inutile et impolitique à la fois de s'opposer au désir de l'évêque : il en donna avis à son gouvernement, qui, sans chercher à y mettre obstacle cette fois, voulut au moins en tirer tout le parti possible, en s'attri-

[1] *The justice and policy of the late Act of Parliament, etc., for Quebec, asserted and proved.* London, 1774.

buant le choix des coadjuteurs, au grand détriment de la liberté de l'Eglise Catholique.

En conséquence de cette résolution, il fit valoir aux yeux de l'évêque Briand que le roi d'Angleterre ayant succédé à tous les droits du roi de France dans le Canada, il était juste que, comme lui, il eût à sa nomination le choix des évêques de Québec. Briand aurait dû répondre à l'exposé d'une telle prétention que cette faculté de nommer au siége de Québec, n'étant nullement un droit chez le roi de France, mais une simple grâce accordée par le Saint-Siége à un prince catholique, à la tête d'un royaume catholique, cette faculté n'était en aucune façon transférable à un autre prince, surtout à un prince hérétique, à moins d'un acte émané de Rome même ; et d'ailleurs, en supposant que cette faculté eût été transférable du roi de France au roi d'Angleterre, celui-ci ne semblait-il pas naturellement y renoncer en refusant de reconnaître officiellement le titre de l'évêque de Québec et les autres priviléges dont ce prélat jouissait sous le gouvernement français ? — Mais Briand, intimidé déjà par tout ce qui s'était passé, et redoutant pour l'avenir des choses plus fâcheuses encore, n'osa pas répondre d'une manière énergique, et, après une faible résistance, se laissa imposer toutes les conditions qu'on voulut bien lui faire.

En conséquence, l'abbé d'Esglis, curé de la paroisse Saint-Pierre de l'île d'Orléans, près de Québec, fut proposé à Rome à la fin de l'année 1770 ; ce choix ne fit pressentir que trop les intentions du gouvernement, alors représenté par le président du conseil de la colonie, faisant fonctions de gouverneur. En lisant les divers mémoires qui datent de cette époque, et en les comparant aux traditions encore vivantes aujourd'hui sur d'Esglis, il est impossible de ne pas reconnaître dans la nomination de ce prélat l'œuvre de la politique anglaise et protestante. Louis-Philippe Mariaucheau d'Esglis, d'une famille distinguée, mais appauvrie, du Canada, était alors un vieillard de plus de soixante ans, c'est-à-dire de quatre ans plus âgé que celui à qui on le donnait pour coadjuteur[1], et de facultés intellectuelles au dessous du médiocre. C'était bien l'homme le moins capable d'administrer un diocèse aussi vaste, et surtout dans des circonstances aussi difficiles que celles où se trouvait le Canada. Je n'ai rencontré aucun document qui m'indiquât que le clergé eût fait la moindre démarche pour s'opposer à un choix si déplorable ; mais, en supposant qu'il en eût fait, ces démarches durent être timides, et par conséquent inutiles auprès du conseil de Québec, qui était résolu sans doute à remplir les intentions du gouvernement et à humilier le clergé du Canada, en y avilissant l'épiscopat.

Ni l'évêque ni le clergé ne se sentirent apparemment la force de résister à la violence morale qu'on leur faisait subir, et, à la demande de l'évêque Briand, qui

[1] Mgr Briand n'avait alors que cinquante-six ans.

eut encore la douleur d'être forcé de motiver aussi honorablement que possible, vis-à-vis du Saint-Siége, la présentation de l'abbé d'Esglis, Rome lui expédia ses bulles, datées du 12 septembre 1771. Le 12 juillet 1772, d'Esglis fut consacré sous le titre d'évêque de Dorylée, *in partibus*, dans la chapelle du séminaire. Mais, aussitôt après la cérémonie, le nouveau prélat retourna à sa paroisse, où Briand le renvoya exercer ses fonctions curiales, sans même lui donner l'ombre d'un pouvoir de plus que ceux qu'il avait exercés auparavant comme simple desservant. Ceci seul servirait à prouver combien il comptait peu sur les capacités de l'homme qu'il avait été contraint de prendre pour coadjuteur. Mgr Turgeon, archevêque actuel de Québec, me racontait à ce sujet, dans une visite que je fis avec lui à l'île d'Orléans, que l'évêque Briand, après avoir renvoyé d'Esglis, se tournant vers quelques prêtres de son clergé qui lui exprimaient leur surprise du refus qu'il venait de faire de donner à son coadjuteur les pouvoirs de grand-vicaire, ajouta avec un sourire significatif : *Ut sciant gentes quoniam homines sunt.* Car il voulait donner à entendre par ce texte que M. d'Esglis ne devait pas se croire plus savant alors qu'avant sa consécration. Telle était, et telle est encore aujourd'hui l'opinion qu'on avait de ce choix, le premier et le plus triste de tous ceux que fit l'Angleterre pour le siége catholique de Québec. Ce ne fut que deux ans après, qu'*à la sollicitation du gouverneur*, l'évêque Briand déclara l'abbé d'Esglis coadjuteur de Québec, et qu'il le présenta en cette qualité au clergé de son diocèse[1]. Par égard néanmoins pour la dignité dont il était revêtu, il avait accordé à l'abbé d'Esglis, qui était loin d'être riche, des moyens d'existence plus convenables à son rang, en lui allouant une partie des dîmes de la paroisse de Varennes (10 septembre 1773).

[1] Mandement de Mgr Briand, du 14 mars 1774. — Archives de l'archevêché de Québec.

CHAPITRE XIX.

DEPUIS L'ADOPTION DU BILL APPELÉ L'ACTE DE QUÉBEC, EN 1774, JUSQU'A LA MORT DE LOUIS-PHILIPPE MARIAUCHEAU D'ESGLIS, HUITIÈME ÉVÊQUE DE QUÉBEC, EN 1788.

Le parlement d'Angleterre adopte le bill appelé l'acte de Québec. Effets de ce bill en ce qui regarde la Religion Catholique en Canada (1774). Injustice de l'Angleterre. Révolte des colonies anglaises de l'Amérique, et déclaration de l'indépendance des États-Unis (1775). Les États-Unis cherchent à entraîner le Canada. M Carroll, depuis premier évêque de Baltimore, à Montréal. Prise de cette ville par les Américains. Exemple magnanime de fidélité donné par l'évêque de Québec. Les Canadiens se lèvent à sa voix pour la défense du gouvernement anglais. Siége de Québec par les Américains. Mort de Montgomery. Le siége est levé (1776). Divisions entre l'évêque de Québec et la fabrique de sa cathédrale. Extinction du chapitre. Le gouvernement s'empare du collége des Jésuites de Québec (1776). Nouvelles spoliations. Profanations par les Anglais de l'église des Récollets. L'évêque Briand résigne l'épiscopat. Mariaucheau d'Esglis, huitième évêque de Québec (1784). François Hubert choisi pour coadjuteur. Défiances de l'Angleterre envers les prêtres français. Prêtres Irlandais en Canada. Érection d'un siége épiscopal anglican à Halifax. Mort de Mariaucheau d'Esglis, huitième évêque de Québec.

L'année suivante, 1774, quatorzième du règne de George III, le parlement d'Angleterre adopta un acte contenant diverses dispositions relatives aux habitants du Canada. Cet acte, vulgairement appelé l'*Acte de Québec*, établissait un conseil législatif pour les affaires du Canada, et entre autres clauses remarquables portait celles qui suivent :

Art. 5. « Et pour la plus entière sûreté et tran-
» quillité des habitants de ladite province, il est, par

» ces présentes, déclaré que les sujets de Sa Majesté » professant la religion de l'Eglise de Rome dans la» dite province de Québec, peuvent avoir, conserver » et jouir du libre exercice de la religion de l'Eglise » de Rome, *soumise à la suprématie du roi*, déclarée » et établie par un acte fait dans la première année » du règne de la reine Elisabeth, sur tous les domaines » et pays qui appartenaient alors ou qui appartien» draient par la suite à la couronne impériale de ce » royaume, et *que le clergé de ladite église peut tenir,* » *recevoir et jouir de ses dus et droits accoutumés, eu* » *égard seulement aux personnes qui professeront la*» *dite religion.* »

Art. 6. « Pourvu néanmoins qu'il sera loisible à » Sa Majesté, ses héritiers et successeurs, de faire » telles applications du *résidu* desdits dus et droits » accoutumés, pour l'encouragement de la religion » protestante, et pour le maintien et la subsistance » d'un clergé protestant dans ladite province, ainsi » qu'ils le jugeront en tout temps nécessaire et utile. »

Art. 8. « Il est aussi établi par la susdite autorité » que tous les sujets canadiens de Sa Majesté en ladite » province de Québec *(les ordres religieux et commu*» *nautés seulement exceptés)* pourront aussi tenir » leurs propriétés et possessions, et en jouir ensemble » de tous les usages et coutumes qui les concernent, » et de tous les autres droits de citoyens, d'une ma» nière aussi ample, aussi étendue et aussi avanta» geuse que si lesdites proclamations, commissions,

» ordonnances et autres actes n'avaient pas été faits, » etc. »

A la lecture de ces articles, il semble tout d'abord qu'ils n'ont été statués que pour l'avantage de la population catholique du Canada et du clergé séculier, auquel *ils assurent une entière liberté,* la suprématie du roi, en vertu de l'acte de la première année de la reine Elisabeth, ne portant que sur l'ordre temporel. Or, la conséquence naturelle des dernières dispositions de l'article 5 est que les règles de l'Eglise Catholique, relativement à l'inaliénabilité et l'affectation exclusive des biens, doivent être maintenues dans toute leur intégrité.

L'article 8 du même acte, en garantissant aux habitants et au clergé leurs propriétés, ajoute ces mots : *Les ordres religieux et les communautés seulement exceptés.* Ainsi, malgré la justice rendue aux habitants et au clergé séculier, ces articles n'en sont pas moins évidemment contraires aux articles 32 et 34 de la capitulation de Montréal, et à l'ensemble du traité de 1763, qui garantissaient tous les droits et priviléges des communautés et des ordres religieux.

Mais, en admettant que l'*exception* fût valable en droit, signifiait-elle que le gouvernement pourrait, selon son bon plaisir, s'emparer des biens de *ces ordres et communautés?* Il est impossible d'admettre une explication si contraire à la justice et aux traités, puisqu'il avait été accordé d'ailleurs *à tous les sujets français* indistinctement *de vendre leurs biens, et d'en pas-*

ser le produit en France, au cas où ils le jugeraient à propos. La nation conquérante reconnaissait donc évidemment par là qu'elle n'avait pas le droit de s'emparer immédiatement des biens des communautés ni des ordres religieux, c'est-à-dire des Sulpiciens, des Jésuites et des Récollets, spécialement désignés dans l'article 35 de la capitulation, mais encore que ces biens ne pouvaient en aucun cas entrer dans son domaine; car, s'il y avait eu une éventualité dans laquelle elle eût pu en devenir propriétaire, elle n'aurait pas accordé à ces religieux *la liberté de les vendre et d'en emporter le produit*.

Si les Jésuites et les Récollets avaient vendu leurs biens, le prix, d'après la capitulation, aurait donc pu être emporté hors de la province et employé à d'autres établissements religieux tenus par ces divers ordres, et la Religion Catholique aurait seule profité de la valeur de ces biens. Comment donc cette religion pourrait-elle se trouver dans une situation moins favorable parce que les Jésuites et les Récollets n'avaient pas usé de la faculté de vendre, qui leur était accordée alors?

L'article qui excepte de la garantie accordée aux habitants du Canada par l'acte du parlement les ordres religieux et les communautés, ne pouvait et ne peut encore raisonnablement s'expliquer que de l'une des manières suivantes :

Ou il signifiait que les droits des communautés n'étaient pas aussi absolus que ceux des particuliers, puisque, si le revenu présentait un *résidu,* c'est-à-dire un excédant, un superflu, non nécessaire à leur existence et à l'objet de leur destination, le gouvernement pouvait employer ce résidu à l'encouragement de la religion protestante.

Ou bien, il signifiait qu'en cas de suppression d'un ordre ou d'une communauté les biens de cet ordre ou de cette communauté passeraient à d'autres établissements catholiques, l'Eglise Catholique seule pouvant disposer de ce qui lui appartient ; or, le gouvernement anglais le reconnaissait bien, puisque, par ce même acte du parlement, il admettait que.... *le clergé de l'Église Catholique pouvait tenir, recevoir et jouir de ses dus et droits accoutumés* [1].

Je me suis étendu longuement sur les articles de l'acte du parlement de 1774, parce que c'est avec cet acte, dont les expressions sont parfois ambiguës, que l'Angleterre trouva moyen de jeter de la poudre aux yeux des Canadiens et du clergé séculier, et de leur faire croire à sa générosité, dans le temps même où elle allait avoir besoin de toute l'autorité du clergé catholique pour prêcher la fidélité aux habitants et les empêcher de se joindre à ceux de toutes les anciennes colonies anglaises soulevées contre la mère-patrie. Cela n'empêcha pas les protestants de jeter l'alarme en Angleterre, lors de la publication de l'acte de Québec. L'archidiacre Blackstone déclama avec véhémence, du

[1] Voyez la brochure de M. de Vatimesnil *Sur la destination des biens des Jésuites en Canada*, imprimée à Québec en 1846.

haut de la chaire de Saint-Paul, contre ce qu'il appelait la connivence du parlement avec les papistes, et la ville de Londres se hâta de présenter une adresse au roi, pour le prier de ne point sanctionner un *bill* qui donnait, disait-elle, une existence légale à une *église idolâtre et sanguinaire* : c'étaient les expressions de l'adresse. Le ministère, en méprisant en apparence ces clameurs du fanatisme, dont il était lui-même encore imbu, se faisait un mérite, aux yeux du monde politique, d'une magnanimité inconnue, disent ses panégyristes, dans les fastes de la civilisation ; mais, au fond, il s'apprêtait à dépouiller le clergé catholique d'une partie de ses biens ; et, comme il allait avoir besoin de lui pour la conservation du Canada, il songeait à lui faire jouer auparavant le rôle du chat de la fable qui tire les marrons du feu, afin de le spolier ensuite plus à son aise, à l'aide de sa propre loyauté.

En effet, les treize colonies anglaises qui formèrent depuis les premiers Etats-Unis de l'Amérique Septentrionale s'étaient lassées de cette suite continuelle d'oppressions que l'Angleterre est habituée à faire peser indistinctement sur toutes ses colonies. La dernière avait été l'imposition d'une taxe considérable [1], sans que les imposés eussent été représentés dans le parlement. Bientôt après, elles se soulevèrent contre la métropole, et déclarèrent leur indépendance (1775). De cette épo-

[1] L'argent qu'on avait cherché à lever par cet impôt devait servir à couvrir les frais énormes occasionnés par l'occupation du Canada. Quelle étrange série d'événements !

que mémorable date une ère nouvelle dans l'histoire des nations, dont l'Eglise, à qui il ne faut que la liberté, a su particulièrement profiter pour s'étendre et se développer parmi les peuples. Cette magnifique hiérarchie catholique, qui embrasse les Etats-Unis, et qui, chaque année, du sein de son concile, proclame aux regards de l'univers étonné son agrandissement et son indépendance de toute autre puissance que de Rome, en est certainement le plus beau résultat.

Les colons de la Nouvelle-Angleterre et ceux des colonies voisines étaient désormais séparés de la Grande-Bretagne. On leur donna dès lors, exclusivement, le nom d'*Américains*. Mais ils n'eurent pas plus tôt déclaré leur indépendance, qu'ils s'efforcèrent de s'emparer du Canada, que si peu d'années auparavant ils avaient aidé l'Angleterre à conquérir sur les Français. Vers la fin de l'été de l'année 1775, le Canada fut envahi par les forces américaines, qui s'avancèrent par le lac Champlain, et en même temps du côté des sources du Kennebec. La première division de l'armée américaine, sous les ordres du brigadier-général Montgomery, eut, dès le commencement, un succès remarquable. Montréal, Chambly, Saint-Jean, Longueil et d'autres postes importants à cette époque tombèrent entre leurs mains. Les vivres et les magasins militaires qui se trouvaient à Montréal et sur les rivières voisines furent enlevés en même temps. De nombreux émissaires se répandirent partout, afin d'engager les Canadiens à profiter de la circonstance pour secouer le joug de l'Angleterre. Aux

Américains se joignirent des émissaires français, faisant appel au patriotisme et aux sentiments religieux du peuple dont ils étaient les frères. M. Carroll de Baltimore, depuis évêque et archevêque de cette ville, et la tige de cet épiscopat admirable qui couvre les Etats-Unis, arriva lui-même à Montréal pour exhorter le clergé catholique à se joindre au mouvement, en lui faisant, au nom du congrès américain, la promesse d'une liberté religieuse véritable, bien supérieure à celle que les Anglais se vantaient d'avoir donnée à l'Eglise du Canada, et qu'ils avaient déjà si ouvertement violée. Les Canadiens de cette frontière avaient pris les armes en assez grand nombre, et la plupart s'étaient joints aux Américains pour leur soumettre les forts de Chambly et de Longueil. Mais le clergé hésitait, doutant que ces mêmes Américains qui avaient commis jadis tant d'excès à Louisbourg se sentissent capables de tenir les promesses faites par Carroll.

Pendant que Montgomery occupait Montréal, la seconde division de l'armée américaine, sous les ordres du colonel Arnold, traversait avec des fatigues inouïes les forêts et les marais du Maine ; elle arrivait à Satagan, le 4 novembre, et, le 8, venait camper à la Pointe-Lévi, vis-à-vis de Québec, sur la rive méridionale du Saint-Laurent. Québec était alors à peu près sans défense, et, si Arnold avait pu traverser ce fleuve, la capitale du Canada, avec tout son territoire, passait infailliblement entre les mains des Américains.

Le général Carleton, gouverneur du Canada pour l'Angleterre, se trouvait avec ses troupes près de Montréal, cherchant à repousser les attaques de Montgomery, qui était maître de cette ville, et qui désirait effectuer sa jonction avec la division commandée par le colonel Arnold. Carleton n'avait avec lui qu'une poignée d'hommes, le pays étant dégarni de troupes anglaises. Il avait fait d'inutiles efforts pour exciter les milices canadiennes à se lever dans les campagnes, et à s'unir à lui pour la défense du Canada. On demeurait sourd à sa voix, tout en prêtant l'oreille aux cris de liberté poussés sur la frontière.

Ce fut un moment d'indécision terrible pour l'Angleterre. Si le clergé canadien se prononçait contre elle ou seulement demeurait dans l'indifférence, c'en était fait de toutes les possessions anglaises de l'Amérique. Mais l'évêque Briand fut sublime de loyauté. Carleton lui écrivit, et, dans sa détresse, il eut recours à celui à qui le gouvernement anglais refusait, au mépris des traités, le titre d'évêque, pour lui donner celui de *surintendant de l'Église romaine*. L'évêque, à la réception de sa lettre, publia un mandement court, mais énergique, où il rappelait aux Canadiens la foi jurée si récemment au roi d'Angleterre, et la *justice* qui venait de leur être rendue par l'acte du parlement. Le mandement eut pour effet, sinon de faire prendre les armes à toute la milice des campagnes en faveur du gouvernement, au moins de faire demeurer les habitants paisibles chez eux, et d'empêcher le clergé d'écouter les promesses des Américains, promesses qu'ils eussent certainement mieux gardées que ne l'a fait la Grande-Bretagne. Mais, à la voix de l'évêque, la noblesse canadienne, au nombre de mille à douze cents hommes, se réunit à Québec, et fit savoir à Carleton qu'elle était prête à combattre sous ses ordres.

Le gouverneur, reconnaissant que le salut de la province dépendait de la possession de cette place importante, se replia alors sur Québec. Il y arriva le 19 novembre, sans avoir éprouvé la moindre opposition de la part d'Arnold, qui venait de passer le Saint-Laurent, à une légère distance au-dessus de cette ville. Toute l'armée américaine ne tarda pas à en occuper ensuite les environs, et Arnold établit son quartier-général à la Pointe-aux-Trembles, à vingt-un milles de Québec, attendant l'arrivée de Montgomery pour commencer l'attaque de la place.

Le retour du général Carleton à Québec fut salué avec acclamation par tous ceux qu'avait réunis la défense commune. Les Canadiens rivalisèrent de zèle avec les vétérans anglais pour travailler aux préparatifs de la défense; et, malgré la faiblesse numérique de toute la garnison réunie [1], ils attendirent avec une confiance parfaite l'attaque des forces combinées des Etats-Unis. Le siége ou plutôt le blocus dura pendant tout le mois de décembre. Montgomery réunit alors un

[1] Outre cette poignée de mille à douze cents Canadiens, il n'y avait pour toute défense dans la place que 350 hommes de troupes régulières et 450 matelots de la marine anglaise.

conseil de guerre, et il fut résolu d'enlever Québec d'assaut durant la nuit du 31 décembre.

Les assiégeants s'approchèrent de la citadelle dans le plus grand silence, aidés encore dans leur dessein par une tempête de neige considérable. En arrivant sous la porte de Prescot (Prescot-Gate), par le chemin qui tourne le long du rocher menant de la basse à la haute-ville, l'armée se trouva encombrée dans le passage étroit qui conduisait à la porte de la place, et le bruit confus des soldats américains se faisant entendre, malgré toutes leurs précautions, au-dessus de la voix de l'ouragan, à l'oreille attentive de la sentinelle extérieure, celle-ci ne recevant aucune réponse au *qui vive*, donna l'alarme à la garde anglaise. Montgomery disposa aussitôt ses hommes à l'attaque, avec une rapidité et une précision admirables, et s'avança vivement à l'assaut. Les Anglais et les Canadiens ouvrirent en même temps un feu terrible sur l'ennemi au moyen de l'artillerie qui commandait le passage. C'est alors seulement que les gémissements des blessés révélèrent ouvertement l'ennemi, et ce ne fut que lorsque tout autre bruit que celui du feu de la place eut cessé de se faire entendre que les assiégés cessèrent de tirer. L'aube du matin se leva. Mais aucune trace de l'évènement de la nuit n'était visible. Une neige épaisse couvrait le corps du malheureux Montgomery et ceux de sa vaillante troupe tombés victimes de leur bravoure.

Quelques autres attaques, aussi infructueuses, suivirent encore de la part de l'armée américaine. Elle se résolut enfin à lever le siége, le 6 mai 1776, et repassa la frontière. Elle y fut décidée par l'augmentation des troupes anglaises qui arrivèrent au printemps et par la levée des milices canadiennes, dont l'ensemble présentait une force de plus de treize mille hommes. On peut donc dire avec certitude que si le Canada ne tomba pas au pouvoir des Etats-Unis, l'Angleterre en fut redevable à la noblesse canadienne, qu'elle chercha ensuite, et qu'elle ne réussit que trop bien, par sa jalousie, à abaisser et à anéantir. Elle le dut surtout à l'évêque Briand. Ce prélat empêcha seul un soulèvement général des campagnes en faveur des Américains, et prêta ainsi, par un sentiment extrême de fidélité, son influence au gouvernement britannique, qui l'en récompensa par la suppression de plusieurs des droits de l'Eglise et l'érection d'un évêché anglican dans le Canada, auquel fut transmis officiellement le titre d'évêque de Québec.

J'ai raconté plus haut la résistance opposée par Récher, curé de la cathédrale, et les marguilliers de la fabrique, à la prise de possession de cette église par l'évêque de Québec. En 1768, le curé était mort. Les chanoines, restes vénérables du chapitre, se réunirent alors pour prier l'évêque de rétablir les anciennes dignités. Mais l'opposition formée par le curé subsista après sa mort, et les marguilliers continuèrent à nier les droits de l'évêque sur l'église. Cette première cause empêcha le prélat d'obtempérer au désir des chanoines. En 1771, les réparations de la cathédrale étant terminées, on vint prier l'évêque Briand de vouloir bien la bénir, et d'y officier, suivant l'ancienne coutume. C'était le vœu de la population; mais la fabrique continuait dans son opposition, et l'évêque, ayant annoncé par mandement qu'il viendrait bénir l'église, fit savoir en même temps aux habitants de Québec qu'il ne la bénirait que comme église paroissiale ordinaire, et que, pour les offices pontificaux, il continuerait à les célébrer dans la chapelle du séminaire. Les choses allèrent ainsi pendant près de trois ans. En 1774, le peuple commença à se plaindre vivement de la fabrique, dont l'opposition désordonnée le privait du spectacle imposant des grandes cérémonies religieuses aux jours des fêtes pontificales.

Les marguilliers se virent forcés de transiger avec le pouvoir épiscopal. Le gouverneur britannique se porta médiateur entre eux et l'évêque, et c'est alors seulement qu'on s'aperçut des conséquences de cette malheureuse opposition. La fabrique, craignant d'être supplantée dans les attributions qu'elle avait usurpées, si elle laissait le chapitre s'installer dans la cathédrale, avait fait de son côté des plaintes au gouverneur; elle avait représenté que les chanoines étaient un corps plutôt nuisible qu'utile aux intérêts de l'église de Québec; que, d'ailleurs, il était sans ressources, puisque la colonie était désormais séparée de la France, qui les avait fournies auparavant, et que le moment était on ne peut mieux choisi pour le supprimer, puisqu'il ne restait plus que quatre ou cinq vieux chanoines de l'ancien chapitre.

Le mémoire des marguilliers, envoyé par le gouverneur à Londres, y fut accueilli avec la plus grande faveur. Le ministère y voyait l'occasion de diminuer encore l'influence du clergé par la suppression d'un corps qui relevait l'éclat de l'église de Québec, et dont l'absence priverait l'évêque de ses conseillers naturels. Il fut décidé que, *pour répondre aux vœux des Catholiques du Canada,* représentés par les marguilliers de Québec, on ferait comprendre au *surintendant de l'Église Romaine* les inconvénients attachés au rétablissement des dignités de la cathédrale [1]. Cette communication, qui fut faite à l'abbé Briand, apparemment lorsque les plaintes du peuple eurent forcé les marguilliers à un arrangement avec l'évêque, dut encore une fois percer son cœur d'une douleur bien amère. On ne sait cependant pas trop comment cette décision fut réellement accueillie par tous. Ce qui est certain toutefois, c'est que l'évêque rentra en apparence avec tous ses droits dans son église. Les chanoines y vinrent aussi, et reprirent leurs anciennes places : personne ne les leur contesta ; mais ils s'éteignirent sans que d'autres vinssent les remplacer, et Québec demeura et demeure encore aujourd'hui sans chapitre et sans dignités. Cependant Québec est un siége archiépiscopal, et Montréal, qui n'est qu'un siége suffragant de cette métropole, a un chapitre, canoniquement érigé par les soins de l'évêque actuel de cette ville. — La rentrée de l'évêque

[1] *The justice and policy,* etc. — Archives de l'archevêché de Québec.

Briand dans sa cathédrale eut lieu le 16 mars 1774.

Ces preuves si tristement significatives de la fâcheuse influence exercée par des laïques dans l'Église ne sont malheureusement pas les seules dont elle ait à se plaindre en Canada, par suite de la trop grande part qu'ils se sont arrogée dans les fabriques, aux dépens de l'évêque et des curés [1]. La suppression du chapitre de Québec avait eu lieu sans bruit; son extinction se fit de même, et, lorsque le dernier chanoine expira, c'est à peine si l'on se souvenait encore au Canada que ce corps eût existé. La fabrique y gagna en pouvoir, mais la religion y perdit proportionnellement une partie de sa considération. C'était ce que voulait le ministère anglais, qui croyait voir dans l'avenir le moment où cette suppression, suivie bientôt après de celle des Jésuites et des Récollets, amènerait la décadence complète du Catholicisme en Canada.

Le pape Clément XIV ayant supprimé la Compagnie de Jésus par bref du 21 juillet 1773, les Jésuites avaient dès lors cessé de se recruter. Leurs établissements dans le Canada avaient été fondés dans le but d'instruire la jeunesse et de faire des missions chez les

[1] Dans le cinquième concile provincial de Baltimore, tenu en 1843, les Pères décrétèrent que désormais, dans toutes les églises où il y avait un *board of trustees* (conseil de fabrique), aucune décision, de quelque nature qu'elle pût être, concernant les droits temporels de l'Église, ou son administration en ce qui concerne le choix des personnes employées à son service, comme chantres, sacristains, etc., ne serait valable sans le consentement exprès du curé. Plusieurs fabriques résistèrent; on les excommunia, en leur abandonnant les églises dont elles se prétendaient maîtresses; on interdit ces églises, on en bâtit d'autres où l'on put, et l'on s'en passa ailleurs jusqu'à parfaite soumission des rebelles. Depuis lors, presque tous se sont soumis, grâce à l'énergique volonté de Mgr Hughes, archevêque de New-York.

Sauvages. Les biens qu'ils possédaient dans cette contrée, destinés à pourvoir à ces divers services religieux, leur provenaient, partie de fondations dues aux rois de France et à des particuliers, partie d'acquisitions faites par la société elle-même. Cette société ayant été dissoute, il était naturel de laisser aux anciens membres existant en Canada l'usufruit de leurs biens, et, selon le droit de l'Église Catholique, de les transférer ensuite à un autre établissement religieux, régulier ou séculier, qui serait chargé de remplir les fonctions attribuées aux Jésuites, c'est-à-dire, d'instruire la jeunesse catholique, et de porter chez les Sauvages la lumière de l'Evangile et les bienfaits de la civilisation. Nous allons voir comment ces conditions furent remplies.

Trois ans après la suppression de cette illustre compagnie, il y avait encore au Canada douze Jésuites, qui, avec un zèle sans exemple, continuaient, comme de simples prêtres séculiers, à exercer leurs fonctions habituelles, et, jusqu'à la fin de l'année 1776, les classes demeurèrent ouvertes dans leur collége de Québec. Ce collége était vaste et magnifique ; un assez grand nombre d'éleves y recevaient encore une éducation gratuite. Mais, en 1776, le gouvernement, comptant, comme toujours, sur l'obéissance et la soumission passives du chef du clergé, signifia aux pères jésuites que leur maison avait reçu une autre destination. On y plaça les archives, et les Jésuites furent obligés de renoncer à l'enseignement. On leur laissa toutefois quelques chambres, où on leur permettait de terminer leurs jours en gardant l'administration de leurs biens. Cette première spoliation fut bientôt suivie d'une seconde et d'une troisième ; on leur enleva leur maison des Trois-Rivières, dont le gouvernement fit une prison, et, après la mort du père Well, qui demeurait dans celle de Montréal, le gouvernement en prit possession, ainsi qu'il avait fait des autres.

Les Récollets avaient, de leur côté, reçu défense de recruter de nouveaux novices ; néanmoins on les laissait encore en possession de leurs maisons de Montréal, des Trois-Rivières et de Québec. Durant le siége de cette dernière ville par les Anglais, leur église avait beaucoup souffert ; ils étaient cependant parvenus à la réparer convenablement. Mais, tout en se vantant de leur modération, les vainqueurs avaient forcé ces religieux à leur céder à moitié l'usage de cette église, et chaque dimanche, à l'issue de la grand'messe, il fallait se hâter d'emporter le saint Sacrement dans la sacristie, afin de laisser le champ libre aux exercices profanes de l'office protestant. C'est ainsi que l'Angleterre observait les traités, et *reconnaissait* (bill de 1774) *que le clergé et l'Église Catholique jouissaient de leurs dus et droits accoutumés.*

Instruits par l'expérience, les plus distingués d'entre les Canadiens, animés de l'espoir d'améliorer la condition commune, avaient envoyé à Londres une députation pour solliciter le gouvernement en faveur de l'ancienne population de la colonie. Leurs efforts obtinrent quelque succès. En conséquence, au printemps de l'année suivante (1784), l'ordre vint d'Angleterre au conseil législatif de Québec de passer une loi pour la sûreté et la liberté personnelles des habitants du Canada, aussi bien Anglais que Français. Le conseil, entièrement composé de protestants toujours hostiles aux Catholiques, ne pouvait s'opposer directement à la volonté du gouvernement de la métropole, énoncée cette fois dans l'intérêt des Canadiens; mais il tenta de limiter le bienfait royal en excluant du bénéfice de l'acte d'*Habeas corpus* les réguliers de l'un et de l'autre sexe. Le clergé comprit alors les fâcheuses conséquences que cette exclusion pourrait entraîner pour les réguliers, surtout pour les communautés de femmes, et il réclama vivement afin d'obtenir justice. Des adresses publiques signées du vicaire-général du diocèse, des supérieurs du séminaire, et du père gardien des Récollets, vinrent frapper à la porte du conseil, pour y être admis comme partie intervenante et complaignante de la nouvelle législation que l'on agitait, et la proposition d'exclusion fut rejetée [1].

Cette adresse et le succès qu'elle obtint prouvaient deux choses dont le clergé aurait dû profiter : la première, qu'il avait devant lui une voie légale et toujours libre par laquelle il pouvait demander justice des actes que l'opposition protestante cherchait à établir contre l'Eglise Catholique; la seconde, que s'il avait toujours eu le courage d'employer cette voie, chaque fois que le

[1] Bibaud, *Histoire du Canada*, Québec.

gouvernement avait entrepris quelque chose de fâcheux pour la Religion Catholique, il aurait pu réussir à empêcher bien des spoliations et des empiètements, dont les Catholiques sont encore aujourd'hui les victimes, et contre lesquels ils étaient d'autant plus fondés à réclamer, qu'ils avaient rendu davantage de services au gouvernement, dans le temps des troubles. Mais le courage faillit trop souvent au clergé, lorsqu'il n'avait besoin que de se montrer et de faire valoir ses droits, ainsi qu'il aurait dû le faire lors de la suppression du chapitre et du collége des Jésuites de Québec.

Depuis cette époque, l'évêque Briand avait vu diminuer chaque année le nombre de ses conseillers naturels, et la sage coutume de tenir de temps en temps des synodes diocésains, tant recommandée par les anciens canons, et si féconde en résultats heureux pour le pasteur et le troupeau, était tombée également en désuétude. Une seule dignité existait encore, celle de grand-vicaire, et l'évêque, dénué des conseils et des appuis naturels qu'il rencontrait auparavant dans cette hiérarchie secondaire, si utile surtout dans un si vaste diocèse, où ils lui avaient jusque-là facilité les détails de l'administration, paraissait être retombé au rang de simple vicaire-apostolique, que lui avaient souhaité les vues ambitieuses du curé Récher. Privé de ces soutiens, qui se trouvaient par leur dignité naturellement interposés entre lui et les missionnaires, il voyait peser sur sa tête tout le poids des affaires et de la responsabilité de son diocèse.

Si l'on ajoute à ce fardeau les souffrances d'une maladie cruelle dont il était attaqué depuis deux ans, il sera facile de faire comprendre la situation pénible où se trouvait l'évêque Briand. Dans cet état, se sentant incapable de travailler davantage, il résolut de résigner entre les mains de son coadjuteur cet évêché dont le gouvernement n'avait été pour lui qu'une source de chagrins et de souffrances, dans les circonstances pénibles où il en avait été chargé. Ce n'était pas qu'il ne redoutât de mettre un si pesant fardeau sur des épaules aussi débiles que celles de son successeur; mais son âge avancé, et celui plus avancé encore de l'évêque de Dorylée, lui faisaient craindre de laisser le diocèse sans pasteur, si tous les deux venaient à mourir à la fois; tandis qu'en donnant sa démission, il y avait à espérer que, d'après l'arrangement convenu, on laisserait d'Esglis prendre un coadjuteur plus jeune et plus en état de conduire les affaires.

En conséquence de cette résolution, il écrivit au gouverneur Henry Hamilton (24 novembre 1784); celui-ci accueillit avec bienveillance la demande de l'évêque, en lui exprimant poliment son regret de lui voir quitter son siége, et, le 29 novembre suivant, Louis-Philippe Mariaucheau d'Esglis accepta la résignation de son prédécesseur [1], en lui laissant les pouvoirs de vicaire-général du diocèse. Il prit possession de son église le 2 décembre suivant, et, deux jours après, par mande-

[1] Documents relatifs à la démission de Mgr Briand, septième évêque de Québec. Aux archives de l'archevêché de cette ville.

ment adressé à tout le clergé de son diocèse, il annonça la détermination qu'avait prise l'évêque Briand. D'Esglis, dont l'épiscopat fut aussi nul que sa personne et son caractère dans l'histoire de l'église canadienne, se retira, aussitôt après son installation, dans son presbytère de Saint-Pierre de l'île d'Orléans, où il continua à demeurer jusqu'à sa mort.

Le lendemain même de la résignation d'Olivier Briand, le clergé, qui voyait avec autant de chagrin que ce prélat le fardeau de l'épiscopat sur les épaules de l'évêque d'Esglis, obtint de lui donner pour coadjuteur le prêtre Jean-François Hubert, né en Canada aussi bien que lui. Ce choix n'était peut-être pas beaucoup plus remarquable que le précédent, si l'on considère les lumières et la fermeté si nécessaires dans un évêque. Mais ces qualités étaient celles précisément que le gouvernement britannique redoutait de rencontrer dans le premier pasteur de l'église du Canada. En donnant la préférence à Hubert sur les candidats dont la liste lui avait été présentée auparavant pour le cas éventuel de la mort de l'évêque, le gouverneur, qui agissait au nom du ministère, avait prévu qu'il n'aurait rien à redouter du caractère timide et doux du nouveau coadjuteur. Mais à cette timidité excessive, commune alors bien plus qu'à présent à une grande partie du clergé franco-canadien, Hubert joignait une grande innocence de mœurs, un désintéressement peu commun, et un zèle ardent pour le salut des âmes. Elevé au séminaire de Québec, dont il avait été directeur pendant douze ans, et supérieur pendant cinq, il s'était, depuis trois ans, consacré aux missions parmi les Sauvages, et demeurait alors précisément au village des Hurons de l'Assomption, près de Détroit[1], pour lesquels il conserva toujours depuis une affection toute paternelle. Elevé malgré lui à l'épiscopat, il fut proposé à Rome comme s'il avait été le choix spontané du clergé et de l'évêque, qui n'étaient malheureusement que les instruments timides et craintifs du gouvernement anglais. Accepté, sur la relation de l'évêque de Québec, par la congrégation de la Propagande, il fut nommé évêque d'Almyre, par une bulle du 14 juin 1785. Telle était à cette époque l'idée que tout le monde et surtout le clergé avaient de l'incapacité, pour ne pas dire davantage, de Mariaucheau d'Esglis, alors titulaire de Québec, que le coadjuteur Hubert, craignant que la consécration épiscopale ne fût atteinte de nullité s'il la recevait de ses mains, pria l'ancien évêque Briand, qui vivait retiré au séminaire, de vouloir bien la lui conférer[2], ce qui eut lieu au mois de novembre 1786.

La même année que l'évêque Briand avait donné sa démission, les citoyens de Montréal, appréciant les services que le séminaire de Saint-Sulpice de cette ville avait rendus au pays, adressèrent une supplique au roi d'Angleterre pour obtenir l'autorisation d'intro-

[1] Documents relatifs à l'élection de Mgr Hubert. Aux archives de l'archevêché de Québec.

[2] Ce fait m'a été particulièrement affirmé, non seulement par bien des prêtres en Canada, mais encore par Mgr Signay, archevêque de Québec, et par son successeur, Mgr Turgeon, devant un grand nombre de personnes.

duire des prêtres européens dans le Canada. Reconnaissant l'insuffisance des prêtres du diocèse, ils voyaient avec une douloureuse inquiétude leur nombre diminuer chaque jour au séminaire de Montréal, et ils craignaient de voir arriver le moment où le gouvernement mettrait la main sur les grands biens de cette maison, qui répandait l'aisance et la charité dans toute la contrée. Mais il fallait bien peu de perspicacité aux Montréalais pour ne pas deviner que leur demande serait rejetée. Il y avait encore trop d'hostilité dans les intentions du cabinet britannique, et sa défiance était trop grande à l'égard du clergé catholique, pour accéder au désir des citoyens de Montréal; aussi ne fut-ce que lorsque la Révolution française eut appris aux Anglais le caractère et la loyauté du clergé français, qu'il commença à se relâcher sur ce point.

En attendant, la Providence n'abandonnait pas les provinces canadiennes. Plusieurs prêtres irlandais et anglais étaient venus s'offrir à l'évêque de Québec, qui leur avait confié le soin des âmes de ceux de la langue anglaise qui habitaient les provinces du golfe Saint-Laurent, du New-Brunswick et de la Nouvelle-Ecosse. Le défaut absolu de prêtres avait forcé, en 1784, l'évêque à commettre à un laïque[1] le soin de baptiser les enfants et les adultes dans l'île du Prince-Edward (auparavant île Saint-Jean), ainsi que de recevoir le consentement des personnes qui voulaient se

[1] Archives de l'archevêché de Québec. Reg. D. E.

marier, pourvu qu'il n'existât aucun empêchement canonique entre les parties. C'était là le moindre des maux ; ce qu'il y avait de vraiment déplorable, c'est qu'une foule de Catholiques vivaient dans le désordre, faute d'autorité qui les guidât, et étaient réduits ensuite à mourir sans confession, après avoir vécu durant toute leur vie sans sacrements [1]. Enfin, en 1785, l'évêque de Québec se trouva en état d'obvier, au moins en partie, à cette triste situation ; le prêtre Girouard fut envoyé en mission dans la baie des Chaleurs, dont les habitants, acadiens-français, étaient abandonnés depuis déjà trop longtemps. L'année suivante, le missionnaire Dufau était envoyé au village des Hurons, près de Détroit, pour prendre la place laissée vacante par la nomination du coadjuteur Hubert.

En 1787, le chanoine Phelan, de l'église d'Ossory en Irlande, quittait son pays et sa position pour venir au secours de ceux de ses compatriotes que l'émigration avait amenés sur les côtes rugueuses du Cap-Breton, où ils étaient venus partager la vie et les privations des pauvres pêcheurs français que l'Angleterre avait consenti à y laisser, à cause de leur pauvreté. Dans la Nouvelle-Ecosse, Halifax, qui tendait chaque jour à prospérer davantage, voyait, avec le nombre de ses habitants, multiplier celui des Catholiques que la misère et les persécutions chassaient de la malheureuse Irlande. Les missions y devenaient chaque jour plus

[1] Voyage de Mgr Plessis, évêque de Québec, dans les missions du golfe Saint-Laurent, MS. de l'archevêché.

considérables : l'évêque de Québec songea alors à les pourvoir, en leur envoyant pour les diriger, sous le titre de supérieur de la Nouvelle-Ecosse, le respectable Jones, prêtre de la langue anglaise, également amené en Canada par son zèle pour le salut de ses compatriotes. En 1788, Roderik M'Donell était préposé à la mission des Sauvages de Saint-Régis, près de l'île de Montréal, et la même année voyait arriver en Canada Edmond Burke, que le Ciel destinait à être le premier évêque de la Nouvelle-Ecosse, où l'archevêque de Cantorbéry venait, de concert avec le cabinet britannique, d'ériger un siége épiscopal hérétique avec le titre d'Halifax.

Les missions sauvages, réduites au petit nombre de sept ou huit, étaient occupées par des prêtres vertueux, mais dont la vertu et la charité étaient impuissantes à arrêter les désordres que causait l'ivrognerie systématiquement encouragée par les Anglais parmi ces malheureuses peuplades.

Louis-Philippe Mariaucheau d'Esglis, dont l'administration épiscopale se résume dans quelques caprices de vieillard, mourut dans une espèce d'enfance, le 4 juin 1788, dans son obscur presbytère de l'île d'Orléans, d'où il n'aurait jamais dû sortir pour ceindre la mitre, mais où le clergé canadien chercha à le retenir autant que possible, durant son épiscopat, afin de n'avoir pas à rougir de son premier pasteur. Lorsque je viens à songer à tout ce qui me fut raconté de ce prélat, je rougis moi-même pour ce clergé qui se l'était laissé imposer, et je déplore le malheur du peuple canadien, à ce point outragé par ses vainqueurs et ses maîtres dans tout ce qu'il y a de plus sacré, la dignité de sa religion.

CHAPITRE XX.

DEPUIS LA PRISE DE POSSESSION DU SIÉGE DE QUÉBEC PAR JEAN-FRANÇOIS HUBERT, EN 1788, JUSQU'A LA MORT D'OLIVIER BRIAND, ANCIEN ÉVÊQUE DE QUÉBEC, EN 1794.

Jean-François-Hubert, neuvième évêque de Québec. Son caractère. Influence britannique dans les choix épiscopaux. Bailly de Messein élu coadjuteur. Son esprit et ses liaisons avec les Anglais. Il est consacré évêque de Capse. Ses divisions avec l'évêque de Québec. Projet d'une université à Québec. Conduite opposée des deux prélats et réflexions à ce sujet. État des établissements d'instruction publique en Canada à cette époque (1790). Mort du père de Glapion, ancien supérieur des Jésuites du Canada. Conduite insultante du coadjuteur envers l'évêque de Québec. Douleur et consternation des bons Catholiques. Dissolution de la maison des Jésuites de Montréal (1791). Suppression de plusieurs fêtes chômées en Canada. La réserve du clergé protestant en Canada Érection de l'évêché anglican de Québec. Jacob Mountain, premier *lord bishop of Quebec* (1794), installé dans l'église catholique des Recollets. Maladie, repentir, et mort de l'évêque de Capse, coadjuteur de Québec. Elle est suivie de celle d'Olivier Briand, ancien évêque de cette ville.

Huit jours après la mort de Mariaucheau d'Esglis, Jean-François Hubert prit possession du siége de Québec (12 juin 1788). Zélé pour l'observation exacte de la discipline ecclésiastique, il commença son épiscopat en cherchant à mettre un terme aux abus que la facilité et les manies de son prédécesseur avaient introduits dans le diocèse. Mais il n'avait pas lui-même toutes les lumières nécessaires pour voir parfaitement ce qu'il était opportun de faire dans les circonstances présentes, ni la fermeté qu'il fallait pour tenir la main à ce qu'il aurait une fois corrigé. Avec infiniment moins de tact et de sagesse que l'ancien évêque Briand, il se trouva naturellement bien plus que ce prélat accablé sous le poids d'une administration qui demandait une force et une énergie d'autant plus grandes, que son prédécesseur avait montré plus de faiblesse et d'incapacité. Ses premiers pas annoncèrent tout ce qu'il serait durant le cours de son épiscopat. Incertain, chancelant, ne sachant à qui se confier, n'ayant aucun des appuis qu'il aurait eus s'il avait trouvé les dignitaires hiérarchiques qui entourent ordinairement l'évêque titulaire, il commença par des actes qui ne plurent à personne. Situation déplorable pour un pasteur, et qui se renouvela plus d'une fois encore pour les évêques de Québec; situation dont on ne peut accuser que la politique machiavélique du gouvernement britannique, qui s'était plu d'abord à isoler l'épiscopat en détruisant le chapitre, et à faire ensuite créer un évêque inhabile et dénué des capacités les plus ordinaires, pour le mettre à la tête d'un si vaste diocèse. Grâces, néanmoins, soient rendues à l'Auteur de toute miséricorde, qui, dans des circonstances aussi critiques, préserva le troupeau à cause des bonnes intentions du pasteur, et bouleversa les espérances chimériques de l'hérésie! Car, s'il est permis de s'exprimer ainsi, là où l'évêque se trouva trop faible pour maintenir la foi, la foi se maintint par les grâces singulières découlant de l'épiscopat dont il était revêtu.

Ainsi qu'aux deux élections précédentes, le choix

du nouveau coadjuteur fut, comme à l'ordinaire, l'œuvre du gouvernement. Suivant avec habileté sa tactique habituelle à l'égard du clergé catholique, il chercha à accaparer cette fois à son profit toute son influence spirituelle, en imposant à l'évêque un coadjuteur capable, à la vérité, mais tout dévoué malheureusement aux intérêts britanniques. Le nouvel élu, Charles-François Bailly de Messein, prêtre canadien, d'une famille distinguée, mais pauvre, avait de l'esprit, de l'éclat, et nul ne lui contestait son talent. Il avait étudié en France, où il avait acquis des manières qui l'avaient promptement avancé dans les bonnes grâces du général Guy Carleton, depuis lord Dorchester, à plusieurs reprises gouverneur-général du Canada; et ce seigneur l'avait emmené avec lui en Angleterre en qualité de précepteur de ses enfants. Ebloui de la faveur du gouvernement, il se laissa entraîner à la remorque de la politique anglaise, à laquelle il dut sa nomination. Au commencement de sa prêtrise, il avait été missionnaire et vicaire-général de l'évêque Briand dans les provinces du golfe, et, depuis son retour d'Angleterre, il avait été nommé curé de la Pointe-aux-Trembles, paroisse peu distante de Québec. « Il venait souvent en ville, disent les papiers du temps [1], mais le château le voyait plus souvent que le séminaire. »

Il y eut un semblant d'opposition parmi le clergé, lorsque ce choix eut été connu; car nul n'était plus im-

[1] *Gazette de Québec*, article inséré. — Année 1789—90.

populaire que Bailly de Messein dans toutes les classes de la société canadienne. Personne n'osa cependant élever la voix contre lui, et l'évêque Hubert demanda à Rome de confirmer cette élection, qu'il disait avoir été faite par le clergé canadien ; il eut dans la suite tout le temps de s'en repentir. Le pape Pie VI lui expédia la même année la bulle qui confirmait ce choix si peu conforme aux désirs des Canadiens, avec le titre d'évêque de Capse, sous lequel Bailly de Messein fut consacré, le 12 juillet 1789.

Après avoir terminé la cérémonie de la consécration, l'évêque de Québec voulut aussitôt renvoyer son nouveau coadjuteur, et lui intima l'ordre de retourner à sa paroisse. Celui-ci, qui espérait déjà partager avec l'évêque titulaire les soins de l'épiscopat, et obtenir une part dans l'administration du diocèse, lui fit connaître sa pensée, en le priant de lui communiquer au moins avant son départ les pouvoirs de grand-vicaire. L'évêque de Québec s'en excusa timidement ; mais son refus piqua au vif l'évêque de Capse, qui lui demanda d'une manière assez hautaine pourquoi donc il l'avait fait son coadjuteur. — Ce n'est pas moi qui vous ai fait coadjuteur, répondit alors le prélat avec une amertume qui montrait tout son regret et sa douleur ; et, si je vous ai sacré, ce n'a été que pour assurer l'épiscopat dans le Canada, et non pour m'aider ; Dieu merci, le Ciel m'a donné assez de force et de santé pour conduire par moi-même mon diocèse, et, s'il lui plaît, jusqu'à ma mort, je n'aurai jamais besoin de votre aide. — Ces paroles blessèrent profondément l'orgueil du coadjuteur, qui se retira le cœur plein de fiel contre son évêque. Il s'en retourna à la Pointe-aux-Trembles, d'où il adressa ensuite à l'évêque Hubert des reproches aussi signicatifs que peu respectueux pour sa personne, insérés dans une lettre qui fut rendue publique dans la *Gazette de Québec* du 29 avril 1790.

Un document de ce genre publié, pour la première fois, d'une manière si inusitée et si peu conforme aux convenances et aux formes canoniques, jeta la consternation dans tout le clergé, en même temps qu'il révélait toute l'ambition du coadjuteur. De son côté, celui-ci se sentait d'autant plus froissé de ce qu'il appelait la dureté de l'évêque de Québec, ordinairement si timide et si indécis, qu'il croyait reconnaître dans la conduite du prélat l'œuvre d'un jeune sous-diacre qui lui servait de secrétaire, Octave-Joseph Plessis, lequel à beaucoup de souplesse et de pénétration joignait un mérite supérieur à celui de ses compatriotes, et paraissait, dans le poste de confiance où la Providence l'avait placé, avoir exercé une influence toujours croissante sur l'évêque Hubert. On vit dès lors l'évêque de Capse agir en opposition constante avec son supérieur; trop enivré sans doute des éloges qu'il recevait des ennemis de sa religion, il manqua plus d'une fois à ce qu'il devait à son chef et à ce qu'il se devait à lui-même, et, s'il ne trahit pas entièrement les intérêts de l'Église et de ses concitoyens, on ne peut malheureusement le justifier d'avoir fait avorter plus d'une fois les bonnes intentions de l'évêque Hubert, et d'avoir profité plus tard de sa timidité pour l'entraîner violemment dans plus d'une démarche inconvenante et peu canonique.

La première occasion où les deux évêques se trouvèrent publiquement en opposition ne tarda pas à se présenter. En 1789, le gouvernement avait conçu la pensée de fonder dans la province de Québec une université mixte, c'est-à-dire à la fois protestante et catholique. Un comité présidé par l'honorable William Smith[1] fut institué pour l'examen de ce projet; mais, comme il était difficile de faire quelque chose de ce genre sans le concours du clergé catholique, Smith écrivit à l'évêque de Québec ainsi qu'à son coadjuteur pour avoir leur avis. Hubert exprima *qu'il ne croyait pas que le temps fût venu de fonder une université à Québec,* appuyant son opinion de motifs assez plausibles. Il ajoutait que, pour mettre la province en état de jouir par la suite d'un bienfait aussi précieux, il fallait commencer par encourager les études dans le collége fondé depuis peu par les Sulpiciens de Montréal, et dans le séminaire de Québec. « C'est à quoi, disait l'évêque, je veille avec la plus grande attention. » Il proposait en outre de fonder un troisième collége, ou plutôt de remettre sur pied celui qui avait autrefois existé dans la maison des Jésuites, lequel aurait eu pour dotation les biens de ces religieux.

[1] Le père de l'historien fanatique, ennemi du clergé et de l'Église Catholique en Canada.

« Je rends aux Révérends Pères Jésuites, ajoutait-il » encore, toute la justice qu'ils méritent pour le zèle » avec lequel ils ont travaillé, dans cette colonie, à l'ins- » truction et au salut des âmes. Néanmoins je ne serais » pas éloigné de prendre dès maintenant des mesures » *pour assurer leur collége, ainsi que leurs autres* » *biens*, au peuple canadien, sous l'autorité de l'évêque » de Québec. Mais à qui appartiendrait le gouverne- » ment du collége des Jésuites, s'il était remis sur » pied? D'abord au R. P. de Glapion, jusqu'à sa mort, » et ensuite à ceux qui seraient substitués par l'évê- » que. Est-on surpris d'un tel projet? Voici l'analyse » des principes sur lesquels je l'établis :

» 1° Le fonds de ce collége ne consistera que dans » les biens des Jésuites.

» 2° La province n'a droit de se les approprier *qu'à* » *raison de leur destination primordiale.*

» 3° La propagation de la foi catholique est le prin- » cipal motif de tous les titres.

» 4° Les circonstances des donations et la qualité » des donateurs prouveraient toutes que c'était là leur » intention. *Les Canadiens considérés comme catholi-* » *ques* ont donc à ces biens un droit incontestable.

» 5° L'instruction des Sauvages et la subsistance de » leurs missionnaires paraissant entrer pour beaucoup » dans les motifs qui ont dirigé les donateurs des biens » des Jésuites, n'est-il pas à propos que l'évêque de » Québec, qui députe ces missionnaires, puisse détermi- » ner en leur faveur l'application de la partie desdits

» biens qui sera jugée avoir été donnée pour eux, plutôt que de les voir à la charge du gouvernement, comme plusieurs l'ont été depuis un certain nombre d'années? Or, en conservant les biens des Jésuites aux Canadiens, sous l'autorité de l'évêque, celui-ci serait en lieu de faire exécuter cette partie essentielle de l'intention des donateurs, et il est d'ailleurs très-probable que le public et le collége gagneraient à cet arrangement [1]. »

La rédaction de cette lettre, si supérieure pour le fonds et la forme à tout ce que l'évêque Hubert aurait pu produire, était le résultat d'un conseil tenu au séminaire, assemblé sous l'inspiration du jeune secrétaire de l'évêque : l'ancien évêque Briand et les sommités du séminaire s'y étaient réunis avec eux ; deux prêtres français, MM. Robert et Gravé, étaient alors à la tête de l'établissement fondé par François de Laval, et ce dernier avait été grand-vicaire de Québec successivement sous Olivier Briand et Mariaucheau d'Esglis, qui l'avait destitué par un caprice de vieillard. Le plan proposé dans ce conseil et envoyé au comité, au nom de l'évêque Hubert, était loin de répondre aux vues du gouvernement, qui désirait vivement appliquer les biens des Jésuites, sinon à une université toute protestante, du moins à une œuvre mixte et où il aurait été plus facile dans la suite de protestantiser les Catholiques.

[1] *Lettre de l'évêque de Québec à l'honorable W. Smith, chief justice*, etc., 18 novembre 1789, imprimée à Québec.

La lettre du coadjuteur, inspirée dans les salons de lord Dorchester, était, comme on le peut penser, tout-à-fait conforme à ses vues. Bailly de Messein conjurait[1] le comité, au nom de tout ce qu'il y a de plus sacré, de constituer immédiatement la nouvelle université. Sa lettre ayant été écrite assez longtemps après celle de l'évêque de Québec, il avait eu tout le temps de la lire et de la méditer. Il en parla dans la sienne dans des termes méprisants et pleins d'insulte, « sachant bien, disait-il, à qui attribuer cette rapsodie, donnée au nom de l'évêque, qui n'y avait été que comme l'instrument de l'intrigue, etc. » Il relevait ensuite en termes pleins d'éloges les plans du gouvernement, qui cherchait à établir sinon la suprématie protestante, au moins un système d'indifférence religieuse en matière d'éducation, analogue au collége philosophique que le roi Guillaume d'Orange s'était efforcé de fonder, il y a trente ans, dans la ville de Louvain. Cette idée ressort si évidemment de la lettre de l'évêque de Capse, qu'il est impossible de s'y méprendre et de ne pas croire qu'il y eût alors une véritable conspiration tramée dans le but d'opérer un schisme dans le Canada.

Outre les divers détails que nous avons reproduits de la lettre de l'évêque de Québec, cette lettre donnait encore un aperçu de l'état où se trouvait l'éducation canadienne à cette époque. Le collége du séminaire de Qué-

[1] *Copie de la lettre de l'évêque de Capse, etc., au président du comité d'éducation*, 5 avril 1790. Québec.

bec était la seule institution où l'on pût faire un cours complet d'études, et les enfants protestants y étaient admis, comme aujourd'hui, sur le même pied que les Catholiques, sans y être astreints aux exercices purement religieux, à l'exception de la prière commune. Les Sulpiciens de Montréal avaient établi un collége dans leur maison, depuis l'année 1773; mais on n'y avait pas encore introduit un cours de philosophie. Tous les couvents de femmes tenaient école pour les filles; et dans les écoles pour les garçons on n'enseignait que la lecture et l'écriture; l'évêque convenait cependant que la généralité des Canadiens ne savait pas lire et n'aimait point à se rendre aux écoles, quelque soin que prît le clergé de le leur recommander.

Les réponses contradictoires des deux prélats empêchèrent le comité de prendre aucune décision. Il résulte toutefois des conclusions qui furent tirées à la suite de la lettre de l'évêque Hubert que la majorité des membres était favorable à ses idées, et que, sans les réflexions du coadjuteur, une charte aurait pu être obtenue alors pour le rétablissement du collége des Jésuites, qui aurait été par la suite constitué en université catholique, avec l'affectation des grands biens que le gouvernement mit sous le séquestre et dont seul il profita, après la mort du dernier membre de la Compagnie de Jésus en Canada.

Le père de Glapion, dont il avait été question dans la lettre de l'évêque de Québec, mourut avant la publication de celle de l'évêque de Capse, le 24 février

1790. « Le clergé, dit la *Gazette de Québec*[1], perd en lui un prêtre pacifique et zélé, un fervent religieux ; les hôpitaux, un soutien aussi généreux que compatissant. Ses obsèques furent célébrées avec beaucoup de solennité. Les regrets, les larmes des pauvres, la tristesse peinte sur le visage de tous les assistants pendant la cérémonie, prouvent combien le père de Glapion était aimé, et combien il est regretté. Le père de Glapion était du nombre de ces hommes qui devraient toujours vivre. » Il était âgé de soixante-onze ans, et en avait passé quarante en Canada, où il avait été longtemps employé dans les missions de la Compagnie de Jésus, dont il ne restait plus après lui que trois membres.

L'évêque de Capse n'avait pas encore publié sa fameuse lettre sur l'université ; quelle que fût son opposition aux actes de l'évêque Hubert, le public n'avait pas encore été mis à même de juger par des faits patents de sa connivence avec le gouvernement, et de sa basse adulation envers les autorités britanniques, lorsque tout-à-coup parut, dans la *Gazette de Québec*, un manifeste qui semblait en être le prélude. C'était une lettre adressée par lui à l'évêque de Québec, où il accablait ce prélat des reproches les plus amers sur plusieurs actes de son administration, en lui demandant, avec des paroles séditieuses, la prompte abolition de la plupart des fêtes patronales chômées en Canada, même de celle de l'Assomption, la plus vénérée des Catholi-

[1] *Gazette de Québec* du 4 mars 1790. Article communiqué.

ques, puisque c'est le jour du triomphe de l'auguste Mère du Rédempteur. Tout le monde, et l'évêque le premier, convenait que les fêtes patronales étaient peut-être en trop grand nombre dans un pays où l'été est si court, et il avait été déjà question d'en retrancher encore plusieurs. Mais dans une contrée où l'on aime à voir la Religion s'environner de toutes les pompes de son culte, où l'éclat des solennités, la régularité du chant et des cérémonies, ont tant de puissance pour retenir les peuples dans la foi, dont elles sont la magnifique expression ; dans une contrée où le protestantisme anglican échouait malgré tous les efforts d'un prosélytisme habile, et parvenait à peine à faire quelques misérables apostats, précisément peut-être parce qu'il n'avait qu'un culte vide et sans vie à opposer aux solennités vivifiantes du Catholicisme : pour tous ces motifs, il ne fallait certainement procéder qu'avec la plus grande circonspection à la suppression de quelques-unes de ces fêtes, que les ennemis de l'Église auraient voulu voir mettre sur un pied d'égalité avec l'anglicanisme, en les réduisant au juste nombre des jours fériés par les ministres de l'église établie.

A une époque d'ailleurs où les idées sophistiques de la France s'introduisaient dans le Canada, avec les récits plus ou moins exagérés de la révolution qui s'opérait dans la monarchie française et que les ennemis de la religion cherchaient à introduire dans l'antique constitution de l'Église ; dans le temps même que les protestants inséraient dans la *Gazette de Québec* des mensonges de toute espèce, et les plus violentes diatribes contre le gouvernement et la personne sacrée du Souverain-Pontife, contre les institutions les plus vénérables du Catholicisme [1], tout en applaudissant au schisme que l'on cherchait à établir au moyen de la constitution civile du clergé ; dans ce temps-là donc, n'était-il pas bien téméraire, pour ne pas dire criminel, de soulever publiquement l'opinion populaire, en demandant tout à coup dans la discipline des réformes qu'il pouvait ne pas être opportun d'accorder si précipitamment? N'était-il pas criminel pour un prêtre, et surtout pour un évêque, de troubler le pays, si tranquille auparavant, par des clameurs de démagogue, et de chercher ainsi à semer la division, sous prétexte du bien public, en venant outrager la personne de son supérieur ecclésiastique, de son évêque, dans les colonnes d'un journal protestant? En supposant même que toutes les réformes demandées par le coadjuteur eussent été parfaitement justes dans leur objet, le moyen employé pour les obtenir, et la violence faite à l'évêque de Québec, n'en étaient pas moins une chose odieuse et contraire aux lois canoniques, comme à la charité et à l'esprit de subordination et de paix qui doivent régler tous les rapports entre les ministres de l'Église.

On ne peut imaginer la douleur et la consternation où ce manifeste plongea toutes les classes de citoyens

[1] *Gazette de Québec*, années 1789 — 90 — 91.

sincèrement attachés à leur religion. L'évêque Hubert garda le silence ; mais tout le clergé, que Bailly de Messein disait, dans cette lettre, être complice de sa conduite, s'empressa de le désavouer par la même voie ; et, durant plusieurs semaines, chaque journal apporta de nouvelles signatures pour démentir les paroles du coadjuteur, et protester de l'obéissance et du respect des prêtres à l'évêque de Québec. Pas un n'y manqua ; et, à la suite de la première protestation, on trouva la signature de l'ancien évêque Briand [1], avec ces paroles : « Nous approuvons vos sentiments, nos très » chers frères, et vous nous consolez dans l'excès de » nos douleurs. » Cette unanimité dut en effet consoler le cœur de ce prélat, et apporter quelque baume à celui de l'évêque de Québec. Elle aurait dû ouvrir les yeux du coadjuteur ; mais les protestations des laïques eux-mêmes, qui joignirent leurs noms à ceux du clergé, ne parvinrent pas à lui faire reconnaître l'abîme qu'il creusait sous ses pas, et l'avenir désastreux dont sa conduite menaçait l'Eglise du Canada.

Sa lettre sur l'université, datée du 5 avril, avait été envoyée au comité, un peu avant l'époque de celle qu'il écrivit, par la voie du journal, à son évêque. Au mois d'octobre suivant, ce document était rendu public, et annoncé comme étant en vente chez tous les libraires. Ce second outrage dut être vivement senti de tout le monde ; mais on ne lui avait déjà que trop fait con-

[1] *Gazette de Québec* du 6 mai 1790.

naître ce qu'on pensait de lui. Aussi personne ne réclama cette fois, et Hubert continua à garder le silence.

Cette lettre d'ailleurs n'obtint aucun résultat satisfaisant dans le public ; et le gouverneur-général, ne pouvant faire adopter le plan de l'évêque de Capse pour l'université, ainsi que nous l'avons dit, l'ajourna indéfiniment, n'osant, d'un côté, fronder l'opinion de tout un peuple, et, de l'autre, se souciant peu sans doute de remettre à l'évêque de Québec le collége et les biens des Jésuites, qui eussent été une arme trop puissante entre les mains des Catholiques. La mort, qui enleva le père Well, à Montréal, au commencement de l'année 1791, achevait de décimer les restes vénérables de la Compagnie de Jésus. Le père Cazot, frère lai, que l'évêque de Québec avait élevé aux ordres sacrés, afin de perpétuer son ordre aussi longtemps que possible, et qui restait seul avec le père de Villeneuve, se transporta à cette occasion à Montréal. Il distribua aux pauvres, aux hôpitaux et aux églises, tout ce que renfermait la maison de la Société dans cette ville ; et, lorsqu'il n'y eut plus rien à donner, il revint à Québec, laissant cette ancienne demeure des civilisateurs du Canada aux agents de la couronne, qui en prirent alors possession [1].

Cependant le coadjuteur ne se laissait pas rebuter par les mépris dont il se voyait l'objet ; malgré la vigilance du jeune secrétaire, il continuait ou par lui-

[1] *Gazette de Québec*, 14 avril 1791.

même, ou par les partisans peu nombreux des réformes, à obséder l'évêque de Québec. Celui-ci, redoutant leur influence auprès du gouvernement, avec lequel les évêques de Québec eurent toujours si peur de se compromettre, finit, quoiqu'à regret, par céder à leurs importunités. Un mandement dicté par la faiblesse fut publié le 15 avril 1791 ; il supprimait la plus grande partie des fêtes chômées, en établissant cependant que quelques-unes seraient solennisées lorsqu'elles tomberaient au dimanche. Du nombre de ces dernières était l'Assomption de la sainte Vierge, la patronne même du Canada, que l'on se disposait ainsi à ne plus célébrer qu'à de longs intervalles. Hubert, prématurément forcé à cette suppression par son coadjuteur, n'en écrivit à Rome qu'après coup, expliquant comme il pouvait sa conduite, sans en donner les véritables motifs. Par un décret de la Propagande en date du 28 novembre 1792, il lui fut répondu qu'une partie des fêtes supprimées par lui pouvaient demeurer dans l'état où il les avait mises ; mais il y en avait d'autres, entre lesquelles se trouvait l'Assomption, qu'il lui fut ordonné de célébrer solennellement, chaque année, au moins au dimanche dans l'Octave de cette grande fête. C'était bien malgré lui que l'évêque Hubert l'avait supprimée ; aussi dut-il ressentir plus de joie que d'humiliation en revenant sur ses pas, et en se soumettant, par un nouveau mandement[1] adressé au clergé et aux fidèles

[1] Mandements de Mgr Hubert, évêque de Québec, 1791-92. Aux archives de l'archevêché.

de son diocèse, aux ordres qu'il avait reçus du Souverain-Pontife.

La même année que l'évêque de Québec avait lancé son premier mandement à ce sujet (1791), des doutes s'étant élevés sur son autorité comme surintendant de l'Eglise romaine en Canada, relativement au droit que les évêques de Québec avaient toujours possédé d'ériger de nouvelles paroisses, églises ou presbytères, une ordonnance de la législature anglaise lui confirma cette prérogative, en reconnaissant qu'il devait continuer à jouir à cet égard des mêmes droits que ses prédécesseurs.

Mais, pour contrebalancer ce qu'il y avait de favorable à l'évêque dans une mesure que dictait alors la nécessité des circonstances, le parlement britannique rendit la même année l'acte communément appelé l'*acte constitutionnel*. Il y était ordonné que, dans tout octroi de terres nouvelles à faire par la couronne dans le Canada, il serait réservé pour l'établissement et l'entretien d'un *clergé protestant* une quantité de terres égale à un septième de celles ainsi octroyées. C'est ce qui fut appelé la *réserve du clergé protestant*. C'est sur cet acte que le gouvernement anglais s'appuya pour doter les membres de l'église établie, qui furent placés alors dans les villes et les plus gros villages du Canada, et surtout pour fonder le nouveau siége anglican que l'on voulait ériger à Québec. Sous ce terme générique de *clergé protestant*, l'église anglicane a toujours eu la jouissance exclusive de ces revenus, qui sont devenus fort considérables. Mais depuis plusieurs années les membres de l'église écossaise ont voulu établir leur droit d'être mis sur le même pied que l'église anglicane, et ont demandé que les revenus fussent également partagés entre l'une et l'autre église. A la suite de l'église écossaise, les diverses dénominations protestantes ont prétendu qu'elles étaient incluses sous le même terme, et qu'un partage égal de tous ces revenus devait être fait entre tous ceux qui n'appartenaient pas à l'Eglise Catholique. Cette question était traitée au long par lord Durham dans son *Rapport à la Reine*[1]; et il y était dit « que les prétentions » exclusives de l'église d'Angleterre, au milieu des » dissensions soulevées au sujet de cette pâture entre » les diverses sectes, sont de nature à risquer la perte » de la colonie et à hasarder une des plus belles pos- » sessions de l'empire britannique. »

L'acte constitutionnel donnait donc une existence complète et légale à l'église anglicane dans le Canada. L'archevêque de Cantorbery, qui prétendait à une sorte de suzeraineté pontificale sur tous les domaines de l'empire britannique, dans le dessein de fortifier son établissement (*church establishment*) dans le Canada, érigea, de concert avec le gouvernement, un siége épiscopal à Québec, comme s'il n'y en avait jamais eu dans cette ville. C'est pour cette raison que le minis-

[1] *Rapport de lord Durham*, etc. Le Haut-Canada. — Cette question était pendante à la chambre des représentants de Montréal lorsque je me trouvais dans cette ville en mai 1846, et les débats à ce sujet paraissaient extrêmement animés.

tère anglais avait toujours refusé jusque-là de reconnaître le titre des évêques de Québec, et ne lui en avait jamais donné d'autre que celui de *surintendant de l'Église Romaine* (*superintendent of the Romish Church.*) Il cherchait ainsi à se conserver une apparence de canonicité à leur façon, et à ne pas avoir l'air de placer un évêque là où il y en avait déjà un [1]. Les anglicans préparèrent avec adresse tous les plans destinés à cet arrangement, et répandirent à dessein une foule de rumeurs, afin de sonder plus facilement l'opinion publique à ce sujet. C'est ainsi qu'au mois de juin 1793 le bruit courut, d'après un article de la *Gazette*, que le docteur Mountain, chapelain de l'évêque de Lincoln, avait été nommé au nouvel évêché de Québec, avec une provision annuelle de deux mille livres sterling. Cette nouvelle en effet ne tarda pas à se confirmer.

Quelques mois après, les protestants, qui n'avaient pas encore d'église dans Québec, et qui convoitaient vivement celle des Récollets, où chaque dimanche,

[1] Cette tactique du ministère britannique, qui profita si longtemps de la faiblesse des évêques de Québec pour les empêcher de prendre le titre de leur siége, fut mise en pratique par le protestantisme anglican plus d'une fois depuis. — « Ces Messieurs (Brougham et Cie), écrivait, il y a quelques années, Mgr Polding, archevêque de Sydney, ont la prétention de défendre, comme une chose illégale, aux évêques catholiques d'Angleterre ou des colonies de prendre le titre de leurs siéges respectifs en même temps que la juridiction. » — Et ailleurs : « C'est un plan très cher à la race anglicane actuelle que de donner au chef du diocèse de Cantorbery une papauté sur toutes les possessions britanniques. Ils tendent par-dessus tout à se faire donner le titre de Catholiques, qu'ils ambitionnent ardemment. L'usage où est l'Église de gouverner les contrées soumises à l'autorité protestante et les pays de mission par des vicaires apostoliques, avec le titre d'évêque *in partibus infidelium*, est fort de leur goût, en ce qu'il favorise leurs vues. » Je ne rappellerai pas ce qui s'est passé depuis lors au sujet de l'archevêché de Westminster et des siéges suffragants d'Angleterre.

après la messe, ils s'assemblaient pour leur service, firent courir le bruit que le père Berrey, *seul religieux survivant,* disaient-ils [1], de l'ordre séraphique en Canada, avait consenti à céder son église aux anglicans pour y établir leur culte, et son couvent pour servir de résidence au nouvel évêque. Ce bruit, répandu à dessein par les sectaires, et qui ne dénotait que trop leurs intentions, mit en émoi toute la ville de Québec. Il fut démenti peu de jours après par les amis du père Berrey et de plusieurs religieux de l'ordre qui vivaient encore, et qui réclamèrent hautement contre toute disposition tendant à leur enlever leur monastère. Mais ces bruits, tout faux qu'ils étaient, ne laissèrent pas que de jeter le trouble dans le clergé et dans tous ceux qui pouvaient avoir des raisons de redouter les entreprises des protestants. Trop faibles d'ailleurs pour se montrer avec fermeté aux ennemis de leur religion, ils se contentaient de gémir avec l'évêque, sans oser prendre aucune mesure hardie qui pût imposer aux anglicans.

Au milieu de tous ces bruits, le nouveau prélat choisi par l'Angleterre pour représenter l'église établie en Canada arriva enfin à Québec, avec sa femme et ses enfants : c'était, comme la rumeur l'avait annoncé un an auparavant, le docteur Jacob Mountain. Une députation composée de tout ce que le culte anglican avait de distingué dans la ville alla le complimenter;

[1] *Gazette de Québec*, 19 septembre 1793.

et, peu de jours après, par lettres-patentes du gouverneur-général, il fut installé, selon les formes et avec les cérémonies de l'église anglicane, seigneur-évêque de Québec (*lord bishop of Quebec*), avec tous les droits, honneurs, dignités, et priviléges des évêques d'Angleterre (mai 1794).

Dans le même temps qu'un prélat protestant venait insolemment se faire installer sous le titre usurpé d'évêque de Québec, dans une église catholique également usurpée contre la foi jurée, un autre prélat mourait dans cette ville, dont il avait, lui aussi, ambitionné le titre, et allait rendre compte à Dieu d'une vie que la vanité et l'adulation, plutôt sans doute que l'orgueil et le manque de foi, avaient ternie dans ses dernières années. Nous n'avons pu savoir les causes qui, avant l'âge, conduisirent l'évêque de Capse au tombeau. Déçu peut-être dans ses espérances, ou plutôt, comme on aime à le penser, touché de la grâce, et tombé malade de repentir et de chagrin, il se fit transporter à l'hôpital-général de Québec, où il se prépara à la mort par tous les actes de la religion et de la piété. Avec les sentiments de l'humilité la plus sincère, il reconnut qu'il avait gravement manqué au respect et à la charité envers son évêque ; et, en présence de plusieurs témoins ecclésiastiques et séculiers, il lui demanda pardon de tout ce qu'il avait dit, écrit ou fait imprimer de scandaleux ou de nuisible à la religion, [1]

[1] Article communiqué par M. Berthiaume, curé de la Pointe-Lévi, à la *Gazette de Québec*, 5 juin 1794.

et de messéant à son caractère sacré. Charles-François Bailly de Messein, évêque de Capse, et coadjuteur de Québec, mourut, le 20 mai 1794, âgé de cinquante-trois ans. Son corps fut transporté à la Pointe-aux-Trembles et inhumé dans l'église de cette paroisse, dont il avait continué d'être curé. Nous n'entreprendrons pas de faire de longues réflexions sur la mort de ce prélat; nous croyons pouvoir dire cependant qu'elle était de nature à faire une profonde impression sur l'esprit des Canadiens, et qu'elle put être regardée à la fois comme une grâce et comme un châtiment de la justice divine. S'il avait eu le malheur de devenir évêque de Québec, son administration aurait pu avoir les plus tristes conséquences pour l'Eglise du Canada: car, si l'on ignore jusqu'à quel point il s'était laissé remorquer à la politique du gouvernement, on ne sait pas non plus de quelle nature étaient les engagements qu'il avait pris avec l'Angleterre. De toute manière, son décès était un bienfait pour son pays, où il valait encore mieux avoir des évêques faibles et ignorants que des évêques vendus à l'ennemi.

Les sentiments chrétiens et le repentir exprimés par l'évêque de Capse vinrent adoucir les derniers moments d'Olivier Briand, ancien évêque de Québec, qui mourut un mois après (25 juin 1794), dans le séminaire où il avait toujours résidé depuis son retour d'Angleterre. Ce prélat avait su se concilier par ses vertus douces et aimables, et surtout par sa patience longanime, que nous appellerions peut-être timidité, l'estime même du gouvernement anglais. Dans l'exercice de son autorité spirituelle, il s'était acquis l'amour et le respect universels du clergé et des fidèles, et les pauvres, dans le sein desquels il avait souvent versé d'abondantes aumônes, s'unirent à toutes les classes de la société pour déplorer l'amertume de sa perte. Après dix-huit ans d'un épiscopat pénible, il avait donné sa démission en faveur de Mariaucheau d'Esglis. Il avait continué à vivre ensuite au séminaire, dans une profonde retraite, environné des soins empressés des directeurs, qu'il édifia toujours par ses vertus domestiques, sa piété et sa patience héroïque au milieu des plus cruelles douleurs. Il mourut âgé de près de quatre-vingts ans. Ses funérailles se firent avec une grande pompe, et il fut enterré dans le chœur de la cathédrale, à côté de François de Laval et du pieux de l'Auberivière.

CHAPITRE XXI.

COMPRENANT LES ÉVÉNEMENTS DES DERNIÈRES ANNÉES DE L'ÉVÊQUE HUBERT ET LA REPRISE DES MISSIONS DU PÉNOBSCOT.

Pierre Denaut élu coadjuteur. État de la congrégation du séminaire de Saint-Sulpice de Montréal et des maisons religieuses du Canada. Prêtres français émigrés en Canada. Incendie du monastère et de l'église des Récollets de Québec (1796). Les Anglais s'emparent du terrain et s'y bâtissent une cathédrale anglicane avec un palais pour leur évêque. État des missions sauvages du Canada à cette époque. Les Abénakis du Pénobscot envoient une ambassade à l'évêque de Baltimore. Le prélat leur donne le père Ciquard, Sulpicien, pour missionnaire.

Après la mort de l'évêque de Capse, une partie du clergé se réunit dans les appartements de l'évêque Hubert pour aviser au choix d'un nouveau coadjuteur, et dresser la liste des candidats à présenter au gouverneur. Ce choix était plus difficile que jamais dans les circonstances où se trouvait alors la Religion Catholique en Canada, où elle avait sans cesse à lutter contre l'influence politique que le gouvernement cherchait à lui imposer et contre l'opposition du protestantisme, légalement appuyé et établi dans le pays. Il fallait trouver un homme à la fois plus énergique que l'évêque Hubert, plus attaché à son pays, et plus fidèle aux principes de l'Eglise, que ne l'avait été l'évêque de Capse, et qui pût tout ensemble, cependant, être agréé par le gouverneur. Si le clergé canadien avait eu en lui-même l'énergie nécessaire dans de pareilles circonstances, il aurait profité de la condition où il s'était placé aux yeux du gouvernement par les services qu'il lui avait rendus pendant la guerre des États-Unis, et se serait émancipé de la tutelle qui lui avait été imposée lors de la conquête, en prenant sur lui de proposer directement à Rome les sujets qu'il avait reconnus les plus dignes de l'épiscopat. Mais cette pensée courageuse était aussi éloignée de l'esprit du clergé que de celui de l'évêque. Ils étaient entrés dans une voie dont ils n'ont commencé enfin à s'écarter que depuis la mort du dernier archevêque Signay.

Malgré sa timidité, le clergé, à qui les prétentions de Bailly de Messein avaient commencé à ouvrir les yeux, avait conçu le dessein de travailler à donner à l'évêque Hubert un coadjuteur plus digne de l'épiscopat que les précédents, et son choix paraissait s'être arrêté sur le secrétaire Plessis, depuis longtemps déjà regardé, à juste titre, comme le bras droit et le soutien de l'évêque. Plessis était alors curé de Québec. Mais, outre qu'il était jeune encore, il s'était montré, sous le nom de son évêque, l'adversaire trop constant de l'ancien coadjuteur, pour qu'on ne redoutât pas une opposition formidable de la part de ses partisans, qui étaient précisément tous les hommes du gouvernement. Sa nomination fut donc ajournée à un temps plus favorable. On jeta alors les yeux sur le curé de Longueil, Pierre Denaut, vicaire-général du diocèse, qui, pendant la guerre de l'invasion américaine, avait montré, dans le poste dangereux qu'il occupait sur la route des États-Unis au Canada, le zèle le plus ardent et le plus louable aux yeux des Anglais, pour retenir les Canadiens dans le devoir. C'était un titre puissant à la faveur du gouvernement, qui, sur la présentation de l'évêque de Québec, l'agréa sans difficulté, et trois jours après la mort de l'évêque de Capse, le curé de Longueil fut élu coadjuteur de Québec. Les intrigues des Américains, qui faisaient chaque jour de nouveaux efforts, en envoyant émissaires sur émissaires en Canada pour engager cette colonie à secouer le joug de l'Angleterre, militèrent puissamment sans doute dans l'esprit des autorités britanniques, qui, plus que jamais, sentaient le besoin de pouvoir compter sur un homme comme le coadjuteur, dans le cas d'une nouvelle invasion américaine, Pierre Denaut devant continuer à demeurer à Longueil après sa consécration. Nommé évêque de Canathe, *in partibus*, le 30 septembre 1794, il fut consacré, le 29 juin de l'année suivante, dans l'église de Notre-Dame de Montréal.

Cette ville, alors presque aussi considérable que Québec, pour la richesse et la population, ne lui cédait guère sous le rapport religieux. Le récit d'un voyageur [1] qui y séjourna vers cette époque nous apprend qu'on y voyait encore un couvent de Récollets; mais le nombre des religieux était réduit à deux ou

[1] *Voyage au Canada*, en 1795, — 1796, — 1797, par J. Weld.

trois ; ce monastère, vaste et bien bâti, fut, peu d'années après, approprié au logement des troupes de la garnison ; l'église seule continua à demeurer aux Catholiques. La congrégation des prêtres de Saint-Sulpice était restée en possession de ses grands biens, comprenant, outre diverses propriétés moins importantes, toute l'île sur laquelle est assise la ville de Montréal, et dont ils continuaient à faire un usage vraiment apostolique. Leur nombre, qui était sensiblement diminué depuis la conquête, menaçait de s'anéantir avec la communauté, par défaut de nouveaux sujets, lorsque l'émigration des prêtres français, que la révolution chassait de leur patrie, leur en amena douze qui presque tous appartenaient à la maison des Sulpiciens de Lyon [1]. Quinze autres prêtres, également émigrés de la France, parmi lesquels se trouvait l'estimable abbé Philippe Desjardins, abordèrent aussi, dans le même temps, aux rives hospitalières du Canada, où on leur donna bientôt à défricher une partie du vaste champ du Père de famille. Quatre d'entre eux furent envoyés dans le Haut-Canada, et l'abbé Desjardins, dont on reconnut promptement les capacités et le mérite, reçut des pouvoirs extraordinaires pour Niagara, où l'évêque l'envoya chargé d'une mission de confiance. D'après le rapport du voyageur cité plus haut, le couvent des Récollets aux Trois-Rivières était abandonné, et ses vastes constructions s'en allaient en

[1] Mémoire pour le diocèse de Québec, adressé à la S. C. de la Propagande à Rome, par Mgr Hubert. Aux archives de l'archevêché de Québec.

ruines ; leur église avait été transformée en temple protestant, et le collége des Jésuites en une prison. Il ne restait donc plus d'autres maisons religieuses dans cette ville que le monastère des Ursulines et l'hôtel-Dieu, que desservaient ces dames.

A Québec, le monastère des Récollets existait encore, mais réduit à un bien petit nombre de religieux ; cette maison, ainsi que nous l'avons déjà donné à entendre, était toujours l'objet de la convoitise de l'évêque protestant, qui désirait vivement approprier l'église à son service profane, et faire du monastère sa résidence épiscopale. Un évènement sinistre et tout-à-fait inattendu de la part des Catholiques vint, en 1796, lui offrir l'occasion de saisir cette proie si longtemps convoitée et de satisfaire ses désirs. Un incendie se manifesta dans une maison de la rue Saint-Louis, le 6 septembre dans l'après-midi, et, poussé par un vent violent, se communiqua, *on ne sait comment*[1], dit la gazette de l'époque, au monastère, qui en était éloigné de plus de cent toises ; les flammes envahirent rapidement tous les bâtiments ainsi que l'église, qui s'abîma dans un vaste brasier, avant qu'on eût eu le temps d'y porter le moindre secours.

Ce désastre mit fin à l'existence des Récollets ; ils furent expropriés de leur terrain, un des plus vastes de la ville, par ordre du gouvernement, qui ne leur accorda pas même une légère indemnité pour les aider

[1] Voy. la *Gazette de Québec* de cette époque, 1796.

à finir tranquillement leurs jours. Depuis la mort du comte de Frontenac, les gouverneurs-généraux français morts en Canada avaient reçu la sépulture dans l'église des Récollets ; à la suite de l'incendie, ces restes mortels furent enlevés du lieu où ils reposaient, et portés dans l'église cathédrale, sans qu'aucun monument y rappelât désormais leur souvenir. Peu de temps suffit pour balayer les débris du monastère incendié, et sur le lieu où il avait existé s'éleva, au bout de quelques années, la cathédrale protestante, avec une vaste et commode habitation pour les *lords évêques de Québec*.

Le protestantisme, appuyé par le gouvernement, qui seul faisait sa vie, cherchait ainsi tous les moyens d'asseoir son influence délétère dans la colonie, aux dépens de la foi jurée, de la justice, et des droits des Catholiques. Dans la crainte de voir la Religion Catholique prendre racine dans les terres nouvelles et non encore concédées, au-delà des anciennes seigneuries françaises, où les Canadiens auraient apporté leur langue, leurs lois, et leur religion, on s'efforçait de susciter toute sorte d'obstacles à leur établissement, en y attirant surtout une population protestante et étrangère ; c'est dans ce but qu'avec l'appui du gouverneur Robert Prescott les sectaires firent rejeter par la cour une requête des Catholiques ayant pour objet l'augmentation des paroisses.

Le besoin de nouvelles églises se faisait vivement sentir dans les terres nouvelles ou *townships* par l'augmentation de la population catholique, qui croissait dans une proportion extrêmement rapide[1]. La Chambre d'assemblée de Québec, érigée par le bill de 1791, joignit, mais inutilement, ses efforts à ceux du clergé et du peuple canadien pour obtenir l'érection légale de nouvelles paroisses, dont le droit paraissait avoir été si clairement accordé à l'évêque de Québec par un article du même bill de 1791; mais l'opposition protestante trouva moyen de prouver que cette ordonnance, qui favorisait l'évêque catholique, était nulle dans cette circonstance, en vertu de je ne sais quels statuts d'Henry VIII et de *la bonne* Elisabeth, et l'on agit à l'égard des Canadiens tout au rebours de ce que l'on aurait dû faire, dans les intérêts mêmes de l'Angleterre. « Afin de les encourager à agrandir leur population, et à chercher l'aisance » et la prospérité dans de nouveaux établissements, dit » l'auteur du mémoire[2] déjà cité, un gouvernement » sage aurait pris soin d'aider, par tous les moyens possibles, à propager parmi eux les moyens d'instruction » religieuse. » Tous ces obstacles forcèrent l'évêque de Québec à créer alors de nouvelles missions au lieu

[1] La population du Bas-Canada était de :

65,000	habitants	en	1760.
113,000		en	1784.
450,000		en	1825.
511,917		en	1831.
600,000		en	1836.
900,000		en	1842.

Et sur ce nombre, actuellement, il y a à peine cent mille protestants.

[2] *Rapport de lord Durham à la reine*, etc.

de paroisses, lesquelles demeurèrent longtemps en petit nombre, faute de prêtres pour les alimenter.

Dieu néanmoins n'abandonnait pas entièrement ses enfants : d'autres prêtres français jetés par la tourmente révolutionnaire sur la terre d'Amérique s'étaient empressés d'offrir les services de leur ministère à l'évêque de Québec. Celui-ci les accueillit avec reconnaissance, et se hâta de les envoyer aux missions les plus abandonnées. De ce nombre étaient celles que les Jésuites avaient autrefois gouvernées dans le Maine et le New-Brunswick. Depuis les expéditions des Anglais de la Nouvelle-Angleterre contre les villages abénakis du Kennebec, où le père Rasles avait péri, victime de leur fureur, les Sauvages de ces missions s'étaient dispersés, et s'étaient réfugiés, les uns chez leurs frères établis sur la baie de Passamaquoddi, qui sépare le New-Brunswick du Maine, et les autres sur les bords du Pénobscot, où ils s'étaient bâti de nouveaux villages. Après la mort du père Rasles, plusieurs autres Jésuites, et en dernier lieu le père Germain, avaient été envoyés pour le remplacer dans les missions abénakises : celui-ci, redoutant le voisinage de la Nouvelle-Angleterre, avait fixé son séjour et le centre des missions de son ordre au village abénaki de Sainte-Anne, avantageusement situé dans une des îles de la rivière Saint-John, à deux lieues environ au-dessus de l'endroit où est bâtie la ville de Frédéricton [1],

[1] Journal du voyage de Mgr Plessis, évêque de Québec, dans les missions du golfe, etc., en 1813. M S. de l'archev. de Québec.

capitale du New-Brunswick. C'est de là qu'il se transportait au besoin dans toutes les autres missions abénakises, jusqu'au Passamaquoddi et au bord du Pénobscot, visitant tour à tour et fortifiant par la parole et l'administration des sacrements toutes les parties de ce troupeau dispersé.

Mais, vers l'époque de la conquête du Canada, les évènements forcèrent le père Germain à se retirer à son tour, et, ne se trouvant plus en sûreté à l'île Sainte-Anne, il se transporta parmi les Abénakis de la mission de Saint-François, au district des Trois-Rivières, où il mourut, en 1779. La mission de Sainte-Anne se trouvant ainsi abandonnée par son pasteur, les Sauvages se débandèrent, et allèrent fonder en d'autres lieux divers villages, entre autres celui qui prit son nom des rapides du Meduktik, dont les eaux mugissantes s'élancent avec fracas, d'abîme en abîme, à travers des masses de rochers hardiment découpés sur le rideau de la forêt, au-dessous de Wosdstock, à douze lieues plus haut que Sainte-Anne, et celui de Madawaska, à cinquante lieues de Frédéricton, au confluent de la rivière Madawaska et du fleuve Saint-John. Quelques familles s'établirent sur la rivière Sainte-Croix ou Passamaquoddi, près d'un endroit où les protestants établirent plus tard un collége, dans le but d'y attirer les Sauvages catholiques, et de les entraîner dans leurs erreurs ; ce à quoi ils ne réussirent que trop, au moyen des présents qu'ils faisaient aux pères de famille pour les engager à leur confier leurs enfants.

L'hérésie tenta les mêmes séductions sur un grand nombre de familles acadiennes, qui, à l'époque de leur proscription par le gouvernement de la Nouvelle-Ecosse, étaient venues prendre des terres sur le fleuve Saint-John, et aux environs de la mission de Sainte-Anne. Mais on ne les y laissa pas longtemps tranquilles ; car, à la suite de la guerre de l'indépendance américaine, on chassa tous les Acadiens de leurs terres nouvellement défrichées, afin de les donner comme récompense aux loyalistes, c'est-à-dire à ceux qui avaient refusé de s'unir aux Américains contre l'Angleterre.

Ces infortunés, dépouillés pour la seconde fois, se retirèrent alors presque tous sur les côtes de la baie des Chaleurs, et dans la partie maritime du New-Brunswick, où ils formèrent de nouveaux établissements. Quelques-uns allèrent fonder la paroisse de Saint-Basile de Madawaska, où le voisinage des fermes protestantes fut malheureusement d'un funeste exemple pour un grand nombre d'entre eux. Les missionnaires de l'Ile-Verte, sur le Saint-Laurent, vinrent alors les visiter et leur bâtirent une chapelle. Mais, à mesure que la population acadienne et canadienne augmentait à Madawaska, les Sauvages, qui n'aimaient point le voisinage des blancs, se retiraient ailleurs, et ce village finit par être entièrement abandonné par eux [1].

Les restes de la mission de Norridgewock, dispersés

[1] Voyage de Mgr Plessis, etc.

sur la baie de Passamaquoddi et le Pénobscot, demeurés sans pasteur après le départ du père Germain, se virent à leur tour environnés de toutes les séductions de l'erreur protestante. Un des moyens les plus perfides à l'égard de ces pauvres peuplades fut la distribution gratuite de l'eau-de-vie et d'autres liqueurs fortes, auxquelles les Sauvages ont tant de peine à résister. On parvint à introduire l'ivrognerie parmi leurs tribus, et, en les abrutissant, à leur faire contracter les vices qui en sont la suite; mais on ne réussit jamais à leur faire abandonner la religion de leurs pères. Plus d'une fois ces pauvres Sauvages firent des tentatives pour s'arracher à cette horrible situation et obtenir un prêtre parmi eux, qui pût les retenir dans le devoir; mais leurs efforts furent longtemps inutiles. Enfin, ayant entendu parler de M. Carroll, supérieur-général des missions des Etats-Unis, depuis évêque et archevêque de Baltimore, ils lui envoyèrent une députation solennelle pour le supplier de leur donner un missionnaire. Le chef, qui porta la parole au nom de toute la tribu, lui fit un discours touchant qui arracha des larmes au vertueux Carroll : il lui fit le tableau le plus affligeant de la situation où se trouvaient ses frères et des maux que l'ivrognerie avait introduits parmi eux. Enfin, se jetant à ses pieds, il tira de son sein un crucifix, qu'il baisa à plusieurs reprises, et le donnant à Caroll : — Ce crucifix, ajouta-t-il en se tournant vers lui les yeux remplis de larmes brûlantes, ce crucifix était celui de notre père Rasles, que les

Anglais assassinèrent à Norridgewock, et c'est le seul souvenir qui soit resté de lui dans notre tribu. Nous l'avons conservé de père en fils jusqu'à ce jour, et si je te donne aujourd'hui, mon père, ce gage touchant de son amour pour nous, c'est pour qu'il soit entre tes mains le gage et comme la promesse que tu nous enverras un prêtre [1].

Carroll, profondément ému, accepta le présent de la tribu abénakise, et baisa à son tour ce crucifix, qu'avait porté Sébastien Rasles, au moment de son martyre. Il renvoya ensuite le chef avec les Sauvages qui l'accompagnaient, en leur promettant qu'il ferait les plus prompts efforts pour satisfaire leurs justes désirs. Il tint parole ; car, à sa demande, M. Emery, du séminaire de Saint-Sulpice, lui envoya de Paris M. Ciquard un de ses confrères, qui ne tarda pas d'aller porter aux Abénakis du Pénobscot les consolations de son saint ministère. Il fixa son séjour parmi eux, au village d'Old-Town, ou de Sainte-Anne, situé dans une île du Pénobscot. C'est de là qu'il étendait son ministère sur toutes les tribus sauvages des Abénakis du Maine et du New-Brunswick, les visitant alternativement, à l'exemple des anciens missionnaires franciscains et jésuites, qui les premiers avaient évangélisé ces tribus. Son séjour parmi les Pénobscots fut d'environ dix ans; à cette époque, ayant été appelé à se fixer parmi les Abénakis du New-Brunswick, il remit à M. l'abbé

[1] Voyage de Mgr Plessis, etc.

Cheverus, qui venait d'être chargé des missions comprises dans le diocèse actuel de Boston, le soin des Abénakis de l'Etat du Maine, qui continuèrent à être visités de temps en temps par les missionnaires de la Nouvelle-Angleterre, lorsqu'ils n'avaient pas de prêtre résidant parmi eux [1].

[1] *Annales de la Propagation de la Foi.* Voyez les lettres de Mgr Fenwick, second évêque de Boston, aux numéros XXVIII, — et XXXIII, années 1832, —1833.

CHAPITRE XXII.

DEPUIS LA FONDATION DE FRÉDÉRICTON, CAPITALE DU NEW-BRUNSWICK, EN 1785, JUSQU'A LA MORT DE L'ÉVÊQUE HUBERT, EN 1797.

Fondation de la ville de Frédéricton et du gouvernement du New-Brunswick. Sagesse de sir Guy Carleton, gouverneur de cette province. Suite des missions Abénakises du Penobscot. Missions du Cap-Breton. Missions de Terre-Neuve. Histoire de cette colonie. Premiers vicaires apostoliques à Terre-Neuve. Dernières années et mort d'Hubert, neuvième évêque de Québec (1797).

Le New-Brunswick, qui avait été si longtemps l'objet des contestations entre la France et l'Angleterre, était, depuis la dispersion des Acadiens, demeuré en la possession du gouvernement britannique, qui en fixa les limites en 1785. Cette province fut alors séparée de celle de la Nouvelle-Écosse, à laquelle elle était jusque-là restée attachée sous le rapport politique, et fut érigée en gouvernement particulier, par les soins du colonel sir Guy Carleton, qui convoqua dans la ville de Saint-John l'assemblée législative. Le pays alors se peupla rapidement ; tout prospéra par la sagesse et la prudence de ce gouverneur, qui, pendant une administration de plus de vingt années, éleva le New-Brunswick de l'état sauvage à la civilisation, et d'un désert fit une province comparativement peuplée et florissante[1].

Lors de la dispersion des Abénakis du New-Brunswick, au départ du père Germain, un bon nombre d'entre eux était encore resté cependant au village de Sainte-Anne, sur la rivière Saint-John. Mais, en 1785, le gouverneur Carleton ayant fondé, à peu de distance de ce village, la ville de Frédéricton, les Abénakis se trouvèrent en peu de temps environnés d'Anglais, qui leur offrirent d'acheter leurs terres. Le marché se fit sans aucune espèce de bonne foi de la part des Anglais, qui, après avoir stipulé avec eux un prix bien au-dessous de la valeur de ces terres, trouvèrent encore le moyen d'en retrancher la moitié. Les Abénakis en témoignèrent vivement leur mécontentement, en menaçant ces étrangers de prendre leur revanche, et ces menaces eurent pour résultat de répandre la terreur parmi les nouveaux acquéreurs. Sir Guy Carleton comprenait que le seul moyen de les contenir était l'instruction religieuse ; mais, lorsqu'il leur envoya des ministres protestants, ils les chassèrent honteusement, comme des intrus, de leur village. Il sentit alors qu'il leur fallait un prêtre catholique, et ayant entendu parler de tout le bien que le père Ciquard produisait parmi les Sauvages du Pénobscot et du Passamaquoddi[2], il lui écrivit pour l'engager à venir

[1] *The British colonies — New-Brunswick*, by Montgommery Martin.

[2] C'est le même fleuve que celui appelé Sainte-Croix dans les anciennes relations.

prendre la direction de la mission de la rivière Saint-John, en lui offrant en outre une pension annuelle de cinquante livres sterling. Ciquard, en ayant alors conféré avec l'évêque de Québec, remit à M. Cheverus, de Boston, les missions du Maine ; il fit savoir au gouverneur du New-Brunswick qu'il acceptait son offre, et se rendit parmi les Abénakis du Saint-John ; il acheta un nouveau terrain sur la rivière, plus éloigné de la capitale, et y bâtit une nouvelle chapelle, qui fut dédiée à Sainte-Anne : c'est actuellement la mission de ce nom. Les Sauvages s'y réunirent autour de lui, et il les gouverna paisiblement jusqu'en 1803. Son grand âge alors ne lui permettant plus de s'en occuper, il se retira au séminaire de Saint-Sulpice à Montréal, où il vécut encore plusieurs années dans le repos[1].

A l'époque où le père Ciquard commença à se charger des Abénakis de la rivière Saint-John (1794), le respectable Jones, vicaire-général de Québec, continuait, avec un zèle infatigable, à gouverner les missions dépendantes d'Halifax ; d'autres prêtres irlandais étaient venus se joindre à lui. Non loin de cette ville, le père James Grace, Capucin irlandais, plus connu sous le nom de M. Grace, répandait la parole de Dieu parmi les familles irlandaises de la côte, vers Herring-Cove ; il parcourait avec un courage apostolique les tribus sauvages des Micmacks, qui en habi-

[1] Voyage de Mgr Plessis, etc

taient le voisinage, et allait en outre passer chaque année quelques semaines parmi les familles acadiennes de Chezzet-Cook. Il n'avait ni domicile ni chapelle fixes ; mais il allait de l'un à l'autre, portant sur son dos sa chapelle particulière, mangeant à la table du premier venu, couchant en été souvent à la belle étoile, et partageant en hiver la hutte du pêcheur irlandais ou acadien, ou le wigwam du Sauvage. Nous avons déjà parlé de l'Ecossais Alexandre Mac Donnell, autrefois envoyé par l'évêque Briand dans la Nouvelle-Écosse, et qui avait fixé le centre de ses courses apostoliques à Antigonish, au nord de la presqu'île.

Dans l'île du Cap-Breton, un autre Français que la révolution avait chassé de sa patrie, l'abbé Lejamtel, était venu prendre la place, trop longtemps vacante, du vénérable Maillard, dans les exercices du saint ministère. Après avoir parcouru dans tous les sens cette île, autrefois le boulevard des pêcheries françaises, il avait fixé son séjour parmi les pêcheurs du village d'Arishat, sur la petite île Madame, à l'entrée du passage de Camseau (1795). Ce passage ou détroit sépare la Nouvelle-Ecosse de l'île du Cap-Breton, dans une longueur d'environ vingt milles, depuis Sandy-Point jusqu'au Cap-Jack, sur une largeur d'environ un mille seulement. Rien n'est beau comme les hauteurs qui dominent de chaque côté le rivage. Les montagnes s'élèvent, couronnées jusqu'au sommet de hautes et sombres forêts, qui laissent tomber sur les eaux de la mer une ombre majestueuse, voilant parfois les mille et mille navires de tout bord qui, durant l'été et l'automne, s'y croisent à leur entrée ou à leur sortie du golfe Saint-Laurent. Arishat, village franco-canadien, aujourd'hui siége d'un évêché nouveau, commandant par sa position le passage de Camseau et l'Atlantique, n'était habité alors que par des pêcheurs, et c'est encore actuellement le centre des vastes établissements où les marins de Jersey viennent chercher le poisson qu'ils transportent dans la Méditerrannée, au Brésil, et aux Indes-Occidentales. C'est de là que l'abbé Lejamtel se transportait le long des côtes, dans un canot d'écorces, parcourant les passes multipliées du grand lac salé ou plutôt du golfe intérieur qui, sous le nom de Bras-d'Or, coupe presque en deux toute l'île du Cap-Breton.

Si nous ajoutons à ce tableau celui de l'état où se trouvait alors celui de Terre-Neuve, à cette époque, nous aurons esquissé, au moins, un léger ensemble des missions de la partie orientale des colonies anglaises de l'Amérique du nord. La Terre-Neuve, cette île de brouillards et de glace, si importante pour ses pêcheries, dès le quinzième siècle, aurait, selon d'anciennes traditions [1], été peuplée d'abord et éclairée du flambeau de la foi par les Norwégiens, auxquels aurait été envoyé, en 1221, Eric, évêque du Groenland. La première colonie bien connue y fut établie, en 1623, par

[1] Robertson, *Hist. d'Amérique.* — Pinkerton.

sir George Calvert, depuis lord Baltimore, qui, cherchant à exercer en paix la Religion Catholique, à laquelle il appartenait, obtint la cession de cette île du roi d'Angleterre, et nomma son fils gouverneur d'Avalon, qui fut regardé comme le chef-lieu de la colonie catholique. Cet établissement s'accrut avec rapidité; mais la rudesse du climat et les inquiétudes que lui causait la France forcèrent bientôt lord Baltimore à abandonner Terre-Neuve, en place de laquelle il obtint la cession d'une partie du territoire de la Virginie qu'il nomma Maryland. Après avoir été longtemps disputée entre la France et l'Angleterre, Terre-Neuve, dont la population toute catholique, sous les Français, avait eu pour pasteurs des religieux récollets qu'y envoyaient les évêques de Québec, demeura enfin aux Anglais par le traité d'Utrecht.

Plaisance, qui en avait été la capitale sous le gouvernement de la France, céda alors la prééminence à Saint-John, dont la population aujourd'hui varie, selon les saisons, de vingt à vingt-cinq mille habitants. En 1806, la population totale de l'île ne montait qu'à vingt-six ou vingt-sept mille; aujourd'hui, elle est évaluée à plus de soixante-dix mille âmes, dont la grande majorité est composée d'Irlandais catholiques. Les besoins spirituels de cette colonie firent songer de bonne heure le père commun des fidèles à lui donner un évêque; et, au mois de septembre 1796, le docteur James Lewis O'Donnell, créé évêque de Thyatire, *in partibus*, reçut la consécration épiscopale dans la cathédrale de Québec. A l'arrivée de ce prélat dans son diocèse, il ne s'y trouvait encore que deux prêtres, chargés d'administrer les sacrements, nombre bien insuffisant sur une étendue de plus de 250 milles de longueur, et une largeur moyenne d'environ 200 milles. Telle y était alors cependant le fanatisme des sectaires, que les maisons soupçonnées d'avoir abrité les Saints-Mystères étaient brûlées jusqu'aux fondements par les autorités locales. Aujourd'hui, disait, il y a dix ans, le docteur Fleming, dernier évêque de Terre-Neuve, il existe encore plusieurs témoins de ces excès, et quelques-uns de ceux dont les maisons furent réduites en cendres. L'évêque O'Donnell y amena avec lui cinq nouveaux prêtres, et son coadjuteur, le docteur Lambert, lui conduisit, peu d'années après, un renfort encore plus considérable. Mais diverses circonstances, et surtout l'amour du lucre dans les prêtres qui vinrent d'Irlande en Terre-Neuve, et qui en repartaient aussitôt qu'ils avaient pu ramasser, dans les travaux d'un ministère sacrilégement intéressé, assez de fortune pour pouvoir vivre le reste de leurs jours dans l'aisance et enrichir leurs familles, ces diverses circonstances ruinèrent bientôt les heureux commencements de l'Eglise dans cette île, qui se trouva, peu après, réduite de nouveau à deux prêtres seulement.

Nous avons tracé dans les pages précédentes le tableau des missions du nord-est du diocèse de Québec; ce tableau avait été esquissé, mais d'une manière bien incomplète, dans un rapport[1] adressé à la Propagande, en réponse à la demande qui avait été faite par le cardinal-préfet de la Sacrée Congrégation, sur la situation religieuse des contrées soumises à la juridiction de l'évêque du Canada ; et, dans sa lettre, le cardinal paraissait avoir pressenti ce prélat sur l'urgence qu'il pouvait y avoir d'établir quatre ou cinq évêchés de plus dans les provinces anglaises de l'Amérique Septentrionale. C'eût été en effet le meilleur moyen de consolider les anciens établissements, et d'étendre la Religion Catholique dans ces immenses régions, afin de pouvoir agir, en multipliant l'épiscopat, avec une entière efficacité sur l'esprit des peuples. L'évêque de Québec, dans son rapport, convenait non seulement de l'opportunité qu'il y aurait d'établir plusieurs nouveaux évêchés, il avouait encore que le nombre de trois ou quatre siéges épiscopaux de plus serait loin de répondre aux besoins des populations répandues sur la vaste étendue de son diocèse. Mais, tout en convenant de l'urgence d'une telle mesure, l'évêque, inspiré plus que jamais par les conseils timides d'une prudence trop humaine, en combattait l'exécution, dans la crainte que les protestants ne regardassent de mauvais œil l'érection de nouveaux évêchés catholiques dans les colonies septentrionales de l'Amérique britannique. Pusillanimité déplorable ! qui empêcha pendant un demi-siècle le bien immense que Rome cherchait à opé-

[1] Mémoire sur le diocèse de Québec, etc., adressé à la Sacrée Congrégation de la Propagande, en 1794, MS. de l'archevêché de Québec.

rer dans le Canada, au dire même d'un évêque canadien. La crainte du mécontentement des protestants! comme s'il était une seule œuvre catholique que le protestantisme ne vît pas de mauvais œil et ne combattît pas de toutes ses forces. Si l'on avait toujours ainsi tenu compte du déplaisir et du mauvais vouloir de l'erreur et des méchants, que serait aujourd'hui l'Eglise, et que serait devenu le monde?

Cette fatale préoccupation de la peur et l'appréhension de déplaire aux maîtres orgueilleux du Canada étaient, depuis la conquête, le grand épouvantail des évêques de Québec, et c'est ce qui leur fit rejeter une seconde fois, en 1796, les plans que la Propagande leur proposa de nouveau, à l'occasion de la nomination de Pierre Denaut à la coadjutorerie de Québec. Le cardinal Gerdil, alors préfet de la Propagande, et dont l'esprit supérieur embrassait d'un coup-d'œil les grands intérêts du monde catholique, comprenait mieux que l'évêque de Québec ne voulait le lui faire entendre les besoins des colonies britanniques; et, ne pouvant lui faire adopter une division territoriale avec de nouveaux siéges titulaires, il lui proposait, dans sa lettre [1] du 17 janvier 1796, de lui donner trois coadjuteurs au lieu d'un, le premier qui résiderait à Montréal, avec droit de succession au siége de Québec, le second dans le Haut-Canada, et le troisième dans le New-Brunswick ou la Nouvelle-Ecosse, avec juridiction sur ces deux

[1] Lettre du cardinal Gerdil, préfet de la Sacrée Congrégation de la Propagande, aux archives de l'archevêché de Québec.

provinces et sur celles du golfe Saint-Laurent, où, faute de pasteurs, tant de malheureux croupissaient dans le mal. Mais les idées fausses où s'engageaient les évêques de Québec empêchèrent encore la réalisation de ce plan. « Des difficultés immenses, répondirent-ils à la Propagande, s'opposaient à son exécution. » Quelles étaient ces difficultés? c'est ce qu'ils ne dirent point, n'osant parler avec franchise au chef de l'Eglise, qui ne cessait de les avertir du danger qu'il y avait à laisser tant de vastes contrées privées de pasteurs. Dans son mémoire daté de l'année 1794 l'évêque de Québec, qui rougissait sans doute de n'oser accepter les offres que lui faisait la Propagande, répondait qu'il allait toutefois essayer l'effet que produiraient deux évêques, résidant en deux endroits différents de la province, en assignant à son coadjuteur la résidence de Montréal ou des environs de cette ville, et ce fut là sans doute la cause de la continuation du séjour de Pierre Denaut à Longueil, après sa consécration. Cette résidence, toutefois, des deux prélats en deux endroits divers n'avait rien d'insolite, puisque, déjà auparavant, le coadjuteur Bailly de Messein avait continué à demeurer à la Pointe-aux-Trembles, tandis que l'évêque était à Québec, et le gouvernement n'avait jamais songé à en faire la moindre remarque. Mais il fallait dire au moins quelque chose à la Propagande, et l'évêque Hubert ne trouva d'autre moyen d'en imposer sur ce sujet à la Sacrée Congrégation que de lui promettre de faire résider son coadjuteur à Longueil. Aussi est-ce à dater surtout de cette époque que les coadjuteurs continuèrent à administrer leurs anciennes paroisses, ce qui dura jusqu'à Mgr Signay, dernier archevêque de Québec.

L'évêque Hubert, qui, durant la vie de son premier coadjuteur, avait vécu dans des transes et des inquiétudes continuelles, avait, depuis sa mort, laissé aller toute son autorité entre les mains de l'évêque de Canathe, qui résidait à Longueil, et celles de son secrétaire Plessis, curé de Québec. Dans les derniers temps de son épiscopat, son caractère, habituellement faible et indécis, ébranlé encore par les oppositions de toute espèce qu'il avait rencontrées autour de lui, se trouvait réduit à une espèce d'enfance morale, accrue surtout par l'habitude abrutissante des boissons spiritueuses, que le malheureux évêque avait contractée insensiblement pour échapper à la conscience de ses fautes et de son chagrin. Je gémis en racontant des choses si déplorables, suites funestes de la situation que les intrigues anglaises avaient faite à un homme incapable de porter la charge pesante de l'épiscopat, dont ils avaient forcé le clergé à le revêtir ; et, si j'entreprends de raconter de tels faits, c'est que j'ai cru qu'il serait utile à la Religion Catholique de faire connaître, par ce scandale, toute la profondeur de la plaie que la politique machiavélique de l'Angleterre avait faite au Canada, et dont les pharisiens de l'anglicanisme jouissaient cruellement, en racontant avec insolence aux Canadiens qu'ils avaient trouvé leur évêque étendu ivre dans ses appartements. Ces circonstances pénibles, et qui affligeaient si profondément le clergé, déterminèrent la résignation que l'évêque Hubert fit de son évêché en faveur de son coadjuteur, le 1er septembre 1797. Retiré ensuite à l'hôpital-général, il y mourut, six semaines après, âgé seulement de cinquante-huit ans.

Avec les vertus modestes et paternelles qui avaient honoré Hubert dans son ministère et sa vie de missionnaire parmi les Sauvages convertis de l'Assomption, il aurait pu vivre et mourir sans aucune des fautes qu'on lui reprocha dans son épiscopat, si on ne l'avait forcé d'accepter ce fardeau trop pesant pour ses épaules. Mais ces fautes, exagérées surtout par les amis et les partisans de Bailly de Messein, et tout l'odieux de la tache qui obscurcit les derniers temps de son administration, doivent nécessairement retomber sur ceux qui, sans aucune persécution ouverte et sous les apparences de la modération, cherchaient à ruiner les fondements de l'Eglise Catholique dans le Canada. Aussi, après la mort de l'évêque Hubert, on ne se souvint plus que de ses vertus, de sa bonté, de sa douceur et de sa charité pour les pauvres, qu'il avait toujours aimés. Il avait, de son vivant, partagé ses revenus avec eux; à sa mort, il leur laissa tout son héritage. Ses funérailles se firent avec une grande pompe, et ce fut le pieux et vénérable abbé Desjardins, frère de l'abbé Philippe, dont le souvenir est encore en honneur dans le Canada, qui prononça son oraison funèbre. Hubert était le neuvième évêque de Québec, et le deuxième d'origine canadienne. Il fut inhumé dans le chœur de la cathédrale, à côté d'Olivier Briand, qui était le dernier des évêques français.

CHAPITRE XXIII

DEPUIS LA PRISE DE POSSESSION DE PIERRE DENAUT, DIXIÈME ÉVÊQUE DE QUÉBEC, EN 1797, JUSQU'A CELLE DE JOSEPH-OCTAVE PLESSIS, SON SUCCESSEUR, EN 1806.

Joseph-Octave Plessis, élu coadjuteur de Pierre Denaut, dixième évêque de Québec. Son caractère. Opposition qu'éprouva son élection. Motifs de la faveur avec laquelle il est ensuite agréé. Joseph Plessis est sacré évêque de Canathe (1801). Mort du Père Cazot, dernier Jésuite du Canada. Séquestration des biens des Jésuites par le gouvernement. Emploi des revenus de la Compagnie. Un ministre protestant chapelain des Jésuites. Partialité du ministère britannique. Fondation du collége de Nicolet (1804). État des missions canadiennes à cette époque. Description de la ville de Kingston. Mort de Pierre Denaut. Joseph-Octave Plessis, onzième évêque de Québec (1806). Caractère de ce prélat.

Trois jours après la renonciation de l'évêque Hubert, Pierre Denaut arriva de Longueil pour prendre possession du siége de Québec. Déjà depuis longtemps la voix publique désignait le nouveau coadjuteur: c'était le curé de Québec, Joseph-Octave Plessis, que ses talents, sa pénétration, son jugement sain, son infatigable activité, aussi bien que son zèle pour l'observation de la discipline, semblaient recommander plus que personne aux fonctions augustes de l'épiscopat. Né à Montréal, il avait fait ses études au séminaire des Sulpiciens de cette ville, où il s'était toujours distingué par une mémoire solide et une grande application au travail. S'il se fait ensuite connaître, dans ce qui nous reste de lui, par sa raideur et son inflexibilité, on lui voit aussi déployer plus d'une fois une louable énergie dans des circonstances où il pouvait croire son église menacée. C'était lui qui avait provoqué les réponses du clergé aux lettres de l'évêque de Capse, et qui avait principalement soutenu l'évêque Hubert dans les transes pénibles de sa lutte avec son premier coadjuteur ; mais c'était lui aussi qui avait fait à la Propagande, au sujet de la division du diocèse, cette réponse où, tout en convenant de l'urgence des mesures proposées par le cardinal Gerdil, l'évêque de Québec cherchait à persuader Rome de difficultés immenses qui n'existaient réellement que dans l'esprit pusillanime du clergé canadien. Nous avons de la peine à croire cependant que le génie supérieur du curé Plessis s'associât à des craintes si puériles et à des motifs d'intérêt personnel : celui, par exemple, de chasser les nuages que son opposition à l'évêque de Capse avait amassés contre lui dans les bureaux du gouvernement dut être une des principales causes de son obstination à faire repousser les intentions de la Propagande, qu'il savait bien devoir déplaire alors aux autorités britanniques. Ambitieux de distinctions, il sut, malgré sa raideur à l'égard du clergé, et cette inflexibilité qui faisait devant son regard trembler tous ses subordonnés, être dans ses rapports avec les ministres du gouvernement d'une circonspection et d'une souplesse extrêmes.

Depuis la mort de l'évêque de Capse, les haines que

le curé Plessis avait inspirées à ceux qui s'étaient déclarés ses partisans, avaient eu le temps de s'assoupir ; toutes les voies avaient déjà été préparées auprès du gouverneur, et l'on ne doutait nullement de son adhésion au choix du nouveau coadjuteur, lorsqu'un obstacle inattendu vint arrêter l'élection et jeter l'alarme dans le clergé. Le prince Edward, depuis duc de Kent et père de la reine actuelle d'Angleterre, était depuis quelques mois à Québec, tenant sa cour au château Saint-Louis, qui était devenu le rendez-vous de tout ce qu'il y avait de brillant dans le Canada. Il entretenait de là une liaison criminelle avec une dame mariée du village de Beauport, peu éloigné de la ville. Le curé de Beauport, au mépris de son caractère sacré et des devoirs les plus saints, favorisait secrètement cette intrigue; et, pour le récompenser de sa complaisance, le jeune prince n'avait rien imaginé de mieux que de lui faire conférer l'épiscopat en le faisant nommer coadjuteur de Québec. L'évêque Denaut, quelque complaisant qu'il se fût d'ailleurs montré dans ses rapports avec le gouvernement, comprit aussitôt qu'un choix si honteux serait remplir la mesure des outrages dont les Anglais avaient abreuvé le clergé et l'Eglise du Canada. Avec une énergie à laquelle ces maîtres superbes étaient peu accoutumés, il repoussa chrétiennement toutes les ouvertures qui lui furent faites à cet égard ; il insista vivement sur le choix qu'on avait fait du curé Plessis, et fit sentir au gouverneur que dans les circonstances présentes le clergé ne pourrait se résoudre à faire une autre élection. Une déclaration si précise, et qui aurait dû, ce semble, servir toujours de règle dans la suite, fit sentir au gouvernement qu'il y aurait du danger à vouloir le contraire, uniquement pour satisfaire le caprice d'un jeune prince débauché, et l'on s'empressa d'y souscrire.

En attendant l'arrivée de ses bulles, le coadjuteur élu demeura à Québec, où il commença, en conséquence de sa nouvelle dignité, à diriger ouvertement les affaires dans cette partie du diocèse; et l'évêque de Québec s'en retourna à Longueil, où il continua sa résidence durant la plus grande partie de son épiscopat. De ce village, qui est dans une situation charmante sur les bords du Saint-Laurent, il pouvait se transporter facilement à Montréal, qui n'en est qu'à une légère distance, de l'autre côté du fleuve. Il fit son entrée épiscopale dans cette ville, le 23 septembre suivant. Un jeune homme qui se retirait alors du monde, après avoir vécu plusieurs années dans la profession du barreau, vint le même jour se présenter à lui, et reçut, dans l'église de Notre-Dame, la tonsure et les ordres mineurs : c'était le jeune Lartigue; il se doutait peu dans ce moment qu'il entrerait un jour lui-même dans cette église revêtu des ornements pontificaux, en qualité de premier évêque de Montréal.

Deux ans après l'incendie du monastère des Récollets, un nouveau désastre qui consuma un grand nombre de maisons, menaçant toute la haute et la basse-ville de Québec, faillit anéantir le séminaire pour la troisième fois (20 juin 1798). Mais cette fois, par le courage des habitants et l'activité de la garnison, on parvint à se rendre maître du feu, après qu'il eut détruit une vingtaine de maisons et une des ailes du séminaire.

Cependant on avait appris en Canada, avec les événements de la révolution française, les éventualités de la guerre injuste et les outrages que le directoire faisait subir au Souverain-Pontife. Des prières publiques avaient été ordonnées dans toutes les paroisses du Canada pour la délivrance du chef de l'Eglise. A la vue des maux qui affligeaient Rome, on ne peut guères être surpris que tous les souhaits des Canadiens fussent alors pour les Anglais, dont les armes avaient cherché à délivrer le Pape de la fureur des tyrans. Pouvaient-ils s'affliger des victoires remportées par ces mêmes armes sur les Français, alors si dignes d'admiration et de reproches? et l'on ne peut blâmer beaucoup les Canadiens de ce que, à la nouvelle de la défaite de la flotte française par l'amiral Nelson à l'embouchure du Nil, l'évêque de Québec fit rendre de solennelles actions de grâces à Dieu dans toutes les églises du Canada [1].

Le coadjuteur élu sut de son côté mettre à profit ces circonstances pour gagner de plus en plus la confiance du gouvernement; et le dimanche 10 janvier 1799, à l'issue de la grande messe, il fit chanter solennellement le *Te Deum* à Québec, et prononça en-

[1] Mandements des évêques de Québec, aux archives de l'archevêché.

suite un discours sur les événements qui venaient de se passer en Europe. Il fut écouté avec un applaudissement universel par les protestants aussi bien que par les Catholiques ; on l'imprima, et on le répandit en nombreux exemplaires dans toute la colonie. La manière dont il y fut accueilli, et les réjouissances publiques qui s'y firent spontanément signalent mieux que ne le pourraient faire les plus habiles dissertations l'absence de l'esprit français parmi les Canadiens de cette époque [1].

Si la captivité et la mort de Pie VI avaient affligé, comme toutes les autres églises, celle du Canada, l'élection de son successeur Pie VII dut, parmi les Canadiens, causer une joie d'autant plus sensible, que la bulle, longtemps attendue, qui confirmait l'élection de Plessis, et lui transmettait le titre de son prédécesseur, évêque de Canathe *in partibus*, lui arriva en même temps que cette nouvelle. La consécration du nouveau prélat eut lieu le 25 janvier 1801, avec des circonstances tout à fait inusitées depuis la conquête du Canada par les Anglais. L'opposition qui s'était momentanément élevée contre son élection ne servit qu'à relever avec plus d'éclat l'unanimité que l'on remarqua alors pour applaudir à ce choix, parmi les spectateurs sans nombre de toutes les communions qui assistèrent à la cérémonie. On y distingua, non sans étonnement, les officiers du roi, les hauts employés du

[1] Id., ibid.

gouvernement, et, à leur tête, le lieutenant-général gouverneur de la province, sir Robert Milnes, dont la présence semblait annoncer la haute faveur du nouvel évêque auprès des autorités britanniques [1].

L'année précédente (16 mars 1800), le père Cazot, dernier Jésuite du Canada, était mort, âgé de soixante-onze ans. « Ses immenses aumônes, dit la *Gazette de Québec* [2], lui assuraient pour longtemps les bénédictions du pauvre. Il fut un de ces hommes dont la vie est un trésor caché, et la mort une calamité publique. » La chambre d'assemblée du Canada prit occasion de cette circonstance pour présenter une adresse au lieutenant-gouverneur, le priant de faire mettre devant elle *certains documents propres à faciliter une enquête sur les droits et les titres qu'avait la province sur* le collége des Jésuites, converti en caserne, *et sur les biens de l'Ordre, octroyés primitivement en vue de l'éducation de la jeunesse canadienne et catholique.* Le lieutenant-gouverneur répondit *que l'ordre avait été donné par le ministère de prendre possession de ces biens pour la couronne.* La chambre alors n'insista pas ; mais elle arrêta ou conclut qu'elle devait remettre à un temps futur la recherche des droits et prétentions que cette province pourrait avoir sur le collége et les biens des Jésuites [3].

Ces biens furent donc mis sous sequestre, et les re-

[1] *Mélanges religieux*, etc. Notice historique sur Mgr Plessis, etc., Montréal.

[2] *Gazette de Québec*, 20 mars 1800.

[3] Bibaud, *Histoire du Canada*.

venus accumulés dans une caisse publique. Quant à leur usage, voici ce que nous en apprend lord Durham [1] dans son mémoire à la reine, que nous avons eu déjà occasion de citer plusieurs fois. « Je suis fâché, » dit-il, d'être obligé de dire que le gouvernement bri- » tannique, depuis qu'il possède la colonie (du Ca- » nada), *n'a rien fait ou n'a rien tenté pour promouvoir* » *généralement l'éducation.* En effet, le seul cas où le » gouvernement s'est trouvé en rapport avec l'éduca- » tion ne lui fait aucun honneur ; *car il a appliqué* » *les revenus des Jésuites, destinés à l'éducation, à sti-* » *pendier certains services particuliers, et il a main-* » *tenu pendant plusieurs années une lutte opiniâtre* » *avec l'Assemblée, dans la vue de continuer ce système* » *injuste d'appropriation.* » Je n'ai rien à ajouter aux paroles de lord Durham. Quant aux *services particuliers stipendiés* avec l'argent des Catholiques, c'étaient ceux de certains juges et ministres anglicans dont on récompensait la haine envers les Canadiens, et qui se bâtissaient, à l'aide de ces fonds, des maisons et des temples élégants ; mais ce qu'il y a de plus étrange, c'est que depuis les premières années qui suivirent la mort du père Cazot il y eut, jusque vers une époque bien rapprochée de celle où nous écrivons ces lignes, *un ministre de l'église d'Angleterre* qui touchait annuellement, sur les biens sequestrés, une somme considérable, en qualité de *chapelain des Jésuites.*

[1] *Rapport de lord Durham*, etc., déjà cité.

Ainsi, tandis que le clergé catholique cherchait de plus en plus à montrer son dévoûment et à se rendre utile au gouvernement britannique dans le Canada, celui-ci se moquait de lui ouvertement, et ne craignait pas de laisser voir son hostilité envers tout ce qui était canadien et catholique. Les terres incultes des townships, qui, sous l'autorité française, auraient été concédées pour l'extension de la population du pays, semblaient être exclusivement réservées à des émigrants britanniques et américains ; le gouvernement se montrait de plus en plus opposé à l'érection de nouvelles paroisses, et, malgré toute la faveur dont ils paraissaient jouir, les évêques ne pouvaient obtenir de construire de nouvelles églises. Le conseil exécutif se remplissait de plus en plus d'hommes nés hors du pays, et presque tous les emplois importants de la province étaient entre les mains des Anglais ou des loyalistes américains. Les membres de l'Assemblée renouvelaient leurs tentatives pour changer les tenures du pays, et ne cachaient pas leur dessein de faire supporter à l'agriculture presque toutes les dépenses de la province, au moyen de taxes sur les biens-fonds. Plus les Canadiens paraissaient se montrer attachés aux intérêts de la couronne britannique, plus les Anglais paraissaient vouloir leur donner de motifs pour s'en détacher [1].

En dépit de tant d'obstacles de toute sorte, la Reli-

[1] Bibaud, *Histoire du Canada*.

gion Catholique continuait sa marche et faisait chaque jour de nouveaux progrès. Tandis que la chambre d'assemblée formulait des projets pour l'instruction du pays, le clergé, qui ne restait pas stationnaire de ce côté, fondait une maison d'éducation nouvelle.

M. Brassard, curé du village de Nicolet, agréablement situé à l'embouchure de la rivière Saint-François, sur la rive droite du Saint-Laurent, opposée à celle où s'élève la ville des Trois-Rivières, avait établi de ses propres deniers, une école élémentaire dans sa paroisse, en 1795. Huit ans après, l'évêque Denaut, devenu héritier de cet ecclésiastique, conçut le dessein de créer dans la maison d'école de Nicolet un système d'éducation plus étendu, à portée surtout de ceux qui, à cause de la distance, ne pouvaient se rendre facilement au collége de Montréal ou de Québec. Par les soins de ce prélat, cet établissement fut, en 1804, mis sur le pied d'une maison régulièrement organisée pour l'éducation publique, sous le nom de *petit séminaire de Nicolet*[1]. M. Durocher, alors curé de cette paroisse, en fut nommé le premier directeur ; on lui adjoignit plusieurs professeurs, qui enseignèrent avec succès, surtout lorsque Plessis, devenu évêque titulaire de Québec, s'en fut assuré la propriété.

Quelque amour que l'évêque Denaut éprouvât pour sa belle retraite de Longueil, il savait cependant s'en

[1] Petit séminaire ou séminaire ne renferme pas absolument en Canada l'idée d'une maison destinée à l'éducation ecclésiastique. C'est un collége dans le sens le plus étendu de ce mot.

arracher chaque fois que les besoins de son vaste diocèse ou les visites pastorales l'exigeaient. Il continua, sur une échelle plus grande encore, cette série de voyages lointains commencés par François de Laval, interrompus pendant la guerre, et repris par l'évêque Hubert, depuis Niagara jusqu'à la Nouvelle-Ecosse. Après la mort du respectable Jones, supérieur-général des missions de cette province, que Pierre Denaut visita en 1803, il avait nommé pour le remplacer Edmund Burke, auparavant archiprêtre de Québec et curé de Saint-Pierre de l'île d'Orléans. Cet ecclésiastique, rempli de zèle pour l'instruction de ses compatriotes, avait tenté d'établir un collége catholique à Halifax, et l'édifice était terminé, lorsque des ordres du gouvernement obtenus par l'intolérance protestante vinrent en empêcher l'ouverture et l'admission des élèves [1].

Un prêtre émigré de la terre de France, comme tant d'autres, en Canada, M. Alain gouvernait alors la mission des îles de la Madeleine, archipel d'origine volcanique qui s'élève à l'entrée du golfe Saint-Laurent [2], et dont la population compte environ deux cents familles de pêcheurs acadiens. M. Lejamtel venait, de son côté, de commencer la construction d'une église à Arishat dans la petite île Madame, centre de ces missions.

[1] Lettre de Mgr Plessis au cardinal préfet de la Propagande, 20 fév. 1806. Archives de l'archev. de Québec.

[2] Les îles de la Madeleine, au nombre de onze, sont un groupe porphyritique, à dix-huit lieues au nord de l'île du Prince-Edward, à trente-six de Terre-Neuve et à soixante-quinze des établissements français de Saint-Pierre et Miquelon.

Deux autres émigrés français déployaient leur ardeur apostolique dans l'île du Prince-Edward (île Saint-Jean), l'abbé Richard et l'abbé de Calonne, frère du ministre de ce nom sous Louis XVI, et dont nous parlerons bientôt plus au long. Avec eux travaillait un autre prêtre zélé, natif d'Ecosse, Bernard Angus M'Eachern, qui fut nommé plus tard premier évêque de cette île. Dans le Haut-Canada, deux prêtres gouvernaient l'ancienne mission, devenue paroisse de Saint-Raphael de Glengary, plus connue maintenant sous le nom de Charlottenburgh : c'était Fitz-Simmons et Alexandre M'Donnell. Celui-ci érigeait bientôt après une église pour la congrégation déjà considérable de la ville de Kingston, sur le lac Ontario (1806), et une autre pour les Catholiques de Toronto (York), autre petite ville qui commençait à poindre sur le rivage du même lac, et où la congrégation avait obtenu des terrains de la couronne.

Kingston avait remplacé l'ancien fort de Frontenac; c'était une petite ville avantageusement située sur le rivage septentrional du lac Ontario, commandant l'entrée du fleuve Saint-Laurent. Une longue et étroite langue de terre appelée Pointe-Frédérick formait, à quelques milles de distance, une rade considérable appelée Navy-Bay, qui était déjà alors la station navale la plus importante de l'Angleterre sur le lac Ontario. Une chaîne de rochers étroite et d'une hauteur considérable forme l'autre côté de cette baie; on lui donnait le nom de Pointe-Henry, et les fortifications qu'on y avait bâties avaient fait de Kingston la plus forte place du Canada après Québec et Halifax. On pouvait en peu de temps y équiper une flotte considérable, et l'importance commerciale que cette ville commençait à acquérir lui donnait, après Québec et Montréal, le commandement sur tous les lacs. Kingston était d'ailleurs la capitale du Haut-Canada depuis 1791, et c'était dans son sein que s'assemblait le parlement de cette province.

L'aspect du lac Ontario en tournant au nord-est, à l'endroit où il entre dans le Saint-Laurent, présente à Kingston quelque chose d'extrêmement pittoresque : les eaux sont couvertes de nombreux archipels, oasis de verdure et de bocages délicieux qui ont fait donner à cette partie du lac le nom poétique de lac des Mille-Iles. Malgré la beauté de leurs eaux et le charme de leurs ombrages, ce n'était cependant qu'avec effroi que le voyageur s'approchait autrefois de ces rivages enchanteurs. Des serpents à sonnettes s'y montraient par milliers, enlaçant leurs nœuds au soleil. La mort était partout à craindre, lorsqu'un jour un habitant des rives voisines eut l'idée d'y transporter un troupeau de porcs. Ces animaux détruisirent les reptiles, qui ne purent résister à leur voracité, et depuis cette époque les Mille-Iles sont devenues un séjour aussi agréable que peu dangereux.

La même année qu'eurent lieu ces diverses fondations, qui étaient d'un si heureux présage pour l'avenir, l'évêque Denaut mourut subitement à Longueil

(17 janvier 1806), emportant dans la tombe les regrets d'une grande partie de son diocèse ; on l'inhuma dans le chœur de l'église de cette paroisse, dont il avait été auparavant curé pendant dix-sept ans.

Dix jours après, Joseph-Octave Plessis se mit solennellement en possession du siége de Québec, et prit d'une main ferme la conduite de l'église du Canada, qui parut, dans un épiscopat de près de vingt ans, s'identifier entièrement dans sa personne. Placé à la tête d'un clergé timide, mais sûr quant aux principes, et doué de bonnes intentions, il parvint à force de persévérance et d'énergie, d'un côté, de souplesse et d'habileté, de l'autre, à maintenir son clergé dans les bornes de l'obéissance la plus respectueuse, et à fortifier à la fois la position qu'il avait su prendre dans la faveur du gouvernement. Mais cette faveur néanmoins lui fut de peu d'utilité, et ne put lui faire obtenir de résultats bien satisfaisants pour les intérêts de son diocèse. Car, en retour de ses soumissions, il ne reçut que des politesses affectées, et, trop souvent encore, que des dédains ; lorsqu'il pouvait, lorsqu'il devait même, parler au nom de ses droits et de ceux du peuple canadien, il n'usa jamais que des plus humbles prières et se vit presque toujours éconduit. Témoin la pétition qu'il adressa en 1812 au gouverneur-général, à l'exemple de celle que son prédécesseur avait faite en 1805, pour obtenir l'autorisation de prendre officiellement le titre d'évêque catholique de Québec, titre qu'il aurait dû avoir le courage de mettre à son nom sans autorisation préalable, ce qui lui fut, comme à son prédécesseur, dédaigneusement refusé. Dans l'administration des affaires, s'il arrivait à en embrasser aisément l'ensemble, son esprit d'exactitude minutieuse le faisait descendre trop souvent à des détails de peu d'importance. Avec l'inflexibilité qui faisait le fond de son caractère, et que nous avons déjà fait connaître, il fit plier toutes les volontés devant la sienne, et voulut que tout se modelât d'après son exemple, discipline, éducation, études profanes et religieuses; et l'on peut dire, sans crainte d'exagérer, qu'il fut de toute manière la forme et le modèle de son troupeau. Avec des mœurs irréprochables et une grande piété il fut un modèle de conduite ecclésiastique, et sa régularité extrême, naturellement un peu compassée, fut généralement imitée de son clergé. Si nous nous sommes étendu sur son portrait c'est que nous avons cherché à faire connaître un évêque dont la mémoire est demeurée, après plus de vingt ans, comme celle du plus grand homme qu'ait produit le Canada. Interrogez en effet les Canadiens, demandez-leur quel fut le premier homme de leur pays ; et tous, de quelque rang, de quelque opinion qu'ils soient, vous répondront unanimement : — C'est Monseigneur Plessis.

CHAPITRE XXIV.

DEPUIS L'ÉLECTION DE BERNARD-CLAUDE PANET, COADJUTEUR DE QUÉBEC, EN 1806, JUSQU'A LA PUBLICATION DE LA PAIX AVEC LES ÉTATS-UNIS, EN 1815.

Bernard-Claude Panet nommé coadjuteur. Caractère de cet ecclésiastique et motifs de son élection. Lettres de la Propagande et des évêques de Québec sur la nécessité de la division de ce diocèse. Incendie du monastère et de l'hôpital des Ursulines des Trois-Rivières. L'abbé de Calonne, émigré français, aumônier de cette maison. Sir John Craig, gouverneur du Canada. Ses projets, combattus par l'évêque Plessis. Dans la crainte d'une rébellion, il a recours à ce prélat (1810). Travaux de l'évêque Plessis. La guerre se renouvelle entre l'Angleterre et les États-Unis (1812). Envahissement du Canada par les Américains. L'évêque Plessis prêche la fidélité aux Canadiens. Québec défendu par les élèves du séminaire. Le prince-régent fait remercier l'évêque Plessis de son zèle. Le prélat est admis au conseil législatif. Continuation et fin de la guerre (1815).

Après avoir pris possession du siége de Québec, Plessis présenta le même jour au clergé et au peuple le nouveau coadjuteur qu'il s'était choisi pour l'aider dans l'administration de son diocèse. Ce choix était attendu avec une grande impatience, et les esprits étaient vivement agités, à la ville et à la campagne, pour savoir quel serait le futur coadjuteur [1]. Quelques cabales même avaient eu lieu auprès des hommes du gouvernement, chacun se croyant, contre l'ordinaire, directement intéressé dans le choix qui devait se faire.

[1] Lettre de Mgr Plessis, évêque de Québec, au cardinal préfet de la Propagande, 20 février 1805.

Mais Plessis avait d'avance pris toutes ses mesures et arrangé déjà toute cette affaire avec le gouverneur. La nomination de M. Bernard-Claude Panet fut à peine connue, qu'elle dissipa toutes les intrigues et les alarmes, en inspirant tout à la fois un profond étonnement. Il était fils d'un magistrat respectable de Québec, venu autrefois sous la protection du pieux de l'Auberivière, et il était alors curé de la paroisse de la Rivière-Ouelle, où il avait fondé, avec le secours de ses paroissiens et des personnes charitables du voisinage, un couvent avec une école pour les sœurs de la congrégation de Notre-Dame, si utiles dans les campagnes, ainsi qu'une école de garçons, qu'il avait richement dotée. Si l'on n'eût fait attention qu'aux vertus douces et pacifiques de M. Panet, personne n'eût eu lieu de s'étonner de ce choix ; mais il était de dix ans plus âgé que Plessis, qui avait fait sous sa direcrection son cours de philosophie au séminaire de Québec; il avait atteint sa cinquante-troisième année, et l'on n'aurait pu supposer qu'il dût survivre à son ancien élève. Il serait donc difficile de déterminer d'une manière tout à fait précise les véritables motifs qui guidèrent le choix de l'évêque de Québec ; mais l'idée qui s'offre à l'esprit en examinant toutes les circonstances, c'est que, n'ayant été que trop à même d'apprécier les maux auxquels l'église est exposée avec deux évêques opposés de caractère et d'intention, il avait voulu éviter ce malheur à son diocèse, en se choisissant un coadjuteur absolument incapable de résistance.

Depuis que l'évêque Hubert avait fait parvenir à Rome sa réponse au sujet de l'établissement de plusieurs nouveaux siéges épiscopaux dans le Canada, la Congrégation de la Propagande avait voulu sonder le terrain, en faisant connaître aux évêques de Québec le désir qu'elle aurait eu de voir fleurir un certain nombre de nouveaux évêchés sur les vastes territoires soumis à leur juridiction, et en leur donnant à entendre que Québec pourrait dès lors être érigée en métropole. Quelque attrait qu'il eût pour les distinctions, l'évêque Plessis, qui craignait de ne pouvoir faire reconnaître le titre d'archevêque par le gouvernement, dont il tenait trop à conserver la faveur, répondit à la Propagande en priant le Saint-Siége d'approuver le choix de son coadjuteur[1], que l'état de l'Église Catholique en Canada était encore trop précaire, et offrait trop de motifs de défiance aux Anglais, surtout depuis l'érection de l'évêché anglican de Québec, pour qu'ils ne vissent pas de mauvais œil cette église changée en métropole. Illusion fatale ! comme si ce n'eût pas été là précisément le moment qu'il fallait choisir pour fortifier l'Église Catholique en Canada contre l'influence anglicane, en multipliant l'épiscopat et en lui décernant une nouvelle auréole. En attendant, toutefois, l'évêque Plessis, qui, malgré ses préjugés timides et la crainte de se brouiller avec le gouvernement, sentait parfaitement la nécessité des mesures que lui suggérait la Propagande,

[1] Lettre de l'évêque de Québec au cardinal préfet de la Propagande, 20 février 1806.

proposait à Rome de tenter le plan tracé autrefois à l'évêque Hubert par le cardinal Gerdil, d'avoir trois coadjuteurs, le premier pour Montréal avec droit de succession au siége de Québec, le second pour le Haut-Canada et le troisième pour les provinces du Golfe, le New-Brunswick et la Nouvelle-Écosse. Mais ce plan demeura alors sans exécution, ce qu'on doit attribuer surtout aux troubles de l'Italie et à l'occupation des États du Saint-Siége par Napoléon.

M. Panet, accepté sans résistance par le gouvernement et le clergé, fut préconisé par Pie VII, au mois d'août de la même année, et sacré, le 29 avril 1807, sous le titre d'évêque de Saldes en Mauritanie. Aussitôt après la cérémonie, il s'en retourna à la Rivière-Ouelle, où il continua à gouverner paisiblement son petit troupeau.

Un incendie terrible qui dévora en quelques heures le monastère et l'hôpital des Ursulines des Trois-Rivières (octobre 1806) fut le premier évènement qui vint affliger le cœur du nouvel évêque de Québec. Les religieuses, privées de leur asile, se réfugièrent dans les couvents de Montréal et de Québec, en attendant que leur demeure eût été reconstruite. Plessis les reçut avec une affection véritablement paternelle, et fit aussitôt, en leur faveur, un appel aux sentiments charitables de son troupeau. L'utilité de cette maison était trop vivement sentie par les protestants eux-mêmes pour qu'ils ne s'associassent pas en grand nombre aux sympathies communes. Les souscriptions furent considérables; et la législature étant venue elle-même à leur secours, les Ursulines virent promptement leur monastère, leur église et leur hôpital, sortir de leurs ruines, et se réédifier avec plus de grandeur et de commodité qu'auparavant. L'édifice, composé de deux étages spacieux, construit en pierre et sur de vastes proportions, leur offrit, au bout de deux ans, une demeure si belle et si convenable, qu'elles purent remercier Dieu d'avoir tiré tant de bien de l'accident passager qu'elles avaient éprouvé.

Une autre particularité à ce sujet, et qui n'est pas sans intérêt pour les Français, c'est le nom du chapelain qui desservait alors le monastère des Ursulines des Trois-Rivières. Jacques-Ladislas-Joseph de Calonne, frère du ministre de ce nom, sous Louis XVI, et l'un des débris les plus respectables de l'ancien clergé français, après avoir brillé longtemps à la cour, était venu, aux jours de la persécution, chercher un asile en Canada, vers le milieu de l'année 1799. Dur et austère pour lui-même, il expiait, disait-il gaîment, les délices de sa jeunesse ; aimable, délicat, et rempli de prévenances pour les autres, offrant dans ses manières ce mélange heureux de douce piété et de politesse qui distinguait si éminemment alors le clergé français, il mourut, le 16 octobre 1822, environné des regrets de tous, des riches et des pauvres, dont il avait été l'ami et le père. « Plus vénérable encore par ses éminentes vertus, disait la *Gazette de Québec* (21 octobre 1822), que par son grand âge. » Il avait alors près de quatre-vingts ans.

J'ai fait voir suffisamment comment Plessis, avant même que d'être devenu évêque titulaire de Québec, était parvenu à se concilier la confiance des gouverneurs du Canada. Ceux-ci en effet trouvèrent toujours en lui un sujet soumis, d'une loyauté même parfois exagérée, et dans plus d'une occasion un conseiller sage et prudent. Mais, si les Anglais savaient mettre à profit ses services, ils ne songeaient guère à l'en récompenser; et, s'il obtint plus tard quelques concessions utiles à l'Église Catholique, après les services importants qu'il leur rendit durant la guerre de 1812, ces concessions furent bien plus la conséquence des changements que la Révolution française et les guerres de l'Empire avaient opérés dans les esprits qu'une suite de ses services. On a pu croire longtemps que Plessis aimait les Anglais; mais, façonné comme tous ses compatriotes au joug britannique, il ne paraissait, comme eux, les aimer que parce qu'il redoutait également de voir son pays retomber au pouvoir de la France, ou devenir partie intégrante de l'Union Américaine. L'idée de ses devoirs, et la crainte mal fondée de voir le Canada descendre à une situation plus pénible encore si les Américains parvenaient à s'en emparer, durent être les seules causes du dévoûment avec lequel il embrassa si gratuitement le parti du gouvernement dans les luttes politiques, où son intervention seule empêcha les colonies anglaises du Canada de se rendre aux Etats-Unis.

Sir John Craig était arrivé, vers la fin de l'année 1807, en qualité de gouverneur, en Canada, où son administration dure et arbitraire excita promptement de violents murmures dans toutes les classes. Dans le dessein d'établir de nouvelles casernes à Québec, il avait jeté les yeux sur l'hôtel-Dieu, dont la situation avantageuse, l'étendue du terrain, les vastes salles et les magnifiques dortoirs avaient excité son envie et son admiration, aussi bien que celle de ses officiers. Il en parla à l'évêque, en lui proposant de faire transporter les malades de l'hôtel-Dieu à l'hôpital-général, d'agrandir cette dernière maison et de réunir les religieuses des deux communautés en une seule.

Plessis répondit qu'il n'était pas le maître de l'hôtel-Dieu, lequel appartenait à la communauté qui en occupait les bâtiments ; que d'ailleurs c'était une partie du patrimoine de l'Eglise Catholique, dont il n'était que le tuteur, sans aucun droit d'en aliéner la moindre chose ; et, comme le gouverneur insistait, il répondit qu'il perdrait plutôt la tête que de consentir à cette spoliation. Craig tenta plusieurs fois de revenir à la charge ; mais l'évêque, voulant éviter désormais toute discussion à ce sujet, sur lequel il se sentait disposé à résister, résolut de s'absenter alors pour quelque temps; et, faisant à la hâte disposer une goëlette, il alla visiter, avec l'abbé Desjardins, les missions du fleuve Saint-Laurent.

Les mesures du gouverneur devenant d'année en année plus violentes, une opposition non moins violente s'éleva contre lui en 1810; des écrits séditieux furent répandus contre lui dans tout le pays, et sir John Craig fut ouvertement traité de tyran et de despote. Il parut craindre alors que les Canadiens ne vinssent à se révolter et à appeler les Américains à leur secours. Rien de ce genre n'était toutefois à redouter dans ce moment; mais, le bruit d'une insurrection s'étant faussement répandu, le gouverneur alarmé fit un appel aux sentiments de fidélité des personnes sages, et surtout du clergé catholique. Il leur adressa une proclamation qui, d'après son désir, fut lue publiquement en chaire dans toutes les églises, après l'office divin. A Québec, l'évêque Plessis prononça dans la cathédrale un discours éloquent [1], dans lequel, après avoir parlé de la loyauté du clergé comme ne pouvant être mise en doute, il s'étendit sur l'obligation imposée aux sujets, et particulièrement aux chrétiens, d'être soumis aux lois et aux autorités établies.

Cette conduite aurait dû, ce semble, augmenter de plus en plus le crédit du prélat et l'estime qu'on avait pour sa personne; mais, en voyant l'excès de l'obéissance du clergé, le cabinet britannique paraissait vouloir se montrer encore plus rétif pour les Catholiques, quoiqu'ils eussent bien certainement le double droit de réclamer hautement pour l'Église les avantages qu'on lui avait jusque-là refusés, et de se débarrasser de la tutelle dans laquelle on cherchait à les retenir.

[1] Bibaud, *Histoire du Canada*, t. II.

Un mandement de l'évêque Plessis parut vers la fin de l'année 1810, faisant entendre à tout le diocèse la voix de son pasteur, et réclamant des fidèles et du clergé des prières publiques pour l'Église et pour son vénérable chef Pie VII, qu'un conquérant aveugle retenait dans les fers.

Le recueil volumineux des lettres de Mgr Plessis, que l'on conserve au secrétariat de l'archevêché de Québec, montre combien sa correspondance était étendue. C'est par ce moyen qu'il parvenait à embrasser toutes les parties de son diocèse, encore si vaste alors, et de porter sa sollicitude sur les districts où il ne pouvait se rendre en personne. Dans ses visites pastorales il aimait à se livrer à toutes les fonctions du ministère ; il confessait et prêchait tour à tour ; sa parole lucide et claire développait aisément les vérités de l'Évangile [1] ; et ceci compensait, au moins jusqu'à un certain point, ce qui lui manquait du côté de l'onction et de la mansuétude, que ne comportait guère sa froideur naturelle. Homme d'administration et de détails, jamais ni l'embarras des affaires, ni les maladies, ni les guerres ne l'empêchèrent de visiter chaque année au moins une petite partie de son troupeau. Il n'est point d'église, même à plus de trois cents lieues, à l'orient ou à l'occident de sa cathédrale, où il n'ait porté ses pas avec le courage d'un missionnaire. Occupé une année à parcourir les missions de la Nouvelle-Ecosse et du New-Brunswick ; une

[1] *Mélanges religieux*, etc. Notice sur Mgr Plessis. Montréal.

autre, celles qui s'étendent jusqu'à Détroit et au-delà; visitant une autre fois les postes de la baie des Chaleurs, mais plus souvent l'intérieur de son diocèse, on l'a vu affronter cent fois dans ses courses apostoliques l'inconstance des saisons, la fureur des vents, et la vicissitude des climats.

Ce fut durant un de ses voyages au Cap-Breton que la guerre éclata de nouveau entre l'Angleterre et les États-Unis. Après l'abandon du Canada par le gouvernement de Louis XV, ce pays avait matériellement fait des progrès considérables, et la population s'était accrue dans une proportion beaucoup plus grande que sous la domination française. Depuis la première guerre qui avait suivi l'indépendance américaine, aucune nouvelle invasion étrangère n'avait eu lieu sur le territoire de la colonie; mais on n'avait pas perdu aux États-Unis l'espoir d'annexer une si belle province. Le temps n'était plus où Voltaire pouvait écrire « qu'on se battait en Canada pour quelques arpents de neige. » Malgré le froid de l'hiver, c'était un pays magnifique et qui offrait, comme encore aujourd'hui, des ressources immenses à ceux qui voulaient y aller chercher la fortune en cultivant la terre.

En l'année 1812, les Américains crurent enfin le moment favorable pour surprendre le Canada; l'ennemi le plus acharné des Anglais, Napoléon, régnait sur l'Europe; ils se joignirent à lui et déclarèrent la guerre à la Grande-Bretagne, persuadés que les Canadiens n'attendaient qu'une occasion pour se jeter dans les bras de leurs voisins. Lorsque la guerre éclata, le Haut-Canada était en grande partie peuplé par des colons sortis des États-Unis, et à qui l'on devait supposer naturellement trop de patriotisme pour verser le sang de leurs frères. D'un autre côté, les habitants du Bas-Canada avaient été trop récemment représentés aux yeux du gouvernement comme des séditieux, à cause de leur opposition à l'autorité brutale de sir John Craig, pour qu'on ne crût pas qu'il serait facile de les entraîner dans une révolte ouverte contre l'Angleterre. Les forces britanniques d'ailleurs étaient purement nominales ; c'est à peine si l'on pouvait compter quatre mille hommes disséminés sur une étendue de frontières de plus de quatre cents lieues. Le cours immense du Saint-Laurent, comme une grande route militaire ouverte de toutes parts aux États-Unis, qui pouvaient par là pénétrer jusqu'au cœur du Canada, était absolument sans défense, et exposait au plus grand péril le peu de troupes stationnées sur ses vastes frontières.

Dans la vue de tenir à un taux élevé les lettres de change qui émanaient principalement du gouvernement militaire, on avait laissé emporter aux États-Unis la plus grande partie de l'argent monnayé, qui était d'une extrême rareté dans le trésor. A la nouvelle de la déclaration de guerre, l'alarme se répandit parmi les négociants anglais de Montréal et de Québec [1], et la première idée de ces bons patriotes fut de plier bagage et de décamper.

1 Montgommery-Martin, *The Canadas* in his *British Colonies*.

Sir George Prevost était depuis 1811 gouverneur-général du Canada. Animé par les bonnes intentions du peuple, dont il reconnaissait mieux que les autres la loyauté, il songea aussitôt à mettre les deux provinces en état de défense. Il assembla à Québec la législature coloniale, dans le palais épiscopal, loué à cet effet, depuis 1791, par l'évêque Briand, et il y fut déterminé de substituer à l'argent monnayé le papier du gouvernement portant intérêt, et payable en lettres de change sur l'Angleterre.

Les Américains avaient, durant l'été de 1811, réuni leurs principales troupes régulières sur leurs frontières du nord-ouest, où ils avaient attaqué les Indiens hostiles et soutenu plusieurs combats contre eux. Cette force, à laquelle s'étaient joints la milice et un grand nombre de volontaires, s'était mise en marche pour le Haut-Canada, dans la prévision d'une guerre, longtemps avant même qu'elle fût déclarée. Ils avaient dû, pour y arriver, ouvrir des routes à travers les épaisses forêts qui couvraient toutes les contrées intermédiaires, comptant sur ces communications pour leurs vivres et le matériel de l'armée, qui arriva à Détroit, le 5 juillet 1812, forte de deux mille cinq cents hommes.

A la première nouvelle de l'invasion, les grands-vicaires de l'évêque Plessis, Descheneaux à Québec, et Roux, supérieur de Saint-Sulpice, à Montréal, interprétant les intentions bien connues de ce prélat, écrivirent à tous les curés du Canada une lettre circulaire, dont ils devaient faire part à leurs paroissiens, pour les engager à repousser l'ennemi (12 juin 1812). Un mandement que l'évêque publia lui-même, à son retour à Québec, pour encourager la milice des campagnes au devoir et à la fidélité, produisit le meilleur effet qu'il fût possible d'en attendre dans l'intérêt du gouvernement britannique, et l'Angleterre reconnut ensuite que les services que le *surintendant de l'Église Romaine* avait rendus pendant toute la guerre surpassaient tout ce qu'il avait encore fait jusqu'à cette époque.

L'arrivée de deux bataillons venant d'Europe, pour en relever deux autres qui avaient ordre de partir, accrut jusqu'à un certain point l'effectif des troupes régulières du Canada. Sur la demande du gouvernement colonial, la législature avait passé, l'hiver d'avant, une loi tendant à mobiliser immédiatement la milice, qu'on n'avait que trop longtemps négligée, et quatre bataillons se trouvaient sur pied au moment de la guerre. Toutes les forces dont on pouvait disposer furent mises en activité. La citadelle de Québec fut confiée à la garde des bourgeois, fiers de montrer aux Anglais qu'on pouvait compter sur leur loyauté, et à leur évêque qu'ils avaient entendu sa voix. La province tout entière montra la même ardeur, et un mois après la déclaration de guerre le Bas-Canada semblait préparé à attaquer les Américains, plus encore qu'à se défendre.

Sur ces entrefaites, l'ennemi entra dans le Haut-Canada, le 12 juillet, et invita par une proclamation les habitants, qui paraissaient sans défense, à se joindre à la bannière étoilée de l'Union, ou au moins à demeurer tranquilles, en les assurant en même temps de la protection des États-Unis. Mais, après quelques engagements peu sérieux, les Américains battirent en retraite jusqu'à Détroit (7 août 1812). Sir George Prevost avait confié le gouvernement du Haut-Canada au général Brock, officier non moins distingué comme politique que comme soldat, et qui sut inspirer aux habitants l'esprit dont il était animé. Brock prorogea le parlement de la province, qui tenait alors ses séances à Toronto (York); le 12 août il se transportait rapidement à Amherstburg, et le 16 il contraignait le général américain Hull à se rendre avec toute son armée, consistant en plus de sept cents hommes, tant réguliers que de la milice, avec six cents Indiens alliés. Deux mois s'étaient à peine écoulés depuis le commencement de la guerre que Québec et Montréal voyaient avec étonnement entrer dans leurs murs les Américains captifs avec leur général. Brock ne jouit pas longtemps de son triomphe. Il fut tué dans une action devant le fort George; le reste de l'année se passa sans autres évènements importants que les tentatives infructueuses des Etats-Unis pour se rendre maîtres des lacs.

Mais, dès que les glaces eurent été rompues, au printemps de l'année suivante (1813), sur le lac Ontario, les Américains sortirent, avec une force navale considérable, du port appelé Sacket's Harbour [1], et voguèrent vers le Haut-Canada. Le 27 avril, ils débarquaient

[1] Sacket's Harbour est une petite ville de l'état de New-York, non loin de l'embouchure du Saint-Laurent, près du lac des Mille-Iles, sur le lac Ontario.

à Toronto, alors capitale de la province, dont ils livraient aux flammes les édifices publics ainsi que le petit nombre de barques stationnées dans le port. Après une légère résistance, le général Sheaffe, qui y commandait, se retira sur Kingston. L'ennemi fit voile ensuite pour Niagara, où il débarqua quelques troupes. A la suite de ces événements, les Anglais sous les ordres du général Vincent continuèrent à battre en retraite le long du lac, vers la baie de Burlington, abandonnant au pouvoir de l'ennemi toute la ligne du Niagara, qui renfermait la plus grande partie de la population du Haut-Canada.

Pendant que le général anglais Proctor capturait, d'un autre côté, par une action d'éclat, un nombreux parti d'Américains sur les rapides de Miami, l'armée qui avait brûlé Toronto continuait à poursuivre le général Vincent vers les hauteurs de Burlington [1]. Mais, dans la nuit du 5 au 6 juin, le colonel Harvey s'empara par surprise du camp américain; il leur tua beaucoup de monde, fit prisonniers deux généraux, et réussit à déconcerter si bien l'armée des Etats-Unis, qu'il la força à retourner en désordre sur le fort George, en laissant les Anglais de nouveau en communication avec la frontière de Niagara. Dans l'intervalle, sir George Prevost, qui se trouvait avec le gros de l'armée dans le Haut-Canada, fit faire une attaque sur Sacket's Harbour, mais dont le mauvais succès changea pour le reste

[1] Burlington, petite ville du Haut-Canada, à l'extrémité sud-ouest du lac Ontario, au-dessous de Toronto.

de l'année la face des affaires. Le commodore américain Perry, après avoir été bloqué pendant longtemps à Érié, captura la flotte anglaise tout entière sur le lac du même nom, et coupa par ce moyen les vivres à Proctor, qui ne réussit qu'avec des difficultés inouïes à se créer de nouvelles communications à travers l'épaisseur des forêts.

Mais sa situation n'en était pas moins dangereuse; elle était la même que celle du général américain Hull un an auparavant à Détroit ; il avait toutefois un avantage sur cet officier, celui de compter de fidèles alliés dans les Iroquois établis dans cette partie du Haut-Canada depuis l'indépendance des États-Unis. Malheureusement pour lui, après la destruction de sa flotte, il perdit par sa lenteur un temps précieux, et au commencement d'octobre il se trouva par sa propre faute en présence d'un ennemi formidable. Il n'avait avec lui qu'un corps de mille hommes et environ douze cents Sauvages, lorsque les Américains, au nombre de plus de trois mille, lui présentèrent la bataille sur les bords pittoresques de la rivière de la Tranche, à trois journées de marche seulement (56 milles) de Détroit. Les *Riflemen*[1] des États-Unis chargèrent tout-à-coup avec une telle furie, qu'ils rompirent la ligne des Anglais ; toute l'armée britannique se trouva promptement dans une extrême confusion, et la plus grande partie devint prisonnière. Les Iroquois se comportèrent bravement sur un autre

[1] On appelle en Amérique *Riflemen* ceux qui sont armés du *rifle*, espèce de carabine cannelée de laquelle les Américains se servent avec beaucoup d'habileté.

point du champ de bataille, mais ils furent enfin obligés de céder. Proctor, accompagné de quelques fuyards, battit en retraite jusqu'à Ancaster, tandis que les Américains emmenaient leurs prisonniers à Détroit.

Redevenus maîtres de toutes les eaux, les Américains réunirent leurs forces à l'extrémité du lac Ontario et du lac Champlain, sous les ordres des généraux Wilkinson et Hampton, dans l'intention d'attaquer simultanément Montréal avant de donner le temps aux troupes renfermées dans le Haut-Canada de descendre au secours de cette ville. La réussite de ce plan leur assurait la possession de toute cette province depuis Montréal jusqu'à Détroit, et forçait l'armée anglaise tout entière ou à mettre bas les armes, ou à se frayer un chemin au travers des forêts jusqu'à Québec [1]. Rien ne pouvait empêcher Wilkinson de trouver des bateaux et des pilotes pour passer son armée sur l'île de Montréal, trois ou quatre jours après avoir quitté le lac Ontario, et Hampton n'était qu'à deux journées de marche du Saint-Laurent.

Dans cette extrémité, sir George Prevost fit un second appel à la loyauté du peuple canadien, appel que l'évêque appuya par un mandement énergique, en ordonnant partout des prières pour le succès des armes britanniques, et pour qu'une heureuse paix vînt bientôt couronner leur victoire. Jamais peut-être, depuis la domination anglaise, les paroles de l'évêque de Québec

[1] Montgommery Martin, *The Canadas*, in his *British Colonies*.

n'avaient eu autant de retentissement. Les milices des campagnes se réunirent avec un empressement qu'elles n'avaient jamais déployé auparavant, et se rangèrent sous la bannière de Saint-George. La citadelle de Québec avait été fortifiée avec le plus grand soin ; mais il fallait dégarnir la ville de ses troupes pour les porter vers Montréal. Au signal donné par l'évêque, tous les jeunes élèves du séminaire en état de porter les armes formèrent eux-mêmes une milice nouvelle, qui fut chargée de monter la garde sur les remparts de Québec, et de veiller à la sûreté du château Saint-Louis, où était demeuré le gouverneur. Ce seigneur en témoigna publiquement sa satisfaction aux élèves, ainsi qu'à M. Plessis, qu'il chargea de faire part aux miliciens de la campagne des sentiments dont il était animé à leur égard.

Le prince-régent, depuis George IV, ordonna au gouverneur d'exprimer particulièrement à l'évêque de Québec toute la gratitude qu'il éprouvait des preuves de loyauté qu'il avait données (octobre 1813), et bientôt après il crut devoir le récompenser en lui accordant une place au conseil législatif de la province. L'évêque catholique y vint siéger après l'évêque anglican, qui avait le pas sur lui, et cette faveur, en supposant que c'en fût une pour un prélat de la véritable Église, fut comme la reconnaissance officielle de son titre d'Évêque Catholique de Québec [1],

[1] Archives de l'archevêché de Québec

qu'on lui avait encore refusée l'année d'auparavant.

Cependant, le général américain Hampton, après avoir réuni toutes ses troupes, était entré, à la tête de trois ou quatre mille hommes, dans le Bas-Canada, avec l'intention apparemment de prendre position sur le Saint-Laurent, par la rivière de Châteaugay. Le 26 octobre, il s'approcha du détachement du colonel de Salaberry, qui se trouvait posté sur cette rivière, à trente milles environ de la frontière. Cet officier appartenait à une famille française des plus distinguées et des plus anciennes du Canada; depuis sa jeunesse, il avait, dans plusieurs parties du monde, toujours servi avec honneur dans les troupes britanniques. Il joignait à l'expérience et à un grand talent militaire une rare activité et une intrépidité personnelle incontestable. Il commandait l'avant-garde de l'armée, composée d'environ trois cents hommes, dont il avait toute la confiance; la plupart étaient natifs du Bas-Canada, voltigeurs ou miliciens, d'origine française ou Indiens catholiques. L'armée ennemie, formée surtout de nouvelles recrues, paraissait n'avoir d'autre idée que de gagner la bataille par des manœuvres habiles et un feu de peloton. Le colonel de Salaberry, prenant avantage de l'état boisé de la campagne, mit ses hommes à couvert derrière les arbres et les buissons, et fit un feu roulant sur les Américains, chaque coup portant la mort dans leurs rangs, et le colonel donnant lui-même l'exemple. Leur perte fut considérable, tandis que Salaberry n'eut que deux hommes tués et seize blessés.

Hampton, découragé, se retira sur la frontière, et de là à Plattsburg, petite ville de l'Etat de New-York, sur le lac Champlain. Il y demeura dans une inactivité absolue, son armée diminuant à vue d'œil par les maladies ou la désertion.

Pendant ce temps, Wilkinson continuait sa marche sur Montréal. Le 5 novembre, il s'embarqua dans l'île Grenadier avec ses troupes, qui montaient à huit ou neuf mille hommes, parfaitement armés et équipés. Le 6, dans la nuit, il passa devant le fort anglais à Prescott. Il faisait un clair de lune magnifique ; la nuit suivante, il aurait pu être sur l'île de Montréal avant même que sir George Prevost pût recevoir la nouvelle de son approche. Mais divers incidents retardèrent sa marche et donnèrent au gouverneur-général le temps de réunir toutes ses forces,qui montèrent bientôt à plus de vingt mille hommes. Il les disposa avec habileté sous les ordres de divers généraux ; et les Américains, ne pouvant tenir contre des forces si supérieures, se retirèrent après plusieurs rencontres sanglantes (décembre 1813). La guerre continua encore durant la plus grande partie de l'année suivante, la victoire passant tour à tour des Anglais aux Américains, et de ceux-ci aux Anglais. La paix fut signée à Gand, au mois de décembre 1814, ratifiée à Washington, le 18 février 1815, et publiée à Québec, au mois de mars ; elle mit fin aux hostilités, et rendit au Canada le calme et la tranquillité.

Les services que l'évêque de Québec avait rendus à

l'Angleterre durant cette guerre méritaient sans doute une autre récompense que la vaine distinction d'entrer au conseil législatif et d'y prendre place après l'évêque anglican. Le ministère britannique désirait lui accorder une pension qui l'aidât à soutenir son rang ; mais il voulait que l'évêque Plessis lui en fît préalablement la demande. L'Angleterre n'a jamais su être véritablement généreuse. On engagea le prélat à présenter une supplique, et il eut la faiblesse de le faire, tant il trouvait douce la faveur de ce gouvernement perfide, lui qui pouvait alors tout demander, lui dont l'influence était réellement alors la seule puissance en Canada capable de contenir les peuples dans le devoir, et qui aurait obtenu, s'il avait osé les réclamer énergiquement, les biens des Jésuites pour les employer au bénéfice de l'Église et de l'éducation catholique. Le ministère britannique aurait-il pu refuser quelque chose à celui qui seul lui avait fourni les moyens de garder le Canada? Mais tout ce qu'il en retira fut une pension de mille livres sterling [1], et l'autorisation d'ériger quelques nouvelles paroisses dans son diocèse, entre autres celle du faubourg Saint-Roch, que le prélat détacha de celle de Québec, et où il bâtit une grande église.

[1] Cette pension a été continuée, après la mort de Mgr Plessis, à Mgr Panet, son successeur; et, après celui-ci, à Mgr Signay, qui en jouit jusqu'à sa mort. Le gouverneur du Canada ayant fait demander, il y a sept ans, Mgr Turgeon, alors coadjuteur de Québec, lui annonça, à travers plusieurs compliments, que cette pension serait retirée après le décès de Mgr Signay. Mgr Turgeon n'est pas riche ; il n'en répondit pas moins avec noblesse qu'il était au-dessus des inquiétudes de la fortune, et que, lorsque Dieu le ferait archevêque de Québec, il avait assez de foi dans la bonté de sa providence et la charité d'un peuple catholique, pour ne pas craindre de manquer de ressources.

CHAPITRE XXV.

CONTENANT LA RELATION DU VOYAGE DE L'ÉVÊQUE PLESSIS DANS LES MISSIONS DU GOLFE SAINT-LAURENT EN 1815.

Visite pastorale et voyage de l'évêque Plessis dans les missions du golfe Saint-Laurent. L'abbé Lejamtel, émigré français, missionnaire d'Arishat. Description de cette mission. Visite aux ruines de Louisbourg. Visite au lac du Bras-d'Or, au cap Breton. Halifax. Le père Vincent, Trappiste, fondateur du monastère de Tracadie, dans la Nouvelle-Écosse. L'abbé Sigogne, émigré français, missionnaire et magistrat des Acadiens de la baie de Sainte-Marie. Le père Dominique (Charles French). Visite des missions du New-Brunswick. Retour de l'évêque Plessis à Québec.

La paix ayant permis à l'évêque de Québec de recommencer le cours de ses visites pastorales, il s'embarqua, à la fin de mai 1815, avec plusieurs ecclésiastiques, pour visiter une troisième fois les missions du golfe Saint-Laurent et de la Nouvelle-Ecosse. Le 16 juin, sa goëlette, après avoir passé le détroit de Camseau, alla jeter l'ancre dans le havre d'Arishat, dont les habitants, tous pêcheurs, ainsi que nous l'avons remarqué plus haut, se distinguaient alors par leur piété et la régularité avec laquelle ils observaient le saint jour du dimanche. Arishat était devenu par sa position le point central de toutes les missions du golfe. Son église principale, dédiée à Notre-Dame, avait été érigée en paroisse, et elle comptait alors au-delà de douze cents communiants, qui tous avaient pour l'abbé Lejamtel, leur digne pasteur, la vénération la plus profonde.

D'Arishat, où l'évêque administra le sacrement de la confirmation, il prit la côte de l'île du Cap-Breton, qui n'offre qu'un long rocher dénudé, jusqu'à la plage, encore déserte alors, où s'élevaient un demi-siècle auparavant les belles fortifications de Louisbourg. Le port, qui a une profondeur de trois milles sur un mille de largeur, avec tous les accommodements nécessaires aux navires pour faire de l'eau, est un des plus beaux du monde. Les ruines de ses batteries, jadis si formidables, et les larges brèches que la mine et la poudre avaient pratiquées dans ses murs, ne présentaient plus, lorsque l'évêque de Québec y descendit, que l'image de la désolation. Ses vastes et solides magasins, où la France avait amassé tant de munitions de guerre, demeurés encore presque entiers, étaient recouverts de terre et de broussailles; et, sous leurs voûtes obscures, les troupeaux que l'on mène brouter l'herbe sur cette terre qui recouvre les corps de tant de braves viennent chercher en été un abri contre les ardeurs de la canicule. Assis sur ces ruines, si l'on vient à jeter les yeux sur la surface limpide et unie de la mer, on peut voir encore les débris de nos vaisseaux coulés à fond, dont les carcasses immenses sont restées là comme un monument de l'antique puissance française sur ces côtes, avant que la lâcheté du pouvoir eût livré nos colonies à l'Angleterre. On s'attriste en mesurant l'étendue

9.

de ces remparts redoutables, où l'on ne voit que destruction : on cherche et l'on écoute ; mais tout est silence, et l'on n'entend que les mugissements de la mer, qui vient briser sourdement ses flots sur le rivage, ou le bêlement plaintif des troupeaux revenant le soir du pâturage, où les conduit quelque timide descendant des défenseurs de Louisbourg.

Huit ou dix familles de pauvres pêcheurs irlandais étaient répandues sur la côte de Louisbourg, lorsque l'évêque de Québec y vint débarquer avec ses compagnons, le 19 juin 1815. C'était le soir. Les rayons du soleil couchant éclairaient d'un dernier reflet les huttes misérables des pêcheurs, dont la pauvreté formait un si affligeant contraste avec les beaux édifices, les fortifications régulières, la grandeur navale, la pompe militaire et l'activité commerciale, dont naguères Louisbourg avait été le théâtre. L'évêque visita tous ces débris. Malgré lui, il sentit qu'il avait encore quelque chose de français dans le cœur; et, avant de quitter cette triste plage, il se mit à genoux avec les prêtres qui l'accompagnaient, et récita à haute voix le *De Profundis* pour le repos des âmes de tant de héros morts en défendant leur pays. Tous avaient le cœur navré. Pouvaient-ils encore sentir quelque amour pour l'Angleterre en foulant aux pieds ce sol tout arrosé du sang de leurs pères? C'était la première fois que Louisbourg entendait la voix d'un évêque; mais son peuple n'était plus, et l'écho de la solitude répondit seul à cette voix.

Depuis la destruction de Louisbourg, le gouvernement anglais avait complètement négligé l'île du Cap-Breton. Ce ne fut qu'après la guerre de l'indépendance américaine qu'un certain nombre de loyalistes des États-Unis étant venus s'y établir, le cabinet britannique songea à s'en occuper. Le Cap-Breton fut alors érigé en gouvernement particulier, séparé de la Nouvelle-Ecosse, et l'on jeta les fondations de Sydney, qui en fut dès lors la capitale. Mais en 1820, peu de temps après la visite de l'évêque Plessis, le Cap-Breton fut de nouveau annexé à la Nouvelle-Ecosse, ne gardant d'autre privilége que d'envoyer deux députés au parlement d'Halifax.

De Louisbourg à Sidney, où l'évêque se rendit ensuite, la côte présente partout des rochers abruptes, des bancs, des rivières et de petites îles. Sidney est situé sur une langue de terre élevée, mais étroite, à quelques milles au sud de l'entrée du grand lac ou mer intérieure du Bras-d'Or. C'était une petite ville bien bâtie, d'environ cinq cents âmes, avec un port vaste et commode, capable de contenir de grandes frégates. On y avait construit dès lors une petite chapelle pour les familles irlandaises que visitait de temps en temps l'abbé Lejamtel, au caractère duquel le général Swaine, qui commandait alors à Sidney, rendit un éclatant témoignage devant l'évêque. Ce n'était pas le seul protestant qui parlât en faveur de ce missionnaire : tous en faisaient les plus grands éloges, en même temps qu'on s'élevait partout contre le ministre envoyé par l'évêque anglican d'Halifax, qui fut forcé de se retirer sous le poids de la haine et du mépris qu'il s'était attirés de la part de ses coreligionnaires.

Deux longs canaux s'ouvraient sur le grand lac du Bras-d'Or, qui ne sont séparés l'un de l'autre que par la longue île de Boularderie. L'un est appelé le Petit-Bras-d'Or, l'autre le Grand-Bras-d'Or. Celui-ci permet le passage aux plus gros navires, et de la grande mer intérieure on peut communiquer facilement avec une foule d'autres lacs, dont la plupart sont peu connus. L'un d'eux appelé lac Magré par l'évêque de Québec se trouve sur le plateau d'une grande montagne d'un accès difficile, et peut avoir douze lieues de longueur. C'est apparemment le même que Bouchette [1] appelle le lac Marguerite, et qui, par la rivière du Saumon *(Salmon-River)*, communique avec le port Marguerite, à l'ouest de l'île. A l'exception d'un petit nombre de Sauvages micmaks catholiques, on ne voyait alors autour de ce lac qu'une centaine de familles de Highlanders écossais, qui, accoutumés dans leur propre pays aux escarpements des montagnes, étaient venus s'y établir à cause de l'excellence du sol. Tous étaient également catholiques, et c'était à cause d'eux que l'abbé Lejamtel bravait toutes les aspérités et les difficultés de la route, qui aurait désespéré tout autre qu'un missionnaire. L'évêque de Québec parcourut tour à tour toutes les petites baies du grand lac, administrant les sacrements dans les missions sauvages, acadiennes, écos-

[1] *The British Dominions of North America*, by Col. J. Bouchette.

saises ou irlandaises, et se trouva de retour à Arishat au troisième jour de juillet. A la suite de ce voyage, l'un des prêtres qui accompagnaient l'évêque, l'abbé Gaulin, parfaitement instruit du gaëlique, qui est la langue des Ecossais, fut envoyé pour desservir la mission d'Antigonish, dont le vénérable pasteur, Alexandre M'Donnell, était mort depuis quatre ans, après un ministère laborieux de plus de quarante années.

Halifax, capitale de la Nouvelle-Ecosse, où le prélat se rendit ensuite, avait déjà une population de près de quinze mille habitants. Sa rade, une des plus belles du monde, se montre avec avantage, lorsqu'on s'approche de la ville par mer, en venant de l'océan. A cause de sa situation directe sur l'Atlantique, la navigation y est rarement interrompue par les glaces ; c'est ce qui l'a fait choisir comme la principale station navale de l'Angleterre dans l'Amérique Septentrionale, son port offrant en toute sécurité un ancrage commode à plus de mille vaisseaux à la fois. Des batteries et des redoutes en défendent l'approche. La ville, bâtie sur la côte orientale d'une petite péninsule, s'élève graduellement sur la colline, à mesure qu'elle s'éloigne de la mer. Un grand nombre de quais pour le déchargement des marchandises (wharfs) sont établis le long de l'eau, à proximité des navires, avec des magasins commodes. Halifax est, depuis l'année 1758, le siége du parlement, du conseil législatif et du gouverneur de la Nouvelle-Ecosse. Elle renferme plusieurs édifices publics assez remarquables, de fort belles maisons, et on peut dire que sa situation est une des plus riantes que l'on puisse voir.

Halifax avait, à l'époque dont nous parlons, une congrégation nombreuse et choisie d'Irlandais, qui, sous la conduite d'Edmond Burke, leur pasteur, et de l'abbé Mignault [1], son vicaire, marchaient à grands pas dans le chemin du Christianisme. Leur église n'était pas la plus belle d'Halifax ; mais ils avaient le projet d'en bâtir une plus grande, dont le plan était fort beau. Depuis lors il a été mis à exécution. J'ai visité moi-même cette église, à mon passage par la Nouvelle-Ecosse, en 1845 ; et la cathédrale d'Halifax est aujourd'hui une des plus belles de toute l'Amérique du Nord. M. Burke avait entrepris également de bâtir un collége ; on a vu ce qui en avait empêché l'ouverture.

Au moment de l'arrivée de l'évêque à Halifax, un religieux trappiste français, que la révolution avait chassé de son pays vingt ans auparavant, venait d'y arriver aussi de son côté. Il avait fait partie de l'abbaye de la Meilleraye ; et, après divers essais infructueux dans les États-Unis pour établir un monastère de son ordre, il venait tenter le même dessein dans la Nouvelle-Ecosse, avec plusieurs de ses compagnons. Mais ceux-ci l'ayant quitté pour retourner en Europe, le père Vincent Merle, c'était le nom de leur chef, était demeuré avec Edmond Burke, qui lui donna dans la suite les moyens de commencer un établisse-

[1] Depuis supérieur du collége de Chambly et curé de cette paroisse, près de Montréal.

ment dans ce pays. Telle fut l'origine du monastère de Tracadie, à l'extrémité septentrionale de la province, et qui commence aujourd'hui, par les soins du père Vincent, à se développer avec avantage dans l'intérêt de la religion.

Le général sir John Sherbrooke, gouverneur d'Halifax, reçut avec les plus grands égards la visite de l'évêque de Québec, qui profita de ses dispositions bienveillantes pour recommander au gouvernement les diverses tribus de Micmaks qui vivaient aux environs d'Halifax; elles étaient toutes catholiques, et leur chef était venu exposer à l'évêque les misères de son peuple. Le prélat leur promit de s'occuper des moyens de leur envoyer incessamment un missionnaire. D'Halifax il se rendit ensuite à Chezzet-Cook, le plus ancien établissement qu'eussent eu les Acadiens depuis leur dispersion. Il n'y avait cependant pas encore de chapelle : l'évêque donna ordre d'en commencer une, avec un presbytère, et elle fut dédiée plus tard sous le patronage de saint Anselme de Cantorbéry.

Après avoir parcouru encore quelques autres missions de peu d'importance, l'évêque arriva, le 2 du mois d'août, à la baie de Sainte-Marie, qui est au sud-ouest de la Nouvelle-Ecosse. Un autre débris du clergé français, l'abbé Sigogne, gouvernait depuis longtemps déjà, au temporel ainsi qu'au spirituel, les nombreux Acadiens de cette baie, établis le long de la rivière Sisibout. Ce prêtre vénérable, natif du diocèse de

Tours, avait émigré en Angleterre en 1791, et il était passé dans la Nouvelle-Ecosse en 1798. D'un courage et d'une activité surprenante, il avait déjà, à lui seul, bâti deux grandes et belles églises, celle de Sainte-Marie de Frenchtown et celle de Sainte-Anne d'Argyle. Regardé comme le père et le protecteur de tous les Acadiens des côtes de la baie de Sainte- Marie, il avait obtenu sur eux une influence si grande et si justement acquise, que le gouvernement anglais d'Halifax lui avait délégué toute l'autorité temporelle, comme juge du pays, pour conduire son troupeau. La paroisse Sainte-Marie de Frenchtown avait sept cents communiants, et celle de Sainte-Anne d'Argyle quatre cents. Avec les secours d'un pieux Irlandais, l'abbé Sigogne bâtissait alors une troisième église au village de Mountégan, à laquelle l'évêque de Québec imposa le nom de Saint-Mandé, patron de ce prêtre respectable.

De la baie de Sainte-Marie, l'évêque de Québec se dirigea, en traversant la baie de Fundy, vers la côte du New-Brunswick. Cette côte ne présente presque dans toute la longueur de la baie qu'une suite de rochers stériles, surtout dans la paroisse de Saint-Martin, qui est à peu de distance de la ville de Saint-John; mais elle devait à cette proximité l'avantage d'être parfaitement cultivée. Le paysage tout autour est varié par de belles collines, séparées par des lacs et des cours d'eau d'un effet extrêmement pittoresque. L'évêque alla débarquer à Saint-John, qui était la ville la plus considérable de la province : située à l'entrée du fleuve qui porte le même nom, elle s'élève majestueusement sur une suite de rochers qui s'avancent dans la rade formée par la rivière. Le port est vaste et sûr, et offre de la mer un aspect imposant ; mais, dès qu'on a passé l'entrée, l'ensemble des montagnes, couvertes de grands bois qui semblent la resserrer par derrière dans un amphithéâtre de verdure et de rochers, produit aux regards du voyageur un spectacle aussi grand qu'agréable. Les Catholiques n'y étaient encore qu'en petit nombre ; mais, grâce aux exhortations du père Dominique (Charles French), Dominicain irlandais, frère de lord French, alors missionnaire chez les Sauvages de Miramichi [1], qui venait les visiter de temps à autre, ils avaient construit une assez jolie chapelle. Le défaut de prêtre qui résidât au milieu d'eux était la cause de la tiédeur des habitants de cette ville ; plusieurs cependant vinrent exprimer à l'évêque de Québec le désir qu'ils éprouvaient d'avoir un missionnaire qui pût les rappeler chaque jour aux devoirs qu'impose la religion. Le prélat leur promit de s'en occuper activement. Il se mit ensuite en route pour Frédéricton, capitale de la province, où il arriva bientôt, en remontant le fleuve Saint-John, dont le cours présente une suite de paysages, qui par leur grandeur et leur variété donnent une haute idée des ressources de la nature dans cette contrée. La ville de Frédéricton est si-

[1] Ce missionnaire zélé était, il y a six ans, retiré dans la petite ville d'Andover, au diocèse de Boston, où il continua, malgré son grand âge, à exercer le saint ministère jusqu'à l'année 1850 qu'il mourut.

tuée dans une plaine, sur la rive droite du fleuve, qui par sa limpidité n'est pas moins extraordinaire en cet endroit que par son extrême largeur; il forme, en se partageant, un coude assez grand, qui enveloppe des deux côtés toute la ville, dont la vue se termine par une chaîne de belles collines au travers desquelles la rivière Nashwak roule avec rapidité ses ondes pour se précipiter dans le Saint-John, qui est navigable jusqu'à Frédéricton pour les plus gros navires.

De cette ville, le prélat remonta encore la rivière jusqu'à la mission des Abénakis, que le père Ciquard avait gouvernée jusqu'en 1803, et où ce zélé missionnaire avait bâti une chapelle dédiée à sainte Anne. Depuis cette époque jusqu'en 1808, cette mission n'avait plus été visitée qu'à de rares intervalles ; mais alors le major-général Hunter, président du New-Brunswick, renouvela à l'évêque de Québec l'offre de payer un traitement de cinquante livres sterling au missionnaire, s'il était possible de lui en envoyer un. Il finissait en lui exposant l'extrême besoin où les Sauvages de cette mission se trouvaient d'avoir un prêtre catholique, et sur cette invitation l'évêque s'était empressé de donner pour les Abénakis un missionnaire, qui vint bientôt après résider à Sainte-Anne. Plessis y administra les sacrements aux Sauvages, en confirma un certain nombre, et redescendit dans leurs canots, solennellement escorté par toute la tribu jusqu'à Frédéricton, d'où il revint à la cité de Saint-John. Il se transporta ensuite à l'entrée de la rivière

Sainte-Croix ou Passamaquoddi, visita les missions autrefois gouvernées par le père Ciquard et celle du Pénobscot, dépendantes alors l'une et l'autre du diocèse de Boston, érigé depuis 1810. Il passa quelque jours dans cette ville, partageant sous son humble toit la loyale et franche hospitalité de M. Cheverus, évêque de Boston, [1] et de cette ville revint, par l'intérieur des Etats-Unis à Montréal et ensuite à Québec, après quatre mois d'absence. C'est dans le journal de son voyage, écrit de sa main, que nous avons puisé les divers détails que nous venons de donner sur ces missions, dont l'histoire autrement serait demeurée à jamais ignorée, ce journal n'ayant point été publié [2].

C'est ce document qui nous a mis au courant des misères spirituelles qui rongeaient la plupart des villages acadiens du golfe Saint-Laurent, de l'île du Prince-Edward, et de la Nouvelle-Ecosse; misères que l'évêque fait connaître lui-même dans quelques lignes pathétiques, et qui peignent d'un trait l'état abrutissant où ces peuples étaient tombés faute de pasteurs. Partout où Plessis avait porté ses pas, il avait entendu les cris et les plaintes de ces malheureux; il avait promis sans doute de les soulager; mais le fit-il? Et d'ailleurs le pouvait-il? Il ne le pouvait point par lui-même; aussi la plupart de ces missions restèrent-elles encore plusieurs années sans prêtres. Car ce que l'évêque de

[1] M. Cheverus, premier évêque de Boston, depuis cardinal archevêque de Bordeaux.

[2] Il est déposé aux archives de l'archevêché de Québec.

Québec aurait dû faire, c'était de partager le fardeau dont seul il ne pouvait porter tout le poids, et de demander au Saint-Siége que d'autres évêques vinssent prendre une part de cette juridiction trop étendue. Mieux que personne il avait été à même de remarquer, ainsi que le faisait naguères un Père de la Compagnie de Jésus[1], précisément au sujet de l'évêché de Québec, « qu'au-delà d'un rayon limité le pouvoir d'un évêque est purement nominal et fictif. »

[1] *Annales de la Propagation de la Foi*, année 1840. Lettre du révérend père Thibaud, S. J.

CHAPITRE XXVI.

DEPUIS L'INCENDIE DE L'ÉGLISE DE SAINT-ROCH DE QUÉBEC, EN 1815, JUSQU'AU RETOUR DE L'ÉVÊQUE PLESSIS, DE SON VOYAGE D'EUROPE, EN 1820.

Incendie de l'église du faubourg Saint-Roch à Québec. Sang-froid de l'évêque Plessis. Nécessité d'une division dans le diocèse de Québec. Érection du vicariat apostolique de la nouvelle-Écosse et du New-Brunswick en faveur d'Edmond Burke, vicaire-général de Québec dans ces contrées (1817). Commencement des missions de la Rivière-Rouge et de la baie d'Hudson, par l'abbé Provencher (1818). Nouvelle division du diocèse de Québec. Alexandre Mac Donell, vicaire apostolique du Haut-Canada. Angus Mac Eachern, vicaire apostolique de l'île du Prince-Edward et du New-Brunswick (1819). L'évêché de Québec érigé en province ecclésiastique, et l'évêque Plessis nommé archevêque à son insu. Il prend la résolution d'aller à Rome. M. Lartigue envoyé pour le séminaire de Saint-Sulpice à Londres. Arrivée de l'évêque Plessis dans cette ville. Faveur qu'il obtient du ministère britannique. Son voyage à Rome. Il refuse de prendre le titre d'archevêque. Son retour à Londres, puis au Canada (1820). Il tient un synode à Québec.

Pendant la durée du voyage de l'évêque de Québec dans les provinces du golfe, un nouveau collége s'était ouvert dans le district de Montréal, dont il devint bientôt la principale ressource : c'était celui de Saint-Hyacinthe d'Yamaska, formé par les soins d'Antoine Girouard, curé de cette paroisse, une des plus belles et des plus considérables du Canada, située sur les bords d'une charmante rivière qui porte le même nom. Nous avons dit ailleurs qu'à Québec le faubourg Saint-Roch avait été séparé de la paroisse de cette ville, et que l'évêque avait jeté les fondements d'une belle église avec un presbytère pour la nouvelle paroisse. Cette entreprise, commencée avec de faibles ressources, était sur le point d'être terminée, lorsque, au mois de décembre 1815, trois mois après le retour du prélat, un violent incendie consuma, en mois de deux heures, l'édifice, où les ouvriers mettaient alors la dernière main. L'évêque était accouru sur le lieu du désastre ; son cœur souffrait, mais son œil restait impassible. — Quel malheur! s'écriait l'un des marguilliers en se tournant vers lui. — C'eût été un bien plus grand malheur si vous aviez commis un péché mortel, répondit-il aussitôt. — Ce trait peint la tournure d'esprit de M. Plessis, et ce qui faisait le fond de son caractère. Sans s'affliger d'ailleurs inutilement de ce désastre, qu'il recevait comme une épreuve du Ciel, il s'empressa dans le même moment de relever le courage des habitants de Saint-Roch. Combinant déjà les moyens de recommencer cette entreprise à nouveaux frais, il mit à contribution ses amis, épuisa ses propres finances : par une espèce de miracle que Dieu accorda à sa persévérance, l'église sortit bientôt de ses ruines, plus belle qu'auparavant, et l'évêque eut la consolation de la consacrer, au milieu des applaudissements de son peuple, étonné des effets de sa constance. Heureux si cette constance et cette énergie eussent embrassé de plus grands desseins !

Celui de la division de son diocèse l'avait, à la vérité, occupé plus d'une fois, depuis la visite qu'il avait faite dans les provinces du golfe; et, quoiqu'il en sentît la nécessité, quoiqu'il connût bien que la constitution même de l'Église est, par son essence, de tendre au fractionnement, lorsque le besoin du troupeau le réclame, il paraissait néanmoins encore hésiter à la proposer directement à Rome. Mais cette division devenait chaque jour plus nécessaire, la juridiction de tant de pays si éloignés les uns des autres centralisée dans les mêmes mains rendant impossible le bien immense qu'il y avait encore à faire, surtout dans les provinces du golfe Saint-Laurent.

Sur ces entrefaites, Plessis eut vent que Rome, fatiguée, disait-on, de ses lenteurs, et sentant depuis trop longtemps déjà les besoins immenses de ces provinces, au sujet desquelles une relation particulière lui était encore venue depuis peu, avait résolu, quoi qu'il dût en arriver, d'y ériger un vicariat-apostolique, et l'on ajoutait qu'Edmond Burke, vicaire-général de l'évêque de Québec, alors en congé lui-même à Rome, était désigné pour être mis à la tête du nouveau vicariat. Plessis, se voyant prévenu, se hâta de résigner sa juridiction sur la Nouvelle-Écosse, l'île du Cap-Breton, et quelques autres îles voisines. Cette résignation fut aussitôt acceptée, et Burke, que divers ouvrages de controverse estimés, la variété de ses talents et la confiance dont les évêques de Québec l'avaient investi en le nommant supérieur-général des missions de la Nouvelle-Ecosse, recommandaient suffisamment au choix du Souverain-Pontife, fut préconisé, le 4 juillet 1817, évêque de Sion, et le 27 du même mois vicaire-apostolique de la Nouvelle-Écosse et des îles circonvoisines. Il partit ensuite d'Europe, apportant lui-même ses bulles, et vint à Québec pour recevoir la consécration épiscopale. Plessis voulut faire lui-même la cérémonie ; il fut assisté dans cette solennité par M. Robert, prêtre français du séminaire, et M. Demers, directeur du même séminaire, duquel Edmond Burke avait été autrefois agrégé (5 juillet 1818). Le nouvel évêque partit ensuite pour aller prendre possession de son vicariat, où il fut reçu avec des démonstrations de joie inimaginables de tout le peuple catholique de la Nouvelle-Ecosse, heureux de posséder un premier pasteur qui habitât avec eux.

Dans le même temps que le Saint-Siége érigeait pour Edmond Burke le vicariat-apostolique de la Nouvelle-Ecosse, l'évêque de Québec travaillait à fonder, du côté opposé, la mission de la Rivière-Rouge. Cette mission, une des plus vastes de l'Amérique, comprenait cette partie du continent septentrional appelée Territoire du Nord-Ouest, c'est-à-dire l'immense étendue de terre qui est occupée par les lacs et arrosée par les rivières dont les eaux se déchargent dans la baie James et la baie d'Hudson. Lord Selkirk avait commencé en 1812 la colonisation de cette contrée, dans l'intérêt du commerce des fourrures, dont le monopole fut accordé, par un acte du parlement anglais, à la compagnie de la baie d'Hudson. En 1818, l'évêque de Québec reçut de lord Selkirk la demande de plusieurs missionnaires pour les colons canadiens et les Sauvages de ces contrées. Plessis, enchanté de cette ouverture, s'empressa d'y accéder. Une souscription fut ouverte dans le diocèse pour le soutien de la nouvelle mission, et la même année deux missionnaires, MM. Provencher et Dumoulin, y furent envoyés, le premier à la Fourche, poste important occupé par les Canadiens sur la rive droite de la Rivière-Rouge, près de l'endroit où cette rivière reçoit les eaux de l'Assiniboine; l'autre, à vingt lieues plus au sud, au poste de Pembina. Les Canadiens, en assez grand nombre, qui habitaient ces deux postes, avaient été autrefois au service d'une autre compagnie réunie depuis à celle de la baie d'Hudson ; mariés à des femmes sauvages, ils s'étaient fixés dans ce pays, où, jusqu'à l'arrivée des deux missionnaires, ils étaient restés totalement privés de secours religieux. Le vice avait poussé de profondes racines parmi eux, et il leur restait à peine une ombre de foi. Les missionnaires furent néanmoins bien reçus, et ils recueillirent promptement des fruits consolants de leurs efforts. Le royaume de Dieu fut annoncé en même temps à plusieurs peuples sauvages de ces contrées, encore que ces barbares ne répondissent que lentement aux grâces qui leur étaient offertes. La conversion des Sauvages a toujours été difficile, à cause de leurs vices et de leur brutalité, et l'on sait que les premiers missionnaires du Canada y travaillèrent de longues années avant d'avoir obtenu d'autres fruits que d'administrer le baptême à quelques enfants moribonds.

Avec de grandes qualités qui lui étaient propres,

Plessis ne partageait que trop néanmoins les défauts de ses compatriotes. Il pliait devant les Anglais trop souvent pour sa dignité et plus souvent même que ne semblait devoir l'exiger la prudence. Sa politique, trop humaine, ne lui permettait pas de compter assez sur le secours de Dieu, et redoutant comme un acte de déloyauté envers le pouvoir de le heurter dans ses représentants ou dans les membres de l'église établie, il s'arrêtait lorsqu'il s'agissait de marcher en avant pour le bien de l'Eglise Catholique. Aussi en arriva-t-il ce à quoi il aurait dû s'attendre, surtout depuis l'érection du vicariat-apostolique de la Nouvelle-Ecosse; c'est que le Saint-Siége, fatigué de ses ménagements et de ses délais dans l'affaire de la division du diocèse de Québec, au sujet de laquelle il avait encore, peu d'années auparavant, intimé ses souhaits à l'évêque, se décida à opérer cette division sans le consulter davantage. Pie VII en fit parler secrètement au prince-régent d'Angleterre, qui n'y trouva pas le moindre obstacle, et nomma aussitôt deux nouveaux vicaires-apostoliques : l'un fut Alexandre M'Donell pour le Haut-Canada, dont il gouvernait les missions depuis déjà quinze ans; l'autre, Angus M'Eachern, pour l'île du Prince-Edward, les îles de la Magdelaine, et le New-Brunswick.

Ces deux missionnaires, dont le mérite était connu à Rome, avaient été proposés déjà pour cette haute dignité à l'évêque de Québec, selon le journal même [1] de

[1] Mémoire sur la division du diocèse de Québec à être présenté à lord Bathurst, secrétaire colonial, du 20 août 1819. — Mémoire pour la division du diocèse à

Plessis, qui les avait depuis longtemps nommés ses grands vicaires. Mais, avec ses ménagements habituels, il ne croyait pas, disait-il, que le temps fût venu de faire cette division, et il paraissait répugner à voir revêtir Mac Donell et Mac Eachern du caractère épiscopal. Les mémoires adressés par M. Plessis à la Propagande et à lord Bathurst, ministre des colonies en Angleterre, font connaître ces divers détails : « Il » croyait, ajoute-t-il d'ailleurs dans le journal de son » voyage en Europe, en avoir assez dit à la cour de » Rome par ses lettres de la fin de 1817, pour l'engager à suspendre cette opération jusqu'à nouvel avis » de sa part. »

Mais Rome agit dès-lors sans avoir désormais égard aux réclamations de l'évêque de Québec; elle savait apparemment mieux que lui à quoi s'en tenir sur les dispositions du cabinet britannique, qu'en Canada on paraissait tellement redouter. Mac Donell, qui était parti pour l'Europe en 1816, avait pu entamer des négociations et faire envisager à la Propagande la situation religieuse du Canada sous un point de vue d'autant plus vrai, que les Irlandais n'ont jamais eu peur d'agir en de pareilles circonstances, sans se mettre trop en peine des objections du gouvernement anglais, lorsque l'avantage de la Religion le demandait. Mais, avant de procéder à l'institution canonique des deux nouveaux évê-

être présenté à la cour de Rome, 17 novembre 1819. — Journal du voyage fait par Mgr J.-O. Plessis, dans les années 1819 — 1820, en Europe, Ire partie. MS. des archives de l'archevêché de Québec.

ques, Rome voulut encore donner à l'Eglise du Canada une preuve de sa sympathie, et à Mgr Plessis de la justice avec laquelle elle savait apprécier son mérite et les efforts qu'il avait faits pour le bien de la Religion : elle lui conféra par conséquent le titre d'archevêque, et érigea l'église de Québec en métropole. La bulle de cette érection fut signée le 12 janvier 1819, et le même jour deux autres bulles conféraient à Alexandre M'Donell le titre d'évêque de Regiopolis [1] *in partibus*, et celui d'évêque de Rose à Angus Mac Eachern.

Après de longues et cruelles hésitations, Plessis se détermina vers le même temps à demander officiellement au Saint-Siége une division qu'il ne savait pas encore avoir été en partie consommée. En faisant part au clergé de son diocèse de cette détermination, et en lui expliquant l'urgence d'une telle mesure, il souleva pour la première fois non-seulement une désapprobation formelle à l'exécution de ce dessein, mais encore une résistance qu'il n'aurait pas dû attendre de la part des prêtres canadiens. Cette résistance, qui ne fut que de courte durée, faisait voir combien peu ils comprenaient les véritables intérêts de l'Eglise dans leur pays. Quoique cette résistance eût vivement affecté l'évêque de Québec, une fois le parti pris de s'occuper sérieusement de la division de son diocèse, il ne pensa plus qu'aux moyens de l'exécuter.

D'accord avec les membres les plus sages et les

[1] Rhésine ou plutôt Kingston : ces noms signifient également la *Ville royale* ou *du Roi*.

moins prévenus de son clergé, il résolut de se rendre lui-même à Londres, et de demander au ministère qu'il ne s'opposât pas au dessein qu'il avait formé de faire agréer de Rome l'établissement de quatre évêques auxiliaires suffragants, dépendants du siége de Québec, dont ils seraient comme les vicaires-généraux : le premier pour la province du Haut-Canada ; le second pour celle du New-Brunswick, les îles du Prince-Edward, du Cap-Breton et de la Magdelaine ; le troisième pour le district de Montréal ; et le dernier pour les missions de la Rivière-Rouge et le territoire du Nord-Ouest. Ce partage devait laisser à l'évêque de Québec les trois districts de Québec, des Trois-Rivières, et de Gaspé, c'est-à-dire une étendue de plus de cinq cent milles de longueur, avec une population de plus de deux cent mille Catholiques[1].

Muni des lettres de recommandation et de l'agrément du duc de Richmond, qui commandait alors en Canada, agrément qu'il avait cru devoir demander avant son départ, l'évêque s'embarqua à Québec le 3 juillet 1819, en recommandant à Dieu son diocèse, dont il laissait l'administration à l'évêque de Saldes, son coadjuteur. Il était accompagné de M. Turgeon, son secrétaire intime, de M. Lartigue, prêtre du séminaire de Montréal, et suivi d'un domestique. Ni son âge avancé, ni ses infirmités, ni les fatigues, ni les dangers d'un tel voyage, ne purent arrêter l'évêque de Québec.

[1] Il y en a aujourd'hui plus du double.

C'était le premier évêque du Canada qui partait pour aller rendre ses hommages au tombeau des Apôtres. Une foule d'ecclésiastiques, la ville tout entière, et une partie des campagnes voisines, accourus pour voir encore une fois leur pasteur, assistèrent à son embarquement, et il mit à la voile, emportant les regrets et les bénédictions de tous.

M. Lartigue, que nous venons de nommer, et que nous avons montré recevant la tonsure des mains de l'évêque Denaut, le jour que ce prélat faisait son entrée à Montréal, vingt-deux ans auparavant, lui avait été dans la suite attaché en qualité de secrétaire, après avoir terminé ses études au séminaire de Saint-Sulpice. L'application du nouveau secrétaire aux affaires du diocèse, son jugement sûr dans les matières ecclésiastiques, son ardeur à acquérir de nouvelles connaissances, sa prudence et sa discrétion, l'avaient mis promptement en état d'aider puissamment au gouvernement de l'Eglise canadienne. Aussi l'évêque Denaut ne voulut-il jamais consentir à se priver de ses services, quel que fût le désir de M. Lartigue d'entrer dans la communauté où il avait puisé les sciences ecclésiastiques, et ce fut en conséquence de l'affection et de l'estime qu'il avait pour lui qu'il le recommanda à M. Plessis comme un sujet digne de l'épiscopat, si par la suite il se trouvait dans le cas de présenter au Saint-Siége un prêtre pour remplir ce poste éminent. A la mort de l'évêque Denaut, Lartigue, n'éprouvant plus d'obstacle pour entrer à Saint-Sulpice, où le portaient depuis longtemps ses inclinations, fut reçu dans ce séminaire, où il fut agrégé en qualité de directeur, le 1er février 1807. Il en fut pendant quinze ans un des membres les plus zélés et les plus actifs dans l'intérêt du salut des âmes. Mais il ne se distingua pas moins par sa loyauté avec les autres membres du haut clergé canadien dans la guerre de 1812. Pendant l'invasion américaine, le gouverneur du Canada, sir George Prevost, s'étant adressé au supérieur du séminaire de Montréal pour avoir un prêtre dont la parole sût maintenir les milices canadiennes, qui voulaient se débander, le choix fut fait par M. Roux, prêtre respectable, qui dirigea longtemps cette maison avec autant d'intelligence que de sagesse; il tomba sur M. Lartigue, qui n'eut pas plus tôt paru parmi ses compatriotes, que l'ordre se rétablit.

Plessis, qui avait hérité de son prédécesseur son estime pour M. Lartigue, l'avait associé plusieurs fois aux travaux de son coadjuteur, dans les visites pastorales que l'évêque de Saldes avait faites dans le district de Montréal. Dès l'année 1819, des agents secrets avaient engagé le gouvernement britannique à faire des tentatives pour ôter au séminaire de Saint-Sulpice les vastes propriétés dont il était le juste possesseur. Lartigue, que sa connaissance des lois et sa qualité de sujet britannique rendaient plus que tout autre capable de faire triompher la justice de cette cause, fut alors député vers le ministère anglais, et ce fut ce qui lui procura l'avantage de faire le trajet de l'Atlantique dans la société de son évêque et de M. Turgeon. Les titres du séminaire de Montréal et la longue possession des biens contestés, dont ils avaient toujours, de l'aveu de tout le monde, fait un si digne et si saint usage, eussent, ce semble, dû suffire pour empêcher cette spoliation. M. Lartigue crut toutefois devoir recourir à la prudence de l'évêque de Québec et à l'influence dont il jouissait auprès du gouvernement. Il en obtint, durant la traversée, un mémoire court et énergique, que le prélat présenta lui-même à lord Bathurst, à son arrivée à Londres; aussi l'envoyé du séminaire de Montréal n'hésitait-il pas à dire que, si les ministres avaient cessé alors de poursuivre cette affaire, il fallait l'attribuer surtout au mémoire et au crédit de l'évêque de Québec [1].

Le prélat n'était encore arrivé que de quelques jours dans la capitale des Trois-Royaumes lorsqu'il y reçut, par un navire parti peu de jours après lui de Québec, une lettre de son coadjuteur qui l'informait de l'arrivée des bulles d'institution des vicaires-apostoliques du Haut-Canada et de l'île du Prince-Edward, avec celle qui érigeait la ville de Québec en métropole. Cette nouvelle ne le surprit pas moins qu'elle ne l'inquiéta : la nomination des deux vicaires-apostoliques ne dérangeait ses plans qu'indirectement; mais son élévation au titre et au rang d'archevêque lui faisait craindre le mécontentement du cabinet anglais, cette dernière me-

[1] Mémoire de l'évêque de Québec à lord Bathurst, ministre colonial. Aux archives de l'archevêché de Québec. — *Mélanges religieux*, etc., de Montréal.

sure ayant été prise absolument sans sa participation. Si Plessis avait osé agir avec la fermeté que déployèrent, quelques années plus tard, l'archevêque de Sidney et les autres évêques de l'Australie, ainsi que le cardinal archevêque de Westminster, dans des circonstances à peu près analogues, il aurait porté courageusement le titre glorieux que lui décernait le Saint-Siége, sans se mettre trop en peine de la mauvaise humeur momentanée que lui montra lord Bathurst, lorsque le prélat alla lui faire sa visite et lui apprit cette nouvelle. Le ministre se plaignit effectivement de ce procédé à l'évêque de Québec et au Dr Poynter, vicaire-apostolique du district de Londres. Mais, rassuré bientôt par la complaisance de Plessis, qui protesta ne jamais vouloir prendre le titre que Rome venait de lui donner, lord Bathurst se hâta de faire un visage gracieux à l'évêque, et l'invita même à venir passer quelques jours à son château. Le prélat y fut traité avec une distinction marquée, et, de retour à Londres, quelques jours après, il reçut une lettre du ministre annonçant que le prince-régent ne trouvait aucun obstacle à ce qu'il fît encore deux autres divisions dans son diocèse; il lui accordait en même temps l'incorporation du collége de Nicolet, avec des lettres d'amortissement pour cette maison, et la faculté d'acquérir des fonds pour un revenu annuel de cinq mille livres sterling.

L'archevêque de Québec, car c'est le titre que désormais nous donnerons à M. Plessis avec Rome, qui le lui continua dans sa correspondance, quoiqu'il refusât de le prendre; l'archevêque de Québec, dis-je, prit congé du ministre par une lettre où il le remerciait de ses bons offices, et s'embarqua pour la France avec son secrétaire. Ce voyage, non plus que celui d'Italie, où il se rendit ensuite, n'ayant aucun rapport direct, dans ses détails, avec le sujet que nous traitons, nous nous bornerons à dire que le prélat, après avoir porté ses hommages au tombeau des Apôtres et au successeur de saint Pierre, passa l'hiver à Rome, où il obtint tout ce qu'il demanda pour son diocèse, et retourna à Londres, au printemps de l'année 1820. Il y retrouva Lartigue, qui venait de terminer heureusement les affaires du séminaire de Saint-Sulpice. C'est alors qu'il remit à cet ecclésiastique le bref apostolique qui le nommait évêque de Telmesse, avec celui qui le préposait au gouvernement spirituel du district de Montréal, en qualité de suffragant auxiliaire de Québec.

Muni de tous ses pouvoirs et autorisé à user de ceux de métropolitain de Québec, quoiqu'il n'en prît pas le titre, Plessis remit à la voile avec ses compagnons de voyage, et débarqua aux Etats-Unis, d'où il arriva en Canada, le 20 juillet 1820. En entrant au séminaire de Montréal, il présenta le nouvel élu pour l'épiscopat aux directeurs de cette maison, comme une nouvelle preuve de l'estime et de la confiance qu'il avait toujours eues pour eux. M. Roux, supérieur de Saint-Sulpice, instruit par l'archevêque de Québec de ses dispositions à l'égard de M. Lartigue avant leur départ pour l'Europe, les avait alors pleinement approuvées ; et, lorsque celui-ci leur revint présenté en qualité de suffragant auxiliaire pour Montréal, M. Roux répondit au nom de tous ses confrères qu'il était heureux et flatté tout à la fois que la maison dont il était le chef eût été jugée digne de donner à Montréal son premier évêque.

La nouvelle de l'arrivée de l'archevêque Plessis à Montréal, de retour de son voyage après plus d'un an d'absence, mit en mouvement toute la ville de Québec. Les membres les plus distingués du clergé et les citoyens les plus recommandables de la ville se rendirent avec empressement à sa rencontre, jusqu'aux Trois-Rivières. Lorsqu'il arriva à Québec, il trouva les bords du fleuve couverts d'une population immense, impatiente de revoir son premier pasteur. Il débarqua au son des cloches de toutes les églises, et fut reçu au milieu des cris d'allégresse et des acclamations de la multitude. Il était nuit ; mais la première action de l'archevêque fut de se rendre à sa cathédrale, qui fut remplie en quelques instants. La foule entonna le *Te Deum* avec lui, et rendit grâces à Dieu de lui avoir conservé son pasteur, dont elle reçut avec joie la bénédiction (16 août 1820).

Quelque temps après son retour, l'archevêque de Québec réunit en synode dans sa cathédrale son clergé, auquel il fit part des changements que le Souverain-Pontife avait jugé à propos de lui accorder pour la prospérité toujours croissante du diocèse, ainsi que des circonstances de son voyage qui pouvaient intéresser l'avenir de l'église canadienne. Dans la pénurie de prêtres où se trouvait le Canada, il avait, ajoutait-il, fait auprès du cabinet britannique plusieurs démarches, mais toujours infructueuses, pour obtenir l'autorisation d'amener avec lui un certain nombre de prêtres français, afin d'augmenter celui des ouvriers employés à la vigne du Seigneur, convenant ainsi, malgré lui, de l'hostilité qu'il avait rencontrée auprès de ce gouvernement auquel il avait rendu tant de services [1]. Entre autres brefs du Pape, dont il fit connaître ensuite le contenu à l'assemblée, il produisit celui qui détachait du diocèse de Québec l'île d'Anticosti et la côte du Labrador, dont il gémissait de devoir se séparer, mais que, dans l'impuissance où il se trouvait de secourir les peuples de ces contrées en leur envoyant des missionnaires, il avait supplié le Saint-Siége de réunir au vicariat-apostolique de Terre-Neuve. A la suite de ce synode, l'archevêque de Québec adressa un mandement à tout le clergé et aux peuples du Canada et des provinces qui en étaient détachées, pour leur apprendre les nouvelles circonscriptions que le Saint-Siége avait jugé devoir faire dans sa sagesse, dans l'intérêt spirituel des troupeaux et des pasteurs.

[1] Documents relatifs à l'assemblée du clergé à Québec, après le retour de Mgr Plessis, aux archives de l'archevêché.

CHAPITRE XXVII.

DEPUIS LA CONSÉCRATION DU VICAIRE-APOSTOLIQUE DU HAUT-CANADA, EN 1820, JUSQU'A LA MORT DE L'ARCHEVÊQUE PLESSIS, EN 1825.

Consécration d'Alexandre Mac Donell. Il fixe sa résidence à Kingston. Missions du Haut-Canada à cette époque. Mac Donell nommé premier évêque de Kingston. État de ce nouveau diocèse en 1826. Le vicariat-apostolique du golfe Saint-Laurent est érigé en diocèse en faveur de Bernard-Angus Mac Eachern, nommé premier évêque de Charlottetown, dans l'île du Prince-Edward. État des missions de ce vicariat. M. Lartigue est nommé évêque de Telmesse et préposé au gouvernement du district ecclésiastique de Montréal. Dissensions entre ce prélat et le séminaire de Saint-Sulpice. Consécration de l'évêque de Telmesse (1821). Il est exclus du séminaire. Fondation de la cathédrale de Montréal. Continuation des divisions entre l'évêque de Telmesse et le clergé de Montréal. Érection du vicariat-apostolique de la Rivière-Rouge en faveur de l'abbé Provencher, nommé évêque (1822). Mort de Joseph-Octave Plessis, évêque-archevêque de Québec (1825). Ses funérailles.

L'année même du retour de l'archevêque Plessis, 1820, Alexandre Mac Donell arriva à Québec, au mois de décembre, pour recevoir la consécration épiscopale, comme évêque de Rhésine (Regiopolis) et vicaire-apostolique du Haut-Canada. La cérémonie eut lieu dans l'église du couvent des Ursulines, et l'archevêque Plessis lui imposa les mains, assisté, dans cette circonstance solennelle, de M. Demers, supérieur du séminaire, et de M. Signay, curé de Québec. Le nouvel évêque reprit ensuite le chemin du Haut-Canada, et alla fixer à Kingston sa résidence épiscopale. L'église de cette ville avait été érigée en paroisse depuis 1816, et elle était seule encore, si l'on en excepte l'église bâtie par la secte anglicane.

A l'exception de celle de Kingston, il n'y avait d'autres églises catholiques dans le Haut-Canada qu'à Charlottenburgh, autrement Saint-Raphael de Glengary, et à Toronto. Le reste du pays n'avait que des chapelles en bois assez misérables, couvertes d'écorces, au nombre de douze ou quinze, restes de celles que les Jésuites avaient bâties autrefois dans les missions possédées par eux dans ces vastes contrées, et dont la plus nombreuse comptait à peine trois cents âmes à l'arrivée du vicaire-apostolique à Kingston. La population catholique répandue sur la surface entière du Haut-Canada pouvait monter à trente mille âmes ; la moitié était composée de Sauvages convertis ; les autres étaient des Canadiens, et surtout des Irlandais ou Écossais émigrés, tous dispersés en petits groupes dans l'étendue du pays. Pour gouverner ce troupeau, il n'y avait, avec l'évêque nouvellement consacré, que deux prêtres ; l'un résidait à Charlottenburgh, le second à Toronto, d'où ils se répandaient dans les campagnes et les forêts, portant les secours de la religion de Jésus-Christ, et administrant les sacrements tour à tour dans chaque mission.

Il y avait là sans doute de quoi exercer le zèle du nouvel évêque ; aussi ne manqua-t-il pas à sa mission. Le nombre des Catholiques croissant avec la population, l'Église y prit en peu de temps de si rapides développements, qu'on ne tarda pas à s'apercevoir qu'un simple vicariat-apostolique était insuffisant, et qu'il fallait nécessairement changer cette situation en lui donnant un siége stable, avec son titre connu de tous et fixé sur les lieux. En conséquence, la ville de Kingston fut érigée en évêché titulaire par le pape Léon XII, le 18 janvier 1826, en faveur de M. Mac Donell, à qui M. Weld, depuis cardinal de la sainte Église Romaine, fut donné pour coadjuteur, sous le titre d'évêque d'Amycles. Mais ce prélat n'eut jamais l'intention de visiter le Canada, encore moins d'y exercer les fonctions pénibles d'évêque missionnaire, quoique sa grande fortune eût pu y être d'une grande utilité pour bâtir des églises qui manquaient partout. Si l'évêque de Kingston n'eut jamais le plaisir de voir son coadjuteur venir l'aider de son zèle et de sa fortune, il eut au moins la consolation de voir augmenter chaque jour le nombre des membres inférieurs de son clergé, que la Providence semblait faire croître dans la mesure des besoins de son diocèse. Environ quinze prêtres étaient alors répandus dans les diverses missions du Haut-Canada, et tenaient tête à l'église anglicane, qui, par les richesses dont elle disposait, cherchait à séduire les simples et à les attirer à elle, ainsi que les Sauvages. Mais ceux-ci se laissaient rarement prendre à ses séductions, et trois chefs hurons venaient encore d'arriver à Kingston pour demander une *Robe Noire* au *Grand Père des Priants* [1], c'est ainsi qu'ils désignaient

[1] Actes tirés des archives de l'archevêché de Québec.

l'évêque. Ils attendaient, disaient-ils, un missionnaire pour fortifier la foi dans le cœur de cinq cents Sauvages catholiques résidant à Pénétangushine, sur la baie George ou ancien lac Iroquois [1].

Quelques mois après la consécration de l'évêque Mac Donell, Bernard-Angus Mac Eachern, nommé vicaire-apostolique de la province du New-Brunswick, des îles du Prince-Edward, du Cap-Breton et de la Magdelaine, arriva à Québec pour se faire sacrer évêque de Rose. Cette fois, deux autres évêques, celui de Saldes, coadjuteur de Québec, et celui de Rhésine, vicaire-apostolique du Haut-Canada, assistèrent le prélat consécrateur, et la cérémonie se fit avec une grande pompe, des mains de l'archevêque Plessis, dans l'église du faubourg Saint-Roch, le 17 juin 1821. L'île du Prince-Edward, ainsi nommée du duc de Kent, était avec le New-Brunswick la partie la plus peuplée du district assigné au nouveau suffragant de Québec. Nous avons déjà fait connaître suffisamment l'île du Cap-Breton, dont la presque totalité de la population était catholique ; Arishat était toujours le centre de ses missions, ayant une belle église et un presbytère commode, où résidait alors M. Rémi Gaulin, qui avait succédé, dans ce poste important, mais pénible, à l'abbé Lejamtel, dont nous avons si souvent parlé. Ce digne prêtre, que son âge rendait tous les jours plus incapable de supporter de telles fatigues, avait été placé

[1] La baie George fait partie du grand lac Huron.

dans une situation plus confortable et plus avantageuse à sa santé. Sidney, Louisbourg, qui commençait à n'être plus si solitaire, Mène-à-Dieu, avaient des chapelles; le Cap-Saint-Laurent et Chétican, où résidait un missionnaire pour la partie du nord-ouest du Cap-Breton, en avaient également; et un prêtre écossais allait visiter de temps en temps les nombreuses familles de la langue anglaise et gaëlique qui habitaient l'intérieur de l'île.

Les îles de la Magdelaine, dans le golfe Saint Laurent, étaient, comme encore aujourd'hui, habitées par environ deux cents familles acadiennes exclusivement catholiques et occupées de la pêche. Un missionnaire, M. Madran, desservait alors la mission de cet archipel, où il avait un assez beau presbytère, construit en bois, et une jolie église, au lieu appelé le Havre-au-Ber. Dans le New-Brunswick, quatre ou cinq missionnaires desservaient les chapelles de la cité de Saint-John, de Frédéricton, de Saint-André, de Richebuctou, de Miramichi, de Nipisiquit, et de Madawaska. La population totale de cette province s'élevait, en 1824, à près de soixante-treize mille âmes, dont le tiers, Acadiens, Irlandais, Ecossais, Canadiens, et Sauvages, était catholique.

L'île du Prince-Edward est remarquable par la fertilité de son terroir, la douceur de son climat, bien moins austère que celui des autres provinces britanniques de l'Amérique du Nord, et par l'agrément et la commodité de sa situation. La pieuse régularité avec laquelle la population catholique, composée principalement d'Acadiens, d'Ecossais et de Sauvages micmacks, au nombre de dix-huit mille environ, sur un ensemble de trente-six mille âmes, observait ses devoirs religieux, devait certainement faire considérer cette île comme la portion la plus agréable du district épiscopal de l'évêque de Rose. Entre les diverses missions existantes dans cette île, en l'année 1824 et suivantes, les plus considérables étaient celle de Saint-André, à l'ouest de l'île, où il y avait une belle église, et celle de Charlottetown, au sud [1]. Cette ville, capitale de toute l'île, est avantageusement située au confluent de la rivière Hillsborough, et de deux autres rivières moins considérables, dont les eaux forment ensemble un port superbe et une des rades les plus sûres du golfe Saint-Laurent. Dans la partie supérieure de Charlottetown, on domine le fleuve et la mer, et l'on distingue dans le lointain les belles montagnes de la Nouvelle-Ecosse. Eu égard à l'exiguïté de sa population naissante, Charlottetown avait déjà une congrégation catholique comparativement nombreuse, et une église spacieuse. Georgetown et Fortune, également au sud de l'île, possédaient des chapelles. Au nord, on remarquait Sainte-Anne de Lennox, dans une petite île de la baie de Richmond, Saint-Bonaventure de Tracadie, Malpec, et Rustico ou Kastico, dans des situations charmantes.

[1] Bouchette, *The British Dominions of North America*, etc.

Le nombre des missionnaires de l'île du Prince-Edward était loin de répondre à celui des congrégations et aux besoins du pays : lorsque Angus Mac Eachern y revint avec la qualité de vicaire-apostolique, il n'y avait encore que deux prêtres ; l'un pour les paroisses du nord, et l'autre pour celles du midi. Mais il fondait son espoir pour l'augmentation de son clergé sur les jeunes gens qu'il avait envoyés au collége de la Propagande à Rome, et sur ceux qui étudiaient au séminaire de Québec [1].

Cependant de graves difficultés s'étaient élevées à Montréal au sujet de l'établissement dans cette ville de l'évêque suffragant, auxiliaire de Québec, et c'était ce qui avait retardé jusque-là la consécration de Lartigue. Celui-ci avait continué à demeurer au séminaire de Saint-Sulpice, dont il se plaisait encore à se regarder comme un des membres, malgré son élévation prochaine à l'épiscopat. Il espérait que cette dignité ne nuirait point à sa qualité de confrère, et qu'il pourrait continuer après son sacre à résider comme auparavant au milieu des prêtres de cette communauté, à laquelle il avait si longtemps été attaché. Son illusion dura jusqu'au jour où il voulut s'aboucher avec les directeurs et le supérieur de Saint-Sulpice pour s'entendre sur les conditions de sa résidence. Mais, aussitôt que ceux-ci eurent commencé à pénétrer sa pensée, ils lui firent observer, avec la politesse et

[1] Actes des archives de l'archevêché de Québec.

l'urbanité qui ont toujours distingué les prêtres de cette maison, que la résidence parmi eux d'un prélat, supérieur par sa dignité au supérieur lui-même, était non seulement incompatible avec les règles de la communauté, où il se trouverait à la fois deux maîtres, dont l'un aurait plus d'autorité par le fait que l'autre n'en aurait de droit, mais encore qu'elle était de nature à menacer l'existence même de la communauté dans l'avenir.

C'était là une conséquence trop visible de cette situation, si elle avait dû exister, et chacun comprenait fort bien que le séminaire de Saint-Sulpice aurait été promptement changé en une collégiale, dont les chanoines auraient été les membres de la communauté, ou en une espèce d'abbaye en commende, dont l'évêque aurait été l'abbé commendataire. Afin de tempérer cependant ce que leurs observations pouvaient avoir de pénible pour M. Lartigue, les Sulpiciens ajoutèrent que, de leur côté, ils avaient pensé à la situation précaire où se trouverait le prélat après sa consécration, et qu'ils seraient heureux de pouvoir lui offrir, non loin du séminaire, une maison convenable à la résidence épiscopale. M. Lartigue, vivement affecté de cette réponse, ne fut pas maître de modérer toute sa fougue, et il fit entendre, avec plus de rudesse qu'il ne convenait peut-être en pareille circonstance, qu'étant depuis dix-huit ou vingt ans membre de la communauté, personne ne pouvait lui enlever maintenant le droit d'y demeurer.

La discussion malheureusement n'en demeura pas là, et de part et d'autre on s'échauffa à plusieurs reprises sans pouvoir s'entendre, Lartigue se sentant chaque jour blessé plus vivement de la tenacité des directeurs de Saint-Sulpice, et ceux-ci éprouvant un mécontentement toujours croissant en voyant l'opiniâtreté du futur prélat et la manière dont il rejetait leurs offres. La question s'envenima bien plus encore lorsqu'elle fut devenue publique, les membres de la fabrique de l'église paroissiale de Notre-Dame, attachée au séminaire, ayant déclaré vers le même temps qu'ils s'opposeraient de toutes leurs forces à ce que cette paroisse fût érigée en cathédrale pour Lartigue.

L'archevêque de Québec, que toutes ces discussions avaient vivement affligé, voyant que les parties ne pouvaient parvenir à s'entendre, espéra les calmer en venant donner la consécration épiscopale à M. Lartigue. Il en fit annoncer la nouvelle au séminaire, qui s'empressa de mettre l'église paroissiale à sa disposition et de l'orner pour ce jour-là avec une pompe digne de la solennité qui devait s'y accomplir. La fabrique elle-même rivalisa de zèle avec les amis les plus sincères de Lartigue, entendant bien d'ailleurs ne faire qu'un acte de pure déférence pour l'autorité de l'archevêque de Québec, sans infirmer en rien les droits de la paroisse et les priviléges que Saint-Sulpice tenait anciennement du Saint-Siége. Plessis étant arrivé à Montréal, la cérémonie se fit avec un éclat inaccoutumé, le 21 janvier 1821, au milieu d'un concours considérable de fidèles, qui s'applaudissaient de posséder au milieu d'eux le pasteur que la Providence destinait à gouverner cette portion de l'Eglise. L'élévation formelle de l'évêque de Telmesse ne changea rien cependant aux dispositions qui avaient été prises à son égard par le supérieur et les directeurs du séminaire, qui lui renouvelèrent les propositions qu'ils lui avaient faites avant son sacre. Le prélat toutefois resta sourd à leurs insinuations, et continua à agir comme s'il avait toujours fait partie de la communauté. A l'église seulement il se distinguait des autres en conservant le trône qu'on lui avait dressé à la tête du chœur le jour de sa consécration. Tout semblait donc annoncer de sa part la ferme résolution de n'écouter aucune des réclamations de ses anciens confrères, et de s'en tenir au dessein qu'il avait conçu de continuer sa résidence à Saint-Sulpice.

Voyant alors qu'aucune espèce de remontrance ne pouvait venir à bout de persuader l'évêque de Telmesse, les Sulpiciens se turent par respect pour sa dignité et sa personne, pour laquelle ils avaient d'ailleurs une profonde estime, et contre laquelle ils se seraient bien gardés de commettre la moindre violence. Mais, à la première absence prolongée que fit l'évêque Lartigue pour la visite pastorale du district dont il avait la charge, le supérieur du séminaire, d'accord avec les autres membres de la maison, fit prendre les effets de l'évêque de Telmesse et les fit transporter dans un appartement que l'on prépara à la hâte chez les religieuses de l'Hôtel-Dieu de Montréal. Dans le même temps, on enlevait le trône qu'on lui avait érigé dans le chœur de l'église, d'où l'on fit disparaître tout ce qui pouvait tendre à faire attribuer à l'évêque sur l'église et la communauté d'autres droits que les droits accoutumés de l'ordinaire.

Toutes ces choses s'étaient faites en silence; mais cela n'empêcha pas qu'on en fît un grand bruit, et que les adversaires de Saint-Sulpice ne criassent au scandale, surtout lorsque l'évêque de Telmesse, au retour de sa visite pastorale, averti de ce qui s'était passé, se vit obligé de se retirer à l'Hôtel-Dieu. Les Sulpiciens n'avaient agi de la sorte, et toute autre communauté eût agi de même en pareille circonstance, que pour conserver l'indépendance de leur règle, et l'existence de leur société, qui n'aurait pas tardé, dans le cas contraire, à se fondre avec l'évêché. La justice et les lois canoniques étaient pour eux; et, si Lartigue n'avait persisté si obstinément dans sa première idée, au lieu d'un asile à l'Hôtel-Dieu, il aurait composé avec les Sulpiciens, qui, outre la maison qu'ils voulaient lui donner pour résidence, auraient certainement eu la générosité de lui fournir un terrain dans une autre partie de la ville, et les moyens de s'y bâtir une cathédrale. Irrités à leur tour des procédés du nouveau prélat, ils l'abandonnèrent à ses propres ressources. Mais les citoyens de Montréal, prenant en pitié la détresse de celui qu'après tout ils vénéraient comme leur premier pasteur, vinrent généreusement à son aide, et lui offrirent les fonds nécessaires pour se construire une église et une résidence épiscopale. En attendant l'achèvement de ces deux édifices, Lartigue demeura constamment à l'Hôtel-Dieu, avec son secrétaire, M. Ignace Bourget, le confident intime de ses pensées, l'infatigable et pieux coopérateur de ses travaux, et son successeur dans l'épiscopat. Commencée en 1821, la nouvelle cathédrale ne fut terminée qu'en 1825, et dédiée sous l'invocation de saint Jacques.

S'il était pénible pour l'évêque de Telmesse et pour le séminaire de Saint-Sulpice de se trouver ainsi en opposition l'un avec l'autre, il n'était pas moins douloureux pour les fidèles de voir le peu d'accord qui régnait entre leur premier pasteur et cette communauté puissante, composée d'hommes pieux et instruits, qu'ils étaient acccoutumés à respecter de père en fils, comme le soutien des missions, l'appui du clergé, la ressource des pauvres et des affligés, et la mère nourricière de toutes les bonnes œuvres du pays. Ce ne furent malheureusement pas là les seules contradictions qu'éprouva l'évêque de Telmesse. L'archevêque de Québec avait adressé, un mois après sa consécration, au clergé et aux fidèles du district de Montréal, un mandement par lequel il leur était ordonné de recourir désormais à M. Lartigue pour tous les cas où ils étaient obligés auparavant de recourir à l'évêque diocésain, et de lui rendre en temps et lieu tous les honneurs qu'on rendait d'ordinaire à lui-même.

Cette mesure fut loin de rencontrer l'approbation générale : plusieurs curés refusèrent de reconnaître l'autorité d'un évêque dont le titre de suffragant auxiliaire laissait le champ ouvert à toutes les oppositions, à toutes les désobéissances. Une polémique virulente s'établit entre les partisans de l'évêque et ses nouveaux adversaires ; on éleva mille questions, mille difficultés, que l'on chercha à appuyer sur les canons de l'Eglise et les décrets des Papes, et pendant longtemps les journaux et les brochures ne s'occupèrent que de la validité plus ou moins certaine de l'autorité de l'évêque de Telmesse, au grand scandale des âmes pieuses et à la risée des protestants de toute secte dans le Canada. Un nouveau mandement de l'archevêque de Québec, du 22 décembre 1822, calma tant soit peu l'agitation, qui toutefois se fit sentir encore jusqu'en 1836, époque de l'érection du district de Montréal en évêché titulaire. Tant il est vrai que l'établissement temporaire et exceptionnel des vicaires-apostoliques et des évêques non titulaires, dans les contrées lointaines, ne peut avoir souvent que des conséquences funestes pour les peuples et les pasteurs, et qu'on ne peut trop insister sur la nécessité de baser l'épiscopat sur des fondements capables de résister aux attaques de tous les ennemis de l'Eglise, et de le revêtir également aux yeux de tous de la grande autorité morale qui lui convient!

Le contre-coup de toutes les contradictions éprouvées par l'évêque de Telmesse retombait lourdement sur l'archevêque de Québec ; son cœur en était vivement affecté, et le chagrin qu'il en éprouvait, réuni aux infirmités qu'il avait contractées, et qui s'étaient accrues encore durant son voyage en Europe, réagissait sur sa santé d'une manière inquiétante.

Depuis son retour, il avait continué sa vie accoutumée ; après avoir consacré, en 1821, l'évêque Mac Eachern, il avait parcouru les missions du district de Gaspé, et l'année d'ensuite avait donné la consécration épiscopale à M. Provencher, missionnaire de la Rivière-Rouge, préposé par le Saint-Siége au district épiscopal de cette partie des possessions britanniques, avec le titre d'évêque de Juliopolis (12 mai 1822). D'autres missions commençaient à prendre naissance au nord du district de Montréal, sur l'Ottawa, au nord du district des Trois-Rivières, sur la rivière Saint-Maurice, ainsi que dans les établissements appelés les Postes-du-Roi, depuis Tadoussac, naguère berceau du Christianisme en Canada, jusqu'au fond de la grande rivière du Saguenay, où il y avait eu une suite de missionnaires depuis l'année 1801. De nouvelles paroisses s'élevaient, dans lesquelles on construisait des églises ; et l'on doit à Plessis deux fondations qu'il légua à la fabrique de Québec pour le maintien de diverses écoles, dont trois au faubourg Saint-Roch, et deux dans celui de Saint-Jean.

Des chagrins secrets, suites de l'opposition qui s'était manifestée depuis la consécration de l'évêque de Telmesse, et où son autorité, toujours si respectée auparavant, avait été plus d'une fois méconnue, abrégèrent ses jours. Retiré à l'hôpital-général dans un état d'affaissement et de prostration, il y expira doucement dans le Seigneur, après avoir reçu avec la foi la plus vive les derniers sacrements, le 4 décembre 1825, à l'âge de soixante-deux ans. Cette mort inattendue plongea dans un deuil général les villes et les campagnes, et l'on peut dire à son éloge qu'il fut sincèrement et universellement regretté.

Malgré lui quelquefois, mais néanmoins toujours avec son concours, de grandes choses s'étaient opérées durant son épiscopat, à l'avantage de l'Eglise en Canada. Quatre districts épiscopaux avaient été fondés, qui allaient bientôt devenir des diocèses, sans compter le vicariat-apostolique de la Rivière-Rouge. C'est à lui qu'on attribuait, qu'on attribue encore toutes ces grandes fondations, dont il ne fut toutefois que l'agent, sous l'impulsion de Rome, à qui seule en cette occasion, il faut en convenir le Canada doit ce bienfait. S'il y participa, ce fut en qualité de chef de cette église : on doit dire aussi qu'il se trouva autour de lui des hommes auxquels il dut une partie de sa renommée, des hommes qui le poussèrent et le secondèrent à la fois, mais qu'il eut le mérite, et ceci fait encore son éloge, de savoir discerner et employer selon leurs talents, malgré les jalousies dont ils étaient environnés en leur qualité d'étrangers. Tels furent en première ligne Edmund Burke, de la Nouvelle-Ecosse, M. Mac Donell, de Kingston, l'abbé Lejamtel, les deux frères Desjardins, MM. Robert, Maguire, etc. Si Plessis avait eu plus d'énergie vis-à-vis du gouvernement britannique, et s'il ne s'était pas laissé si souvent dominer par des craintes serviles, il eût été un grand homme. Il en laissa toutefois la réputation dans son pays, et on ne peut se refuser à lui accorder de fort grandes qualités.

Ses funérailles se firent avec une pompe extraordinaire : le gouverneur-général comte de Dalhousie y assista avec tout son état-major, les officiers civils et militaires ; et les honneurs militaires furent rendus à l'évêque défunt comme à un général anglais. Il fut enseveli auprès de ses prédécesseurs, dans le chœur de la cathédrale, et son cœur fut donné à l'église du faubourg Saint-Roch, où il fut placé dans un monument funéraire érigé par les paroissiens. Nous ajouterons pour terminer son éloge qu'il mourut pauvre : il ne laissa que des dettes contractées par des motifs de bienfaisance que son successeur acquitta.

CHAPITRE XXVIII.

DEPUIS LA PRISE DE POSSESSION DU SIÉGE DE QUÉBEC PAR L'ARCHEVÊQUE PANET, FN 1825, JUSQU'A SA MORT, EN 1833.

Bernard-Claude Panet, douzième évêque-archevêque de Québec. Élection de Mgr Joseph Signay comme coadjuteur de ce siége. Caractère de Mgr Signay. Droits féodaux de la seigneurie de Montréal. Description de l'ile et de la ville de Montréal. Plaintes des protestants contre les Sulpiciens. Arrangement de la congrégation de Saint-Sulpice avec le gouvernement anglais. Nouvelle église de Notre-Dame de Montréal (1829). Accroissement de la population irlandaise en Canada. Condition de cette population vis-à-vis des Canadiens. Aversion des fabriciens de Québec pour les Irlandais. Ceux-ci demandent l'autorisation de se bâtir une église, qui leur est longtemps refusée. Courageuse persistance de M. Mac Mahon, qui obtient enfin l'objet de ses demandes. Fondation et bénédiction de l'église Saint-Patrick à Québec (1833). Le choléra-morbus à Québec, en 1831 et 1833. Mort de M. Panet, douzième évêque de Québec. Mgr Signay, treizième évêque-archevêque de Québec. Mgr Flavien-Pierre Turgeon, évêque de Sydime, coadjuteur de Québec.

A peine l'archevêque Plessis eut-il rendu le dernier soupir qu'un courrier portant la nouvelle de sa mort fut expédié à l'évêque de Saldes, son coadjuteur, qui continuait à résider à la Rivière-Ouelle, hors le temps de ses visites pastorales. Regardé comme le père de ses paroissiens, il en était en même temps le conseiller, le juge et le médecin, et tous avaient pour sa personne autant de vénération qu'ils avaient de déférence pour ses avis. La nouvelle de la mort soudaine de M. Plessis, auquel il était tendrement attaché, lui causa la plus vive affliction. Il se rendit aussitôt à Québec et fit avec une douleur profonde l'office des funérailles. Quelques jours après, il prit possession du siége de Québec, où il fut solennellement installé (12 décembre 1825). Son grand âge, car il avait au-delà de soixante-douze ans, l'avertissait de songer promptement à se donner un coadjuteur. Le clergé se réunit, et trois noms furent présentés au gouverneur, selon la coutume adoptée auparavant : celui de M. Demers, directeur du séminaire, qui commença par refuser l'épiscopat, lorsqu'on voulut lui en parler, quoiqu'il fût peut-être le plus capable de se charger alors de ce fardeau ; M. Turgeon, secrétaire intime et exécuteur testamentaire de l'archevêque Plessis ; et M. Signay, curé de Québec.

Malgré l'humble soumission et l'esprit de ménagement du prélat défunt vis-à-vis du pouvoir, on lui avait encore trouvé trop d'indépendance, et, dans certaines occasions, trop de hardiesse avec le gouvernement britannique. Dans les circonstances où ce cabinet se trouvait avec les Catholiques d'Angleterre et d'Irlande, qui commençaient partout à secouer le joug de l'église établie, et à réclamer hautement leurs droits, il fallait trouver le moyen d'imposer au Canada un évêque qui n'eût pas, lorsque l'occasion s'en présenterait, toute la force d'âme nécessaire pour réclamer les siens et ceux de son peuple, en mêlant sa voix à celle des partisans d'une sage liberté, qui commençaient même à s'agiter jusques dans le sein du parlement canadien. En présence du refus de M. Demers, le gouverneur-général n'eut donc autre chose à faire qu'à écarter M. Turgeon, que l'on pouvait redouter comme ayant encore trop de caractère; et, le lendemain de l'installation de M. Panet comme archevêque de Québec, celui-ci présenta M. Joseph Signay pour son futur coadjuteur.

Joseph Signay était né à Québec. Après avoir terminé ses études au séminaire de cette ville, il avait été envoyé en mission sur les bords du lac Champlain, parmi les Canadiens qui en habitaient les rivages. C'était un prêtre pieux, zélé, au fond, pour le bien de la religion, mais à courte vue, à idées retrécies, minutieuses; excellent d'ailleurs dans les détails de fabrique et de sacristie, mais incapable d'embrasser l'ensemble ou d'entrer dans les détails d'une administration régulière, d'un diocèse aussi vaste que celui de Québec. Avec un cœur bon et charitable, une âme généreuse et sensible, un esprit facile à calmer et à pardonner après un moment d'irritation, il était tracassier au dernier point, ainsi que l'ont éprouvé tant de fois ceux qui l'entouraient. Tel était l'homme qui allait se trouver bientôt à la tête d'un immense diocèse, l'homme que nous avons connu et pu juger de près, avec ses qualités et ses défauts, surtout avec cette bonté facile qui ne dégénéra que trop souvent en une timidité sans bornes vis-à-vis du pouvoir, ou en une faiblesse excessive vis-à-vis des ennemis de l'Église. Le silence, à ses yeux, fut toujours la meilleure réponse aux écrits publiés contre la religion; aussi vit-on que le clergé dans le diocèse de Québec, depuis la mort de l'archevêque Plessis, se laissa vivre sans oser faire le moindre mouvement qui pût le réveiller de cet engourdissement mortel. Ce tableau est triste et sévère : nous sommes fâché de l'avouer; mais nul ne nous dira qu'il soit faux ou exagéré. Nommé évêque de Fussala, par une bulle du pape Léon XII, datée du mois de décembre 1826, M. Signay fut consacré sous ce titre, le 20 mai 1827.

Après un épiscopat aussi rempli que celui de Plessis, celui de l'archevêque-évêque Panet n'offre rien de bien remarquable que les poursuites que le ministre anglais recommença en 1826 pour s'emparer des biens du séminaire de Montréal. C'était une entreprise difficile à l'époque où l'on était parvenu, et qui ne pouvait se faire sans offrir de bien grands dangers au gouvernement; mais le ministère s'y trouvait chaque jour engagé par ceux des sujets britanniques émigrés en Canada, qui, ne pouvant, dans l'ignorant fanatisme anti-catholique dont ils étaient imbus, apprécier les services que Saint-Sulpice avait rendus et rendait encore tous les jours au pays, auraient voulu voir supprimer cette communauté, dans l'espoir de mettre la main sur une partie de ses grands biens. Saint-Sulpice n'ignorait pas les menées qui s'agitaient contre lui, et dans sa prudence il cherchait les moyens de prévenir la suppression de ses biens en enlevant tout prétexte à la malveillance. Un des principaux motifs de la haine que lui portaient les émigrés protestants qui s'établissaient dans l'île ou dans la ville de Montréal venait surtout des droits féodaux dont le séminaire de Saint-Sulpice jouissait, en sa qualité de seigneur de l'île.

Aujourd'hui que tous les droits de ce genre sont abolis en France et dans une grande partie de l'Europe, il est nécessaire de recourir à quelques explications pour faire comprendre parfaitement la situation féodale encore existante aujourd'hui dans presque tout le Bas-Canada. Lorsque le Canada fut colonisé par la France, celle-ci y transporta naturellement les institutions qui la régissaient chez elle; et le roi, en qualité de seigneur féodal, accorda aux principales familles et aux officiers de son armée qui s'établirent dans la colonie de grandes étendues de terre qu'on appela seigneuries. Ces propriétés étaient tenues immédiatement en fief, ou en roture, à condition de foi et hommage, à la prise de possession de la propriété. Les censitaires ou tenanciers du seigneur étaient, vis-à-vis de lui, dans la condition de ceux qu'on appelait en France les vassaux, et le seigneur leur concédait des terres à certaines conditions, telles que le paiement d'une petite rente annuelle de six ou douze livres par arpent de front sur le Saint-Laurent, sur soixante de profondeur. Le seigneur avait encore droit à quelques provisions de peu de valeur dont on lui faisait présent à certaines époques, et le fermier était en outre obligé à porter son grain à moudre au moulin banal établi par le seigneur sur sa seigneurie.

Les *lods et ventes* étaient un autre droit de seigneur; il consistait dans le paiement du douzième du prix que l'on payait lorsqu'on achetait un bien tenu dans la seigneurie; on n'était excepté de cette mesure que lorsque le bien passait par droit d'héritage à un autre tenancier. D'un autre côté, les devoirs du seigneur envers ses tenanciers ou vassaux étaient parfaitement définis ; c'était à lui, par exemple, qu'il appartenait d'ouvrir des routes dans les parties mêmes les plus éloignées de son fief, et de pourvoir sa seigneurie de moulins à moudre le blé des tenanciers ; il ne pouvait vendre les terres couvertes de bois, mais il était obligé de les concéder, et sur son refus le suppliquant pouvait obtenir de la couronne la concession demandée, avec les conditions seigneuriales ordinaires.

Ce qui étonnera peut-être le lecteur français, c'est qu'avec les désavantages apparents que l'on trouve dans ces tenures féodales, elles existent encore dans la plus grande partie du Bas-Canada, où les vassaux eux-mêmes s'opposent presque partout à l'introduction des réformes que l'Angleterre, à ce sujet, a voulu introduire dans le pays, depuis la conquête, en mettant à la place de la tenure seigneuriale le *franc alleu roturier* [1], sans autre obligation que l'hommage ou allégeance au roi et l'obéissance aux lois ; et ce qui surprendra peut-être plus encore, c'est que la répugnance que l'assemblée législative avait montrée à s'occuper d'une question de réforme sur la tenure féodale était représentée comme le résultat de l'influence extraordinaire que Papi-

[1] Suivant la *Coutume de Paris*, encore suivie en Canada, le franc alleu roturier est terre sans justice, ou seigneurie pour laquelle le détenteur ne doit cens, rentes, lods, et ventes, ni autres redevances.

neau exerçait sur ce corps [1]. Dès le commencement de la conquête, le gouvernement britannique avait été désireux de changer ainsi les tenures féodales, sans y avoir néanmoins forcé personne. En 1825, un acte fut passé au parlement pour l'extinction graduelle des droits féodaux, en mettant les seigneurs à même de se décharger du droit du quint [2], qu'ils devaient à la couronne, et de concéder leurs terres librement en franc alleu à leurs tenanciers ou fermiers. Mais, en même temps que cet acte permettait au seigneur de se décharger de l'imposition féodale à l'égard de la couronne, elle donnait au tenancier le droit de racheter ses charges à l'égard du seigneur, et, sur le refus de celui-ci de commuer la tenure, le fermier pouvait plaider en cour et forcer son seigneur. Mais, à deux exceptions près, les Canadiens n'ont jamais voulu profiter de cet acte, et le temps seul abolira peu à peu les restes de la féodalité dans le Canada.

Pour en revenir au séminaire de Montréal, qui a amené cette digression, il est bon de rappeler ici que cette maison possédait, comme elle possède encore aujourd'hui, en vertu d'une ordonnance royale de l'année 1677, la seigneurie de l'île sur laquelle cette ville est assise, ainsi que de l'île Jésus, qui n'en est séparée que par un canal formé par le fleuve. La réunion des eaux de l'Ottawa et du Saint-Laurent, qui débouchent à

[1] *Rapport de lord Durham*, etc.

[2] Droit de mutation d'un cinquième à payer à la couronne, lorsque la seigneurie passe à un autre propriétaire autrement que par héritage direct.

l'ouest de l'île de Montréal, dessine, en s'étendant en cet endroit, deux lacs magnifiques, celui des Deux-Montagnes au nord et le lac Saint-Louis au sud, séparés l'un de l'autre par un groupe d'îles dont les rivages sont couverts de prairies verdoyantes, de villages charmants et de maisons de campagne. Celle de Montréal a une étendue d'une trentaine de milles sur huit de largeur; la ville, bâtie sur le bord du fleuve, s'élève insensiblement au pied d'une haute colline, dont les versants offrent une multitude de jardins, de villas, de fermes et de riches vergers, environnés des plus frais ombrages. Du sommet de la montagne, coupée en deux peut-être par quelque convulsion de la nature, la vue s'étend sur les nombreux clochers et les églises de la cité de Marie[1], sur les deux lacs, avec leurs îles de verdure; sur le fleuve, sillonné sans cesse par d'innombrables navires de tout bord, et enfin sur l'autre rive du Saint-Laurent, derrière laquelle on voit se dessiner dans un lointain d'azur les lignes plus foncées des montagnes du Vermont.

Par sa position, à la tête de la navigation canadienne, Montréal était appelé à un avenir immense de prospérité et de grandeur commerciales, et les rêves brillants de Cartier avaient commencé à se réaliser[2].

[1] Le nom primitif de Montréal est Ville-Marie, qui lui fut donné par les fondateurs, encore aujourd'hui, en latin, *Marianopolis;* mais celui de Montréal, qui avait été donné à l'île sur laquelle elle est bâtie, a également prévalu pour la ville.

[2] La population de Montréal, qui n'était à la conquête que de six à huit mille âmes, était en 1825 montée à vingt-deux mille; — en 1831, à trente-cinq mille; — et aujourd'hui doit être d'au moins soixante mille, dont les deux tiers sont d'origine franco-canadienne.

C'est à Montréal qu'étaient venues s'établir depuis la conquête la plupart des familles anglaises émigrées, que se trouvaient les maisons les plus opulentes, les négociants les plus riches, et que les sociétés protestantes s'étaient multipliées davantage. C'est dans cette ville et dans son voisinage que les terrains se vendaient le plus cher ; que, par les vicissitudes ordinaires à une grande ville occupée d'un commerce considérable, avait lieu le plus souvent la mutation des propriétés ; et que, par conséquent, les droits de lods et ventes avaient le plus de valeur et se multipliaient davantage. On comprend facilement que, si ces droits offraient peu d'inconvénients aux censitaires et aux fermiers, dispersés dans la campagne, où il n'y avait généralement d'autres mutations que celles qui provenaient de l'héritage paternel, ils en avaient beaucoup, au contraire, dans une ville comme Montréal, où les terrains étaient morcelés et avaient une valeur immense, et que le droit de lods et ventes prélevés par la seigneurie augmentait singulièrement le prix d'une propriété. Aussi arrivait-il souvent que le terrain était plus cher que la maison.

Il était donc tout naturel que les plaintes contre Saint-Sulpice se multipliassent, quoique la fortune de cette maison n'eût fait que suivre le cours ordinaire des choses. Ceux qui élevaient la voix contre la seigneurie ne songeaient guère aux difficultés qui avaient présidé à son berceau dans l'île de Montréal, aux dépenses énormes qu'il avait fallu y faire pour fonder cette colonie, aux dangers de tout genre que les Sulpiciens avaient bravés si souvent, à la mort elle-même qui avait frappé plus d'un d'entre eux, lorsque les Iroquois en armes envahissaient encore cette île, aujourd'hui si florissante.

A la vue de l'opposition qui se manifestait contre eux et qui les accusait de posséder trop de richesses, les prêtres du séminaire résolurent de prévenir le coup qui menaçait de les frapper, en envoyant deux des membres les plus distingués de leur communauté à Londres. A peine arrivés dans la capitale de l'empire britannique, ils se mirent en communication avec le ministère et proposèrent un arrangement, pour la cession de tous les droits féodaux que le séminaire possédait encore sur l'île et la ville de Montréal, et pour la compensation desquels le gouvernement britannique consentirait à leur payer une rente annuelle considérable, suivant l'esprit de l'acte que le parlement venait précisément de passer à ce sujet. Cet arrangement était d'autant plus sage, que, dans la prévision des évènements qui pouvaient venir à se réaliser plus tard, si le Canada changeait la forme de son gouvernement, ou, en se réunissant aux Etats-Unis, s'affranchissait lui-même de toutes ses anciennes coutumes, ce qui n'a rien encore d'impossible, les Sulpiciens se trouveraient au moins indemnisés d'avance de la perte de leur seigneurie et à l'abri de tout reproche de la part des ennemis de la féodalité.

Toutefois, avant de conclure définitivement ce compromis avec le ministère, les deux mandataires du séminaire voulurent avoir le consentement du Saint-Siége pour un acte qui était regardé comme une aliénation de biens ecclésiastiques. En conséquence ils se rendirent à Rome, et leur affaire, ayant été soumise à l'examen de la Propagande, fut approuvée par la Congrégation. Sur ces entrefaites, la nouvelle des négociations alors pendantes à Londres ayant transpiré dans le Canada, tout le monde s'en alarma à tort ou à raison, et les censitaires, qui ne voulaient pas plus que les seigneurs et le clergé s'affranchir des anciennes coutumes, s'unirent avec ceux-ci pour réclamer contre ce qu'ils appelaient un acte de faiblesse de la part des Sulpiciens. Comme ils ne voulaient d'aucun des changements proposés par le gouvernement, ils craignirent, d'un côté, que l'exemple de Saint-Sulpice ne fût d'un précédent fâcheux pour eux-mêmes; et, de l'autre, ne comprenant pas bien toutes les raisons que ceux-ci pouvaient avoir eues en vue, ils mirent tout en œuvre, et le clergé canadien surtout usa de toute son influence, pour empêcher l'accomplissement d'un dessein qu'ils regardaient comme la ruine du séminaire de Saint-Sulpice et de toutes les œuvres de bienfaisance que soutenait cet établissement.

En considérant cette affaire sous le point de vue où la voyait le clergé canadien, il pouvait ne pas avoir tout-à-fait tort; car, tout en donnant les marques les plus évidentes de loyauté au gouvernement britannique, il était devenu d'une défiance extrême à l'endroit des propriétés ecclésiastiques, depuis qu'il avait vu les biens des Récollets et des Jésuites détournés insensiblement de leur institution primitive; et, comme il n'avait jamais osé faire de réclamations directes à cet égard, il était bien aise de s'opposer maintenant à ce qu'il croyait être une ruse du gouvernement pour spolier le séminaire de Saint-Sulpice. Quelques motifs de jalousie, et le désir de contrecarrer les Sulpiciens dans les plans qu'ils avaient cru devoir adopter prudemment, entrèrent peut-être bien aussi pour quelque chose dans les démarches du clergé, qui se sentait parfois offusqué par la supériorité et la simplicité magnifique de la riche communauté.

En conséquence, un mémoire vigoureux composé par l'évêque de Telmesse, et signé par tous les membres du clergé canadien, fut présenté à Londres par M. Maguire, vicaire-général de l'archevêque de Québec, qui fit surtout ressortir aux yeux du ministère anglais toute l'impopularité de cette transaction. Il partit ensuite pour Rome, portant à la Propagande un mémoire entièrement opposé à celui des deux mandataires de Saint-Sulpice, signé par l'archevêque de Québec et par le plus grand nombre des prêtres de ce diocèse et du district de Montréal. Appelée à l'examen de ce nouveau manifeste, la Congrégation donna une décision contraire aux Sulpiciens, et par un autre décret leur défendit de contracter avec le gouvernement anglais sur le pied de leurs premières négociations. Ceux-ci s'empressèrent d'obéir aux injonctions de la Congrégation ; de retour à Londres, ils s'abouchèrent de nouveau avec les ministres ; et il fut conclu définitivement que l'on s'arrêterait de part et d'autre aux termes de l'acte de 1825, c'est-à-dire que les tenanciers de la seigneurie de Montréal pourraient à volonté se libérer de toute charge féodale, quand ils le jugeraient à propos, moyennant un compromis avec ladite seigneurie. A ces conditions, le gouvernement anglais reconnut légalement tous les droits de propriété des seigneurs de Montréal, et les maintint dans leurs priviléges, dont ils n'ont pas cessé depuis lors de jouir avec honneur [1].

Ils en profitèrent pour achever la construction de la nouvelle église paroissiale attachée à leur séminaire, qu'ils avaient commencé à rebâtir en 1824. Cette église, du style gothique du treizième siècle, avec ses deux hautes tours, qui s'étendent si majestueusement au dessus de la ville de Montréal, dominant le fleuve et la campagne, serait une des plus belles de l'Amérique Septentrionale, si l'architecture intérieure répondait à la splendeur du dehors. Elle ne fut terminée qu'en l'année 1829.

Cependant d'autres circonstances, peu apparentes d'abord, signalaient déjà le changement que le temps devait opérer dans la population catholique du Canada. Depuis plusieurs années, les émigrations apportaient chaque printemps des flots d'Européens; de nombreuses familles anglaises, écossaises, et sur tout irlandaises, se répandaient dans les cantons incultes du Haut et du Bas-Canada. Dans la première de ces deux provinces, ils s'établissaient dans les

[1] The whole island of Montreal is comprised in one seigniory, and belongs to the priests, who are consequently wealthy, but by no means rigorous in exacting the *lods et ventes* due to them on the transfer of land, — they usuelly compound for these fines. — Montgommery Martin's *Canadas*, in his *British Colonies*, etc.

townships, encore couverts de forêts, et y fondaient de nouvelles villes, qui commençaient à prendre rang parmi les anciennes cités d'origine française; aussi le Haut-Canada perdit-il promptement les traces de son caractère primitif, pour prendre une physionomie toute britanniqne. Dans le Bas-Canada, c'étaient les terres et les bois situés au sud du Saint-Laurent, connus aujourd'hui sous le nom de townships du sud, qui devenaient l'asile du plus grand nombre des émigrants qui restaient dans cette province; les anciennes campagnes canadiennes, resserrées sur les bords du fleuve, entièrement occupées par une population française, qui se sentait peu de dispositions à quitter le toit paternel pour émigrer au loin, n'y donnaient par conséquent que peu de place aux émigrés britanniques, et conservaient naturellement leurs vieilles allures normandes ou bretonnes.

Dans les villes, le cas était différent: Québec, Montréal, les Trois-Rivières, Saint-Jean près du lac Champlain, Sorel ou William-Henry, dont le commerce augmentait rapidement les ressources, gagnaient chaque jour aussi en population. Cette population devenait aussi de plus en plus mélangée; mais, au milieu de tous ces nouveaux venus, les Irlandais formaient toujours la majorité. Le plus grand nombre était des Catholiques. Aussi, dès leur entrée dans le Saint-Laurent, leurs cœurs, encore sous l'impression de la barbare servitude que l'église de Henri VIII faisait peser sur leur malheureuse contrée, se dilataient en voyant la Croix du Sauveur, cet emblême sacré de leur religion, persécutée chez eux, briller en liberté sur toutes les églises qui bordaient les rives du grand fleuve.

Pendant plusieurs années, l'émigration n'eut lieu que sur une échelle moins considérable, et ceux qui arrivaient en Canada avaient au moins les moyens de s'y transporter convenablement et de vivre en attendant qu'ils pussent se placer ou trouver du travail. Mais, de 1829 à 1838, le nombre des émigrés monta à 263,089 individus, pour la plupart appartenant aux classes les plus misérables de l'Irlande. Si ces infortunés, que chassaient de leur patrie la misère et la persécution, n'avaient apporté avec eux que le spectacle de leur pauvreté, la charité du clergé canadien et les ressources qu'offrait un pays immense auraient trouvé promptement les moyens de les soulager. Mais, d'un côté, faute de soins attentifs de la part des agents du gouvernement commissionnés pour surveiller l'embarquement des émigrants; de l'autre, par suite de l'avidité des capitaines chargés de les transporter, et qui les entassaient les uns sur les autres dans les navires, pour en retirer plus d'argent, il arrivait depuis plusieurs années qu'il se faisait annuellement une importation régulière de maladies contagieuses dans le pays[1]. Un grand nombre d'émigrés débarquaient malades, faute de soins et d'espace; les vaisseaux où ces maladies prenaient naissance étant en mauvais état, surchargés,

[1] *Rapport du docteur Skey, député inspecteur-général des hôpitaux, et président de la Société des émigrés à Québec.*

et manquant le plus souvent d'air et d'eau fraîche. Ces malheureuses circonstances nécessitèrent l'établissement d'une station de quarantaine à la Grosse-Ile, îlot désert, à quelque distance au-dessous de Québec, où l'autorité força désormais tous les navires arrivants ayant des cas de maladies contagieuses à bord de faire quarantaine. En même temps on y construisit un hôpital, et un prêtre fut chargé par l'archevêque de Québec d'y demeurer chaque année durant l'époque des émigrations, pour y administrer aux malades et aux moribonds les soins charitables de son ministère.

C'est encore ici un éloge à faire du clergé canadien, que, dans toutes les misères auxquelles est sujette l'humanité, on le vit constamment accourir le premier à l'aide de toutes les infortunes. Ces biens dont jouissent les communautés religieuses, et qui tant de fois avaient été l'objet des attaques des ennemis de la Religion, ces biens, et ceux du séminaire de Saint-Sulpice en particulier, servaient à soulager toutes les indigences sans distinction, et à élever des écoles indifféremment pour tous ceux qui voulaient s'y présenter. « Les biens de » l'Église Catholique, ajoute encore lord Durham [1], et » les services du clergé, si nombreux et si zélé, de cette » Église ont été du plus grand avantage à la grande » masse des émigrés irlandais, qui se sont presque uni» quement reposés sur les secours de charité et de reli» gion qu'ils en ont reçus. »

[1] *Rapport à la reine*, etc., déjà cité.

Mais si, dans l'ensemble de leur conduite, on trouvait le peuple et le clergé canadien disposés par la charité chrétienne à secourir la détresse des frères que la Providence leur envoyait d'Irlande, le caractère national, prenant plus d'une fois le dessus, leur faisait regarder avec une jalouse défiance la multiplication de ces étrangers qu'ils voyaient insensiblement s'établir au milieu d'eux et prendre place dans le pays. Sujets fidèles de l'Angleterre, ils avaient donné autant qu'ils avaient pu des preuves de leur loyauté; mais ils n'aimaient ni les Anglais ni ceux qui parlaient la langue anglaise; pour eux, être Canadien et Catholique était presque synonyme, et confondant dans un même amour et la Religion et la langue de leurs ancêtres, ils regardèrent longtemps comme une hérésie d'apprendre la langue de ceux qui les avaient conquis [1].

Si les Irlandais avaient adopté la langue française, rien n'eût été plus facile que leur fusion avec les Canadiens ; mais ils parlaient une langue odieuse à ceux qui les accueillaient dans leurs hôpitaux et dans leurs églises ; ils formaient un peuple catholique, à la vérité, mais un peuple à côté d'un autre peuple lequel semblait éprouver, en les voyant s'accroître surtout avec tant de rapidité, durant les dernières années, une vague appréhension de se voir un jour absorbé dans cette multitude étrangère, précisément parce qu'ils avaient

[1] A l'époque où j'habitais Québec, on ne trouvait dans cette ville que très peu de Canadiens qui parlassent l'anglais, et ils me témoignèrent plus d'une fois leur étonnement en voyant qu'un *Français de la vieille France,* comme ils disent, possédât cette langue.

les mêmes lois et la même religion. Qu'on ne s'étonne donc pas de la répugnance qu'avaient les Canadiens, à Québec surtout, où la nationalité française était demeurée plus vivace, à donner aux Irlandais des prêtres de leur nation et des églises séparées, selon le vœu que ceux-ci exprimaient chaque jour : ils devaient craindre que les Irlandais, constatant ainsi leur nombre, et conséquemment leur force, ne s'arrogeassent dans la société de l'Église Catholique du Canada une influence et une action que, par leur caractère ardent et énergique, ils n'étaient que trop disposés à saisir.

Après les avoir laissés longtemps confondus dans les rangs des pauvres, la fabrique et le clergé de Québec, auxquels ils adressaient fréquemment de pressantes réclamations, furent enfin forcés de s'occuper d'eux d'une manière spéciale, et l'on commença par leur assigner le dimanche une heure particulière pour entendre la sainte messe, qui serait dite pour eux seuls. C'était une première concession, à laquelle Plessis ne tarda pas d'ajouter celle de leur donner un prêtre de leur nation, qui fut chargé de leur faire des instructions en anglais. A Montréal, où le mélange de sujets d'origine britannique était beaucoup plus grand, et où par conséquent il y avait moins de jalousie nationale dans le clergé, ils avaient non seulement obtenu les mêmes avantages, mais encore les Sulpiciens, qui avaient la direction de la paroisse de cette ville, avaient mis à la disposition des Irlandais l'ancienne église des Récollets.

Le nombre de ces émigrés croissant chaque jour davantage, ils demandèrent à avoir également une église à Québec. La fabrique de la paroisse de cette ville, devenue puissante depuis qu'elle avait trouvé moyen de dissoudre l'ancien chapitre, fit longtemps la sourde oreille, refusant aux Irlandais de leur faire la moindre concession nouvelle à cet égard. Sans avoir ni l'intelligence, ni l'éducation des fabriciens qui avaient si malheureusement résisté autrefois à l'évêque Briand, elle mettait dans ses refus un entêtement d'autant plus déplorable, qu'elle avait réussi à se faire patronner par M. Signay, alors coadjuteur et à la fois encore curé de Québec. Les Irlandais redoublèrent leurs réclamations, disant qu'ils ne demandaient autre chose que l'autorisation de se bâtir une église à leurs propres frais. Enfin, après une longue et inutile résistance, qui ne servit qu'à déconsidérer davantage leurs adversaires aux yeux des Irlandais, la fabrique de Québec fut forcée de se soumettre à une concession dont elle aurait dû se faire un mérite devant eux.

Aussi était-ce une chose étrange de voir dans Québec, la ville catholique par excellence, les sectes protestantes les moins nombreuses avoir des chapelles et des temples élégants, et les Irlandais catholiques au nombre de quatre ou cinq mille, sans église et pour ainsi dire sans pasteur. En voyant rejeter leurs prières, ils eurent recours à la presse, et des écrits nombreux et véhéments signalèrent l'intolérance des fabriciens de l'église de Québec. Le conseil de la fabrique s'assembla, et après de violents débats la question demeurait encore indécise. Depuis quelque temps M. Mac Mahon, jeune prêtre irlandais plein de zèle et d'activité avait été préposé au soin de ses compatriotes. Profitant des indécisions de la fabrique, il engagea les siens à acheter le terrain destiné à recevoir la nouvelle église, et à plusieurs reprises revint à la charge auprès des autorités ecclésiastiques, en les suppliant de se rendre aux vœux des Irlandais. Repoussé tout aussi souvent, il revint encore à la charge et s'adressa une dernière fois au coadjuteur, qui le renvoya durement. De la cure alors il courut au séminaire, et profitant d'un moment où l'archevêque Panet était seul, il se jeta à ses pieds en le conjurant de signer la pétition de ses compatriotes. Le bon prélat, complice innocent des injustes refus de son coadjuteur et de la fabrique, se laissa facilement toucher par les prières de Mac Mahon; il prit la plume, donna sa signature, et dès ce moment-là fut un des plus généreux bienfaiteurs de la nouvelle église.

Elle fut bâtie dans une situation avantageuse de la ville. Commencée en 1831 sur un assez vaste plan, elle ne fut terminée qu'après la mort de M. Panet, en 1833. M. Signay avait succédé à l'archevêché de Québec. Les Irlandais le supplièrent de la bénir ; mais au jour fixé pour cette bénédiction l'archevêque se trouva absent de Québec ; l'on dut avoir recours à M. Demers, vicaire-général du diocèse, qui ainsi que lui demeurait au séminaire. L'église fut bénie et dédiée à saint Patrice, patron de l'Irlande, au milieu des cris de joie et d'allégresse du peuple irlandais. Mais, depuis lors jusqu'au moment où j'écrivais ces lignes en Canada[1], M. Signay n'avait pas daigné encore honorer une seule fois cette église de sa présence, quoiqu'elle fût au milieu de sa ville épiscopale, dans laquelle douze à quatorze mille Irlandais faisaient partie de son troupeau.

L'épiscopat de M. Panet fut signalé par cette épidémie fatale qui, sous le nom de choléra, porta ses ravages en peu d'années d'une extrémité du monde à l'autre. Une foule de victimes, rapidement moissonnées en Canada, descendirent dans la tombe ; Québec surtout fut frappé sans ménagement, et pendant plusieurs mois on n'entendit que le triste bourdonnement des cloches, sonnant le glas des funérailles. A deux reprises, en 1831 et en 1833, ce redoutable fléau apparut à Québec, la première fois sous l'épiscopat de l'archevêque Panet, qui, en prodiguant dans ses mandements les consolations de la religion à son peuple, lui recommandait la prière comme le moyen le plus efficace pour combattre ce terrible fléau, et répandait en même temps d'abondantes aumônes. Lorsque l'épidémie reparut pour la seconde fois, il n'existait plus ; M. Signay avait pris sa place. Durant toute la durée de ces deux effrayantes époques, le clergé canadien, à Québec ainsi qu'à Montréal, à la ville comme à la campagne, se montra, ce qu'il est toujours et partout dans de telles

[1] Mars 1846.

circonstances, charitable et dévoué jusqu'à la mort portant à tous, avec l'intrépidité de la foi, dans la chaumière du pauvre comme dans la maison du riche, les secours sacrés de la religion.

Après avoir pendant sept ans gouverné paternellement l'Eglise de Québec, M. Panet, qui se sentait fléchir sous le poids de la vieillesse non moins que de l'épiscopat, confia à son coadjuteur l'administration de son diocèse (16 octobre 1832). Ainsi que son prédécesseur, il voulut terminer sa carrière à l'hôpital-général, qui avait vu mourir successivement presque tous les évêques de Québec. Sentant sa fin approcher, le bon vieillard rappelait à ceux qui l'entouraient ces paroles de saint Jean à ses disciples : « Mes petits enfants, aimez-vous les uns les autres. » Plein d'espérance et de résignation, il expira doucement, le 14 février 1833, à l'âge de quatre-vingts ans. Ses funérailles eurent lieu le 16 du même mois, en présence de lord Aylmer, gouverneur-général de la province, accompagné de ses officiers et d'un concours immense de citoyens de toute classe et de toute croyance. Il fut inhumé dans le chœur de la cathédrale, à côté de l'archevêque Plessis.

Le lendemain, Joseph Signay prit possession du siége de Québec. M. Pierre-Flavien Turgeon, déjà proposé une première fois à la mort de Plessis pour coadjuteur de M. Panet, le fut derechef pour coadjuteur de M. Signay. Cette proposition avait eu lieu à l'avance; et, quoique le bill de réforme obtenu par les Catholiques en Angleterre dût exempter plus que jamais ceux du Canada de l'humiliante suprématie qu'ils avaient laissé prendre au gouvernement sur leur église, M. Signay n'osa toutefois se soustraire à l'approbation britannique. Il écrivit une humble supplique à lord Aylmer, et celui-ci obtint du ministère à Londres des lettres qui appprouvaient le choix qu'on avait fait de M. Turgeon. Ces lettres lui furent expédiées le 4 mars de la même année, après quoi le nouvel archevêque de Québec écrivit à Rome, en priant la Propagande de sanctionner la nomination du coadjuteur élu. Mais cette sanction trouva là des obstacles. L'abbé Saint-Germain, curé d'une des paroisses de l'île de Montréal, était patronné par un grand nombre d'amis, qui désiraient vivement le voir arriver au siége de Québec. Quelques membres du clergé s'unirent à eux, et ils envoyèrent conjointement divers mandataires à Rome; ils cherchèrent à persuader à la Propagande que le choix de M. Turgeon était peu sympathique avec les sentiments des Canadiens, en suppliant la Congrégation de recevoir à sa place le curé Saint-Germain. Cette affaire traîna quelque temps en longueur ; mais le clergé de Québec, ayant appris les intrigues qu'on avait ourdies à Rome, pria l'archevêque d'y envoyer en son nom d'autres mandataires qui pussent faire connaître plus nettement l'état des choses du Canada. Le vicaire-général Maguire fut chargé de cette mission délicate; il s'en acquitta avec tout le zèle dont il était capable, et l'élection de M. Turgeon fut confirmée. Sans infirmer en rien les qualités personnelles de celui qu'on présentait comme son compétiteur, nous pouvons dire avec connaissance de cause que le nouveau coadjuteur paraissait réunir toutes les qualités requises pour en faire un digne successeur de Laval, de Saint-Valier, et de Plessis; la sciencc solide de Mgr Turgeon, sa piété éclairée, sa prévenance, et le charme d'une conversation instructive, que nous avons été plus d'une fois à même d'apprécier, devaient lui mériter la faveur du Saint-Siége. En conséquence de la décision donnée par la Propagande, il reçut ses bulles du pape Grégoire XVI, de vénérable mémoire, datées du 28 février 1834; et, le 11 juin de la même année, il fut consacré à Québec, sous le titre d'évêque de Sidyme [1].

[1] Voir les pièces justificatives pour l'élection et la confirmation de Mgr Turgeon, évêque de Sidyme, *in partibus*. Aux archives de l'archevêché de Québec.

CHAPITRE XXIX.

DEPUIS L'INCENDIE DU CHATEAU SAINT-LOUIS DE QUÉBEC, EN 1834, JUSQU'A LA CONSÉCRATION DE WILLIAM DULLARD VICAIRE-APOSTOLIQUE DU NEW-BRUNSWICK, EN 1842.

Incendie du château Saint-Louis à Québec. Description de la ville de Québec et de ses environs. État des missions dans le vicariat-apostolique de Terre-Neuve. Ses vicaires-apostoliques jusqu'à Mgr Fleming. Ce prélat bâtit une nouvelle cathédrale à Saint-John (1841). État du Christianisme au Labrador en 1837. Établissements des frères Moraves. Mgr Fleming nommé évêque de Saint-John de Terre-Neuve par Pie IX. Missions de la Nouvelle-Écosse. Mort de l'évêque Burke à Halifax. William Fraser nommé vicaire-apostolique à sa place (1821). Caractère de ce prélat. Le pape lui donne Mgr William Walsh pour coadjuteur. Division entre les deux prélats. Le vicariat-apostolique est dissout. M. William Fraser est nommé évêque d'Arishat au Cap-Breton, et Mgr Walsh, évêque d'Halifax (1844). Le P. Vincent, prieur, de Tracadie. Mort de Bernard-Angus Mac Eachern, évêque de Chalottetown. Bernard Donald Mac Donald est nommé son successeur (1837). Érection de l'évêché de Frédéricton dans le New-Brunswick, en faveur de William Dullard (1842).

L'année même de la consécration de l'évêque de Sidyme (1834), Québec fut témoin d'un désastre bien pénible pour les cœurs français, l'incendie du château Saint-Louis, qui, malgré les prompts secours qu'on apporta de toutes parts, anéantit en peu d'heures cet édifice respectable, berceau de la colonisation canadienne et de l'ancienne puissance française dans l'Amérique Septentrionale. Fondé par l'illustre Champlain, sur la plate-forme la plus élevée du promontoire où la ville est assise, à plus de trois cents pieds au-dessus du fleuve qui en baigne la base, le château de Québec rappelait par ses constructions massives et irrégulières, ses grands appartements, et surtout sa tournure féodale, l'époque où il avait été bâti, et le but que Champlain s'était proposé en jetant ses fondements. Naguère résidence des vice-rois et des gouverneurs-généraux de la Nouvelle-France, devenu depuis la conquête la demeure des gouverneurs qu'envoyait au Canada l'orgueilleuse Albion, le château Saint-Louis, qui avait vu passer toutes les gloires et les humiliations de la population franco-canadienne, s'abîma dans les flammes juste à temps pour ne pas voir la langue, les lois, les mœurs, et l'antique constitution du pays, se confondre dans la langue, les lois, les usages et la constitution des peuples d'origine anglo-celtique, qui commençaient à se trouver partout, et qui doivent dans un temps donné par la Providence absorber tous les restes des autres peuples dans l'Amérique Septentrionale.

Lorsque les débris du château eurent disparu, un nom étranger remplaça le titre glorieux de Saint-Louis, souvenir des jours d'autrefois. Lord Durham, qui vint peu d'années après en Canada, en fit déblayer l'emplacement, dont il fit une promenade qui porta son nom (Durham terrace). C'est le site le plus imposant de l'ancienne capitale de la Nouvelle-France, et celui où le voyageur aime à venir oublier les heures en contemplant l'immense panorama qui se présente à ses regards. Les Canadiens vous disent avec une juste vanité que c'est le plus beau du monde. Je ne suis pas entièrement de leur avis, malgré l'admiration qu'il m'inspirait chaque fois que j'allais y porter mes pas : car je ne puis oublier celle que j'ai éprouvée en tant d'autres contrées. Mais c'est certainement un des spectacles les plus grands et les plus frappants qu'il soit possible de concevoir.

La ville tout autour, descendant en pente abrupte jusqu'au bord du fleuve, s'alignant le long des eaux, enlaçant dans sa construction bigarrée de toutes sortes de couleurs les flancs du cap Diamant, couronné de son orgueilleuse citadelle, et, vis-à-vis, le promontoire de la Pointe-Lévi, avec son amphithéâtre de maisons blanches, ses métairies, ses bois et ses prairies : à gauche, le large ravin où la rivière Saint-Charles roule ses ondes pour les unir au Saint-Laurent ; l'avenante paroisse de Beauport, qui, le long de ses coteaux, se développe avec grâce jusqu'à la chute de Montmorency ; à quelque distance, au fond de la baie, la belle île d'Orléans, qui renferme cinq paroisses, et que le fleuve étreint de ses deux bras ; à l'horizon, les sombres falaises du Cap-Tourmente, premier anneau de cette chaîne de montagnes sauvages qui s'étendent jusques sous les neiges éternelles des régions polaires, et, de quelque côté que le regard se tourne, le fleuve superbe et calme, malgré la rapidité de son cours [1], qui part de Québec avec ses goëlettes, ses bricks à trois mâts, ses navires de tout bord, pour s'unir à la mer dans toute la

[1] La marche du Saint-Laurent est ordinairement de sept nœuds ou sept milles à l'heure.

majesté de sa puissance. Il n'y a peut-être pas une autre ville dans le Nouveau-Monde qui offre de si étranges contrastes que Québec : ville de guerre et de commerce, perchée comme un nid d'aigle, ainsi que les châteaux des bords du Rhin, sur un roc perpendiculaire, sillonnant l'Océan avec ses nombreux navires ; ville américaine bâtie par une colonie française, gouvernée par un seigneur anglais, gardée par des Highlanders écossais, soumise encore aux institutions féodales de la France de Louis XIV combinées avec le système du gouvernement parlementaire ; ville moderne par sa civilisation, sa politesse, ses habitudes de luxe, et touchant aux débris des populations sauvages et aux déserts qui s'étendent derrière elle ; ville, enfin, située à la même latitude à peu près que Paris, et réunissant le ciel bleu et le climat ardent des contrées méridionales aux rigueurs d'un hiver hyperboréen.

Même contraste dans la distribution des rues et le style des habitations. La ville haute, enceinte de murailles et de bastions, renferme les grands hôtels et les magasins de luxe ; la ville basse les ouvriers, les marchands, et les marins. Puis viennent ses vastes faubourgs, dont l'aspect est celui des villes anglaises ou américaines. Avec ces accidents de terrain, cette diversité de constructions, et je ne sais quelle teinte sombre qui voile son ensemble, Québec [1] rappelle souvent au

[1] Québec, qui comptait de sept à huit mille habitants au moment de la conquête, en avait vingt-cinq mille en 1831, et on lui en donne aujourd'hui environ cinquante mille, dont quarante mille sont Catholiques.

voyageur l'aspect de ces vieilles villes de France ou d'Allemagne restées en arrière des temps modernes.

Quoique les vicariats-apostoliques de Terre-Neuve, de la Nouvelle-Ecosse, et du New-Brunswick, ne fussent pas sous la dépendance métropolitaine de Québec, c'était de cette ville cependant qu'ils avaient bien longtemps reçu leurs missionnaires ; ils ont donc encore une espèce de droit à prendre leur place dans un livre qui a le Canada pour objet.

Nous avons parlé brièvement des deux premiers vicaires-apostoliques de Terre-Neuve, O'Donell et Lambert, son coadjuteur, qui lui avait succédé avec le titre d'évêque de Chytre, lorsque O'Donell eut été transféré au siége de Derry en Irlande. Thomas Gillow fut ensuite consacré vicaire-apostolique de Terre-Neuve, en 1818, sous le titre d'évêque d'Hypsopolis. Mais, s'il prit possession de son vicariat, il n'y demeura pas longtemps ; car, la même année, Thomas Scallan, évêque de Drago, qui avait déjà fait quelque séjour à Terre-Neuve en qualité de simple missionnaire, y arriva comme vicaire-apostolique, accompagné de sept nouveaux missionnaires. Sur dix-neuf ecclésiastiques qui étaient venus dans cette île depuis l'installation du vicariat-apostolique, quatre avaient succombé, un autre était infirme, et onze s'étaient retirés successivement devant la dureté du climat et les difficultés du ministère. Parmi ceux qui avaient eu le courage d'y rester, il faut compter en première ligne Thomas Ewer, prêtre zélé, qui mourut en

1833, après un séjour de quarante années à Terre-Neuve.

Durant cet intervalle, on n'avait construit que quatre églises; aucune école n'avait été fondée pour l'éducation de la classe pauvre. Jusqu'à l'époque où fut établi le vicariat-apostolique, les Catholiques n'ayant aucun local pour l'exercice du culte, plusieurs s'étaient laissé entraîner dans les temples protestants, et l'habitude d'aller prier avec les sectaires prévalut tellement chez eux, qu'elle résista longtemps au zèle et à la piété des vicaires-apostoliques. Ils eurent à lutter contre tous les vices, dans un pays où le lien conjugal avait perdu sa sainteté. Chose étonnante! c'était souvent un pêcheur sorti de la lie du peuple qui accomplissait une sorte de cérémonie de mariage, et, à son défaut, une vieille femme qui, se croyant sans doute moins autorisée, avertissait les époux que sa bénédiction perdrait son efficacité lorsque le curé viendrait à passer. Aussi le sacrement de mariage était-il tombé en désuétude, et le peuple croupissait dans une si grande ignorance, qu'on a vu des vieillards se vanter ensuite d'appartenir à l'Église, quoiqu'ils n'eussent pas même reçu le baptême.

Tel était l'état des missions de Terre-Neuve, lorsque, en 1829, Michael Fleming, évêque de Carpasia, succéda à Thomas Scallan, dont il était coadjuteur depuis huit ans. La connaissance qu'il avait acquise de son diocèse durant cet espace de temps lui permit d'y introduire de sages réformes. Il le divisa successivement en treize districts, construisit des églises, des presbytères, et des écoles, où bientôt toute la population fut en état de recevoir l'instruction religieuse et profane, dont elle avait si grand besoin. Avec une santé délicate, il traversa plus de dix fois l'Océan, et, quoiqu'il en souffrît toujours, il n'en redouta jamais ni les périls ni les incommodités pour aller chercher en Europe des secours ou des auxiliaires de son apostolat.

L'île de Terre-Neuve est de construction granitique, comme celle du Cap-Breton; ses côtes, formées par des rochers, sont également rugueuses et déchiquetées par l'action des vagues, et couvertes de rescifs à fleur d'eau; elles offrent néanmoins un grand nombre de ports favorables aux nombreux bateaux pêcheurs qui y abordent de toutes parts, la pêche de la morue étant son principal commerce. De hautes montagnes couvertes de forêts paraissent couvrir tout l'intérieur, qui n'est pas encore bien connu. Ses habitants sont généralement disséminés dans les villages et les villes, bâties non loin des ports : la principale est Saint-John-de-Terre-Neuve. Cette ville, qui est aujourd'hui la capitale de l'île, est remarquable par ses fortifications et son port, où il se fait, durant la saison de la pêche, un commerce considérable. Les vicaires-apostoliques y avaient fixé leur séjour, et en avaient fait le siége du vicariat. En 1834, la cathédrale de cette ville n'était encore qu'une misérable église de bois, incapable de contenir dans son enceinte la pieuse population, qui désirait assister au saint sacrifice et entendre la parole de Dieu le dimanche et les fêtes. Un vaste terrain sans valeur se trouvait près de la ville; il appartenait au gouvernement. L'évêque Fleming lui adressa une supplique pour en obtenir la propriété, et conçut le dessein d'y bâtir une grande et belle cathédrale, un monastère pour les religieuses qui se destinaient à l'éducation des jeunes filles, des écoles, et une résidence épiscopale.

Sa pétition fut bien reçue; mais il était à Rome, en 1837, lorsqu'il apprit l'heureuse nouvelle que le gouvernement lui avait accordé sa demande. Il partit aussitôt, et traversa de nouveau l'Océan pour retourner dans son diocèse. Le jour où le navire qui le portait jeta l'ancre dans la rade, le bruit de son arrivée se répandit promptement dans la ville. Une barque élégamment pavoisée et surmontée du signe auguste du salut s'élança vers son navire, et une députation composée des jeunes gens les plus distingués vint recevoir son pasteur chéri et l'amener en triomphe au rivage. Le clergé, la population presque entière, l'y attendaient avec les corporations diverses, qui lui adressèrent leurs félicitations; et la chambre des représentants du pays, assemblée en ce moment, ajournant aussitôt la séance, vint en corps le complimenter sur son succès et son heureux retour. Environné de ce brillant cortége, l'évêque se dirigea vers son église; mais il n'avait encore fait que quelques pas lorsqu'il vit s'avancer à sa rencontre une procession de jeunes filles vêtues de blanc, que conduisaient les religieuses du couvent de la Présentation, fondé à Saint-John depuis trois ans; à leur tête flottait une riche bannière, offrant la Croix brodée en or, couronnée de fleurs. Le cortége et la procession entrèrent ensemble à l'église, et c'est là qu'après avoir remercié Dieu de tous ses bienfaits, le pasteur annonça à son troupeau l'heureux succès de toutes ses démarches.

Les protestants, malgré leur petit nombre, trouvèrent toutefois les moyens d'entraver encore les desseins de l'évêque Fleming, et il fallut qu'il traversât de nouveau l'Océan pour aller solliciter à Londres l'exécution de la promesse qui lui avait été faite. Sa démarche obtint un plein succès. Secondé par la population presque entière de Saint-John, qui rivalisait de zèle à transporter les pierres énormes qui devaient servir aux fondations du nouvel édifice, l'évêque posa la première pierre de sa cathédrale, dans le courant de l'été de l'année 1841. Ce monument, conçu sur un plan magnifique, d'après les règles de l'architecture gothique, est aujourd'hui terminé. Telle a été, me racontait le docteur Fleming lui-même [1], la générosité et la munificence du peuple irlandais, dont il avait demandé les secours, que sa cathédrale, sans avoir coûté beaucoup à son troupeau, se trouve être une des plus belles et des plus grandes églises de l'Amérique Septentrionale. Placée dans une situation admirable, elle domine la ville,

[1] J'ai eu le bonheur de faire avec Mgr Fleming la traversée de l'Océan, au mois d'août 1845, sur le paquebot à vapeur *Caledonia*, allant à Boston. J'ai entendu de la bouche de ce prélat une foule de détails intéressants sur l'état de son diocèse. Le Dr Fleming nous quitta en face de Terre-Neuve, s'étant embarqué dans un bateau pêcheur, qui le transporta à Saint-John, le samedi 30 août 1845.

le port, l'Océan, une vaste étendue de pays. La Croix, arborée sur ses hauteurs stériles, consolera les regards des pauvres habitants de ces contrées ; elle apparaîtra comme un phare de salut aux voyageurs qui passeront le long de ces côtes, annoncera aux navigateurs européens la puissance de la foi dans l'île qu'ils viennent visiter, et leur rappellera l'inépuisable charité qui anime le continent bienfaiteur d'où ils sont venus.

En terminant ici les renseignements que nous avons pu recueillir sur Terre-Neuve, nous ajouterons que la ville de Saint-John contient au-delà de douze mille Catholiques, sur une population totale de vingt-cinq mille habitants. Le reste de l'île est dans la même proportion, et le recensement fait en 1832 par le colonel Bouchette lui donnait au-delà de soixante-quinze mille âmes. Nous ne comptons pas dans cette évaluation une population flottante de douze à quinze mille Français, répandus sur la côte de Terre-Neuve et sur les îles de Saint-Pierre et de Miquelon : ces deux îles appartiennent à la France, mais sont au spirituel sous la juridiction de l'évêque de la Martinique. En 1846, le nombre des prêtres employés dans l'île de Terre-Neuve était de vingt-trois [1]. Mgr Fleming se disposait alors à envoyer deux missionnaires aux Esquimaux de la côte glacée du Labrador, qui jusqu'à cette époque n'avaient pu obtenir d'autres notions sur le Christianisme que les ins-

[1] *Almanach de Québec* pour l'année 1846.

tructions faussées et imparfaites données par les frères Moraves.

Ces sectaires avaient depuis déjà plusieurs années des établissements sur les tristes rivages du Labrador, et nous joignons ici les renseignements que nous avons puisés à cet égard dans une source protestante. Leur principale station était à Naïn, sur la côte septentrionale, où le consistoire général des frères Moraves envoie tous les ans un navire chargé de provisions, etc. A Naïn il y avait quatre frères appelés missionnaires; à Okkak trois, à Hébron cinq, et à Hopedale quatre autres. Le nombre total des frères Moraves établis au Labrador était de vingt-neuf, et celui des Esquimaux convertis au protestantisme pouvait être en 1837 de huit cent quatre-vingt-quinze, dont trois cent vingt participaient à la cène, d'après leurs calculs [1].

Nous n'avons pu savoir si depuis lors Mgr Fleming avait mis à exécution le dessein d'envoyer des missionnaires pour éclairer des véritables lumières de l'Évangile cette portion si dégradée de l'espèce humaine. En 1834, le pape Pie IX, glorieusement régnant, érigea la ville de Saint-John de Terre-Neuve en évêché titulaire pour Mgr Fleming. Ce prélat vertueux mourut il y a deux ans environ, et depuis lors le Dr Murdock lui a succédé dans le siége de Saint-John, qui est sur le point d'être élevé au rang de métropole; Terre-Neuve serait alors partagée en quatre évêchés. C'est ainsi qu'en

[1] Montgommery Martin's *British Colonies*, *New-Foundland*, *Labrador Coast*, etc.

étendant l'épiscopat dans ces froides et sombres contrées, le père commun des fidèles travaille avec une infatigable et incessante activité à accroître, en tous lieux et jusqu'aux extrémités les plus barbares, le royaume de Jésus-Christ, dont il est le digne et auguste représentant sur la terre.

La Nouvelle-Ecosse continuait, de son côté, à prospérer sous l'administration sage et paternelle de son vicaire-apostolique. Mais Burke, épuisé par des travaux de tout genre, sentait le besoin d'un aide et d'un coadjuteur. Il avait à ce sujet écrit à la Propagande à Rome, et demandé qu'on lui donnât en cette qualité M. Thomas Maguire, le savant et digne grand-vicaire de Québec, qu'il savait capable, mieux que tout autre, de le seconder dans son apostolat. Le Saint-Siége accéda à ses vœux, et Maguire reçut les bulles qui le nommaient évêque *in partibus* et coadjuteur au vicariat-apostolique de la Nouvelle-Ecosse. Mais ce vertueux prêtre eut la modestie de refuser constamment la dignité qui lui était offerte, et les instances de M. Burke ne purent le déterminer à accepter. Il remit ses bulles à l'évêque Plessis, qui en écrivit à Rome, et Burke mourut la même année (1820), au mois de décembre, sans avoir eu la consolation de laisser après lui un successeur qui pût prendre le gouvernement du vicariat. L'archevêque de Québec continua quelque temps à en prendre soin : il y envoya des missionnaires, même encore après la consécration de William Fraser, prêtre écossais, nommé, en 1821, vicaire-apostolique de la Nouvelle-Ecosse, avec le titre d'évêque de Tanes.

Fraser était un homme pieux, charitable et zélé, bon théologien, mais avec fort peu de connaissances en administration, et presque exclusivement dévoué à cette partie de son troupeau qui était d'origine écossaise. Pendant vingt ans qu'il demeura seul chargé des fonctions de l'épiscopat dans cette contrée, il parut presque toujours oublier qu'il était évêque, pour ne s'occuper que du détail des missions, comme le peut faire un simple prêtre, sans songer à en embrasser l'ensemble, ni s'occuper des mesures générales. Sa vie, laborieuse et austère, se passa presque tout entière parmi les populations écossaises de son vicariat, du côté d'Antigonish, à l'extrémité septentrionale de la péninsule, où il résidait ordinairement. Aussi les Irlandais, qui formaient la majorité catholique de la Nouvelle-Ecosse, se plaignirent-ils plus d'une fois avec amertume de leur évêque, en lui reprochant son indifférence à leur égard; mais cette indifférence n'existait réellement pas au fond de son cœur. Son caractère timide seul donna lieu à ce reproche, Fraser ne s'étant jamais senti le courage de prêcher, ou même d'adresser à ses ouailles quelques paroles en anglais, lorsqu'il venait à faire ses visites pastorales parmi ceux qui n'entendaient que cette langue.

Les Irlandais, et surtout ceux d'Halifax, dont la congrégation devenait chaque jour plus nombreuse, fatigués de cet état de choses et mécontents de voir que le vicaire-apostolique, dont leur ville avait auparavant, toujours été le séjour depuis la fondation du vicariat, avait fixé loin d'eux son siége, firent à la fin entendre leurs plaintes à Rome, en témoignant que depuis vingt ans, c'est-à-dire depuis la mort d'Edmond Burke, ils avaient à peine, à de rares intervalles, eu le bonheur de jouir de la présence de leur vicaire-apostolique. Ces plaintes, plusieurs fois réitérées, finirent par exciter l'attention du Saint-Siége, et, après l'examen préalable de cette situation, il ne trouva d'autre moyen d'y mettre un terme, et de rattacher solidement William Fraser à la ville d'Halifax, qu'en le nommant évêque titulaire de cette ville. Elle fut, en conséquence, érigée en évêché, et M. William Walsh, prêtre irlandais d'un grand mérite, fut en même temps adjoint au nouvel évêque d'Halifax, en qualité de coadjuteur, le 15 février 1842. Consacré l'année suivante sous le titre d'évêque de Maximianopolis, il se rendit aussitôt dans la Nouvelle-Ecosse.

Cette nomination d'un coadjuteur qu'il n'avait pas demandé chagrina le vieil évêque ; il en appela à Rome à son tour, et en attendant il refusa de recevoir M. Walsh. On s'y attendait à demi ; le Pape alors, pour trancher les démêlés qui s'étaient élevés entre les deux prélats, divisa le diocèse, et cette sage mesure parvint à satisfaire toutes les exigences. La partie la plus septentrionale de la Nouvelle-Écosse, où se trouve Antigonish ainsi que la majorité des populations écossaises, fut réunie au Cap-Breton et forma ainsi un nouveau diocèse, dont le siége fut fixé à

Arishat dans l'île Madame, et d'Halifax Fraser fut transféré à Arishat. Par cette translation, M. Walsh devint sans obstacle évêque d'Halifax, gardant pour son diocèse la plus grande partie de la Nouvelle-Écosse, où il avait déjà opéré quelques changements avantageux (27 septembre 1844).

Sous son habile et énergique direction, tout prit une nouvelle tournure dans cette partie de la province. Le collége de Sainte-Marie d'Halifax, si bien commencé par Burke, et depuis trop négligé par son premier successeur, fut mis sur un nouveau pied et livré à la direction de trois ecclésiastiques. Par l'unanimité qu'il a su inspirer à la population irlandaise, nous avons vu de nos propres yeux[1] les merveilles qu'il a opérées aux regards ébahis et jaloux du protestantisme.

Outre l'évêque d'Halifax et les trois directeurs du collége, ce diocèse possédait encore quatorze ou quinze prêtres pour une population de trente-cinq à quarante mille Catholiques. L'évêque d'Arishat comptait en 1846 une dixaine de prêtres répandus sur la surface de l'île du Cap-Breton et sept ou huit dans la partie de la Nouvelle-Écosse qui dépend de son diocèse[2]. Le monastère de Tracadie, encore aujourd'hui gouverné par le père Vincent, qui est fort âgé, n'avait qu'un seul prêtre de plus et douze frères lais.

[1] Lors de mon passage à Halifax, en me rendant à Boston, en août et septembre 1845.

[2] M. William Fraser est mort à Antigonish, le 4 du mois d'octobre 1851.

Après avoir travaillé avec un grand zèle pendant plusieurs années à étendre la foi dans les pays soumis à son obédience, Mac Eachern, vicaire-apostolique de l'île du Prince-Edward et du New-Brunswick, avait vu ériger son vicariat en évêché titulaire, sous le nom de Charlottetown. C'est dans cette ville, capitale de l'île du Prince-Edward, que le nouveau siége fut placé (11 août 1829). Six ans après, l'évêque Mac Eachern mourut, laissant vacant le nouveau siége. Le clergé de Québec, qui cherchait à exercer encore une sorte de suprématie sur l'île du Prince-Edward, dont quelques missionnaires avaient fait leurs études dans cette ville, voulut donner pour successeur à l'évêque Mac Eachern un prêtre Canadien, M. Antoine Gagnon, dont la nomination fut vivement sollicitée à la cour de Rome[1]. Mais il ne réussit pas à l'obtenir. M. Bernard-Donald M'Donald, prêtre irlandais de la mission du Prince-Edward, fut justement préféré pour cette raison par le Saint-Siége, qui lui donna l'institution canonique en 1837, et il vint à Québec se faire consacrer évêque de Charlottetown, le 15 octobre suivant. Prélat bon et zélé, il travailla avec ardeur à procurer de nouveaux missionnaires à son diocèse, et commença la construction d'un vaste collége et d'un séminaire à un mille de la ville de Charlottetown.

Les besoins du New-Brunswick, auxquels il pouvait difficilement suffire par lui-même, lui faisant sentir tous

[1] Archives de l'archevêché de Québec.

les avantages que cette province retirerait du séjour d'un évêque particulier, l'évêque de Charlottetown en écrivit à Rome, en proposant la nomination de William Dullard, prêtre irlandais. Le Saint-Siége comprenait trop bien les intérêts des peuples, pour se refuser à partager un diocèse aussi vaste et placé dans des conditions aussi avantageuses que le démontrait M. Mac Donald. Le New-Brunswick fut, en conséquence de sa recommandation, érigé en diocèse (1842), et le Pape, en le détachant de celui de Charlottetown, lui adjoignit encore les îles de la Magdelaine. William Dullard était un élève du séminaire de Québec. Il fut consacré dans cette ville, le 11 juin 1843. Il vint ensuite fixer sa résidence épiscopale à Frédéricton, capitale du New-Brunswick ; il y mourut au mois d'août 1851. Le nombre des missionnaires de ce diocèse, en y comprenant l'évêque, était de vingt-trois en 1846, et la population catholique de quarante-cinq à cinquante mille âmes. Celle du Prince-Edward est d'au moins quarante mille, sur une population totale du double environ, avec dix missionnaires, non compris l'évêque.

CHAPITRE XXX.

DEPUIS L'ÉRECTION DE L'ÉVÊCHÉ DE MONTRÉAL, EN 1836, JUSQU'À L'ÉTABLISSEMENT DES PÈRES OBLATS EN CANADA, EN 1841.

Caractère de M. Lartigue, évêque de Telmesse. Il veut renoncer à l'épiscopat. Démarches du clergé canadien près du gouvernement pour obtenir son adhésion à l'érection du siége futur de Montréal. George Mountain lord-bishop de Montréal. Mort d'Antoine Tabeau, coadjuteur de l'évêque de Telmesse. Érection du siége de Montréal. Ignace Bourget, coadjuteur. Révolte des provinces canadiennes. Ambition méprisable de Papineau. Sévérité des évêques de Québec et de Montréal à l'égard des insurgés. Celui-ci est forcé de se cacher. Bataille de Saint-Denis. Fin de l'insurrection. Mort de l'évêque Lartigue (1840). Mgr Ignace Bourget, évêque de Montréal. Institution du chapitre canonial de cette ville. Glorieuses entreprises de Mgr Bourget. Son voyage en Europe. M. de Forbin-Janson, évêque de Nancy et de Toul, en Canada. Ses succès apostoliques. La croix de Saint-Hilaire de Ronville. L'évêque de Montréal annonce à son diocèse l'arrivée des pères Oblats de Marie Immaculée.

Nous avons laissé le district de Montréal au moment où l'évêque de Telmesse venait de prendre possession de la cathédrale que lui avaient bâtie ses concitoyens. Nous l'avons laissé au moment critique où une partie du clergé qu'il était chargé d'administrer, loin de se soumettre avec docilité à la houlette pastorale qui venait remplacer celle de Plessis, profitait de la fausse position qu'il avait prise en se compromettant avec le séminaire de Saint-Sulpice, pour refuser toute obéissance à M. Lartigue en lui contestant la juridiction incertaine qu'il voulait établir comme évêque auxiliaire suffragant de Québec. Avec un caractère droit et un esprit ferme, mais trop inflexible parfois, et qu'il ne sut pas, comme l'archevêque Plessis, tempérer au besoin, l'évêque de Telmesse eut du moins le courage nécessaire pour soutenir les luttes pénibles qu'une première imprudence lui suscita au commencement de son épiscopat. Il était d'une santé frêle et délicate, et ses amis avouent eux-mêmes qu'il mêla quelquefois l'irritation de la maladie [1] dans les mesures qu'il prenait pour défendre ce qu'il crut avec trop d'obstination être son droit, dans certaines circonstances. On lui doit cependant cette justice que, s'il outrepassa plus d'une fois les bornes d'une sage résistance à l'opposition qu'on lui faisait, ce ne fut ni l'intérêt personnel ni l'ambition qui le poussèrent à ces extrémités, mais une connaissance trop peu approfondie des règles canoniques.

Il faut convenir aussi que, si la résistance fut violente de part et d'autre, ce n'est pas à M. Lartigue qu'on doit reprocher l'anomalie d'une situation dont les prérogatives étaient incertaines, les droits douteux, et précaires ; et que la faute principale devait en revenir à celui qui avait cru pouvoir ainsi jeter les bases de l'épiscopat à Montréal. Quant au clergé, on ne peut lui reprocher tout au plus que d'avoir mis dans cette querelle une animosité inconvenante pour la personne d'un prélat respectable après tout, et par ses qualités, et par la dignité dont il était revêtu ; mais on doit tou-

[1] *Mélanges religieux* de Montréal (30 avril 1841). Biographie de M. Lartigue.

jours remarquer que, si M. Lartigue dut souffrir de tous ces débats, et si la charité sacerdotale s'en trouva souvent blessée, la résistance des curés du district de Montréal était après tout une défense ardente et rationnelle du principe de l'intégrité épiscopale, et que cette résistance n'aurait jamais été soulevée si ce principe avait été respecté, et si M. Lartigue avait été dès le commencement canoniquement élu évêque titulaire de Montréal.

A la vue de cette tempête, dont il se plaignait si amèrement, l'évêque de Telmesse demanda à deux reprises à Rome d'accepter sa démission ; il s'écriait douloureusement comme le prophète Jonas, dont il empruntait les paroles avec saint Grégoire de Nazianze : « Si c'est à cause de moi que cette tempête s'est soulevée, jetez-moi à la mer. » Mais Rome n'agréa pas les vœux de M. Lartigue : elle avait trop de sagesse pour ne pas voir que ce n'était pas tant à la personne de ce prélat qu'on en voulait qu'à l'évêque auxiliaire suffragant de Québec, dont la charge ne pouvait que difficilement se consolider d'une manière canonique, et qu'en changeant la personne, la situation n'en demeurait pas moins toujours la même. Elle attendit prudemment que le clergé et l'évêque du district de Montréal reconnussent eux-mêmes la cause véritable de leurs dissensions, et en demandassent le remède.

Le clergé des deux districts de Québec et de Montréal s'unit effectivement dans l'intention de mettre un terme à cette discorde déplorable : pour éloigner tous les obstacles, on s'adressa d'abord au gouvernement britannique en le priant de reconnaître civilement la personne de l'évêque et l'évêché de Montréal. Le cabinet, qui pressentait les désordres politiques dont le Canada ne tarda pas d'être encore une fois le théâtre, et qui, dans de pareilles circonstances, ne voyait d'autre moyen de maintenir la paix et la fidélité dans les campagnes que par l'attitude du clergé, sentit parfaitement qu'il ne pouvait empêcher la reconnaissance civile du nouvel évêque. Mais, pour sauver l'honneur de la primauté de l'église établie, il s'empressa d'ériger à Montréal un nouvel évêché anglican, sous la haute suprématie de l'archevêque de Cantorbéry, auquel il nomma Georges Mountain, fils du premier lord-évêque de Québec.

Pendant que ces choses se passaient, la Providence, voulant ménager une nouvelle épreuve à l'évêque de Telmesse, lui enleva, par une mort inattendue, en 1835, Antoine Tabeau, que le Saint-Siége, à sa demande, venait de lui donner pour coadjuteur. Mais, en le privant de cette consolation, le Ciel lui en préparait une plus grande en lui ouvrant les voies à un accommodement avec tout le clergé, et en faisant cesser tous les troubles que son installation comme évêque auxiliaire avait causés. L'évêque et le clergé de Québec avaient adressé au Saint-Siége la demande formelle de l'érection de l'évêché de Montréal. La Propagande temporisa quelque temps ; mais enfin, sur les pressantes supplications qui lui furent adressées pour cet objet, elle fit droit à leur demande. Par une bulle du 13 mai 1836, le pape Grégoire XVI constitua canoniquement le siége de Montréal en faveur de M. Lartigue; et, comme on devait s'y attendre, ce moment fut celui d'une réconciliation avec tous les membres du clergé qui avaient jusque-là refusé de se soumettre à l'autorité précaire du suffragant auxiliaire du district. Une fête solennelle fut préparée à Saint-Sulpice pour l'entrée de l'évêque de Montréal dans la paroissiale de Notre-Dame; et M. l'abbé Quiblier, supérieur de cette communauté, qui, depuis plusieurs années, la dirigeait avec autant de dignité que de sagesse, vint complimenter le prélat sous le porche de l'église, et lui offrit, comme gage de réconciliation et d'obéissance, un présent magnifique au nom du séminaire.

L'année suivante, M. Ignace Bourget, secrétaire de l'évêque, ayant été présenté au Saint-Siége avec prière de l'agréer pour coadjuteur de Montréal, en remplacement de M. Tabeau, fut canoniquement institué sous le titre d'évêque de Telmesse (10 mars 1837).

Mais, pendant que l'Église Catholique poursuivait ainsi sa marche dans le Canada, cette colonie, après avoir progressé matériellement dans une proportion étonnante sous la domination britannique, et joui depuis vingt ans d'une paix profonde, se trouvait entraînée dans de nouveaux troubles politiques, causés moins peut-être par l'impopularité du gouvernement que par les déclamations de Papineau et de quelques autres prétendus libéraux, qui n'aspiraient qu'à la dictature. Le parti radical, composé, comme dans la plupart des États de l'Europe, d'avocats turbulents et ambitieux, avait obtenu des whigs, alors au pouvoir, des concessions dont l'étendue ne surpassait que trop leurs propres espérances. Papineau, ridicule imitateur d'O'Connell, dont il n'avait ni la foi ni le génie, était à la tête de ce parti avec Viger, son parent, et le républicain Debartzech, qui savait à la fois flatter les hommes du gouvernement et garder la position qu'il avait prise parmi les déclamateurs du jour. Enflés de leurs succès, ils ne mirent bientôt plus de bornes à leur ambition; excités, d'un côté, par l'encens qu'ils recevaient des journaux de Paris et des États-Unis; de l'autre, par les menées secrètes que les annexionnistes américains avaient pratiquées dans le Canada, ils commencèrent à se flatter non plus seulement d'obtenir de nouvelles réformes dans l'administration, mais encore de secouer le joug de la Grande-Bretagne et d'être les véritables chefs politiques de leurs pays. Washington au petit pied, Papineau se voyait déjà président de la république canadienne.

Sir James Kempt, gouverneur-général des possessions britanniques depuis l'année 1828, et lord Aylmer en 1830, avaient inutilement travaillé à assurer la paix de la colonie, en introduisant un plus grand nombre de Franco-Canadiens dans le conseil législatif; lord Gosford, en 1835, avait fait d'inutiles efforts de son côté en se servant officiellement de la langue française et en admettant familièrement à sa table les avocats démocrates. Ce n'était pas là ce que voulaient Papineau et ses satellites. Que leur importait le bien-être de leurs compatriotes et l'honneur qu'on rendait à leur langue? Aspiraient-ils à autre chose qu'au pouvoir et à la domination? Ce qu'ils voulaient, comme les radicaux de tous les pays et de toutes les époques, c'était la puissance, qu'ils prétendaient arracher des mains de la reine pour l'exercer à leur profit; c'était la dictature sur leurs frères, qu'ils berçaient, en attendant, de rêves creux et sonores portant pour nom liberté et indépendance.

Trop faibles cependant pour soutenir seuls leurs prétentions, ils en appelèrent aux sentiments patriotiques des Canadiens. Ils réveillèrent les anciennes antipathies par leurs journaux et leurs placards incendiaires, firent valoir artificieusement toutes les injustices dont l'Angleterre s'était rendue coupable depuis soixante ans, et Papineau finit par proclamer que la contrebande était un devoir pour anéantir les revenus et paralyser l'action de la métropole. C'était le moyen d'attirer dans son parti la populace et les paysans des frontières.

Ce n'était pas cependant que les Canadiens n'eussent point de raisons légitimes de se plaindre du gouvernement anglais. Il eût été impossible à Papineau et à ses satellites de réussir dans leur entreprise, s'ils n'avaient été secondés par les griefs de leurs compatriotes, accumulés depuis tant d'années à la charge de l'Angleterre; et toute notre histoire, depuis l'époque de la cession du

Canada, n'offre qu'une suite d'injustices d'une part, et de souffrances de l'autre. Sans doute il y avait eu des réformes, et la Grande-Bretagne s'était relâchée peu-à-peu de sa dureté à l'égard des Catholiques. Mais combien d'autres réformes demandées, surtout depuis l'administration de sir John Craig, avaient été refusées; combien d'iniquités avaient été commises par les agents de la couronne, et de malversations dans la perception des deniers de la colonie; combien d'intérêts méprisés pour la satisfaction de quelques viles créatures du gouvernement! En 1829, la législature avait passé plusieurs bills pour l'éducation de la jeunesse; à la grande joie de toute la population canadienne, des milliers d'élèves avaient reçu une instruction gratuite, lorsque tout-à-coup, en 1836, le conseil exécutif ayant refusé de renouveler l'acte qui avait autorisé l'établissement des écoles, seize cents maisons se fermèrent, et plus de quarante mille élèves se trouvèrent privés des bienfaits de l'éducation [1].

C'est appuyé sur ces actes impolitiques que Papineau continuait d'agiter les populations. Lord Gosford, effrayé des proportions que prenait l'opposition déjà changée en révolte ouverte, en avait appelé, ainsi que ses prédécesseurs, aux sentiments de loyauté du clergé catholique. Les évêques de Québec et de Montréal vinrent à son secours; ils s'adressèrent à leurs ouailles

[1] C'est cependant ce même gouvernement anglais, qui prêche tant aux autres gouvernements de donner de l'instruction aux peuples, qui faisait de si belles choses! Lord Durham le lui reproche durement dans son *Rapport*, en faisant connaître que l'Église Catholique seule ouvrait des écoles gratuites dans le Canada.

avec cette liberté paternelle qui avait toujours si bien réussi à leurs prédécesseurs ; ils leur montrèrent le mal qu'il y avait à paralyser l'action légitime du gouvernement, et mirent la contrebande au ban de l'Église. Mais Papineau et les siens ne connaissaient pas plus son autorité que celle de la reine ; leur ambition et leur intérêt étaient leur unique religion, et pour la première fois les Canadiens, égarés, demeurèrent sourds à la voix de leurs pasteurs.

Lord Gosford se vit amené à de nouvelles concessions politiques : elles ne suffirent point. Les rebelles devenaient chaque jour plus nombreux et plus menaçants ; bientôt ils prirent les armes, et contraignirent les magistrats et les officiers qui tenaient leurs brevets du gouvernement britannique à déclarer sur l'honneur qu'ils ne prendraient plus désormais de service pour la métropole. Le Canada ne tarda pas à être tout en feu. Dans l'été de l'année 1837, des émeutes se succédèrent dans les villes les plus importantes. Québec, où se trouvait le gouverneur-général, quoique agité, se soutint grâce à l'attitude du clergé. Montréal fut livré tout entier aux mains de l'insurrection. Pour la première fois les Canadiens se laissèrent emporter à l'effervescence de leurs passions. Exaspérés par le tableau affreux qu'on leur traçait des injustices de leurs maîtres, les paysans se soulevèrent à leur tour dans les campagnes de ce district. La haine du nom Anglais, longtemps assoupie, s'éveilla tout-à-coup, et ils sentirent battre le sang français dans leurs cœurs, comme si un jour à peine les eût séparés de l'époque de la conquête.

Pour la troisième fois l'Angleterre se crut sur le point de perdre sa colonie. Des engagements meurtriers avaient eu lieu entre les rebelles et les troupes du gouvernement où celles-ci avaient été battues. Lord Gosford, épouvanté des suites de la révolution, s'était embarqué vers la fin de l'année, et était allé tracer au cabinet l'état déplorable de ses possessions septentrionales. Lord Durham le remplaça, et partit avec des troupes pour étouffer l'insurrection triomphante. Pendant une partie de l'année suivante, le district de Montréal fut le théâtre de tous les excès inséparables de la guerre civile. La Grande-Bretagne déploya toutes ses forces, et une armée formidable par le nombre et la discipline ravagea les belles campagnes du Canada. Les villages insurgés furent saccagés par le fer et par le feu; rien de ce qui paraissait appartenir aux révoltés ne fut épargné. Des rencontres meurtrières eurent lieu, qui plus d'une fois menacèrent d'anéantir la puissance de la Grande-Bretagne. Au milieu de ces bouleversements malheureux, les évêques de Québec et de Montréal ne firent que trop, il faut le dire, le devoir imposé à des sujets fidèles et loyaux; mais ils se souvinrent trop peu aussi, dans ces moments terribles, que, s'ils étaient les sujets de l'Angleterre, ils étaient avant tout les concitoyens et les frères, les pasteurs et les pères des infortunés qu'égaraient une poignée d'ambitieux ; et nous ne pouvons que déplorer, avec une partie du clergé canadien lui-même, l'extrême rigueur dont l'évêque de Montréal usa dans ses mandements à l'égard des insurgés. Au lieu de les rappeler à la raison par la douceur, il excommunia tous ceux qui seraient pris les armes à la main. Il comprit bientôt, mais trop tard, qu'il aurait dû s'en tenir au simple rôle de pasteur, sans distinction de partis. Dans l'exaspération que son mandement n'avait fait qu'accroître, ses jours furent menacés par une foule émeutée dans les rues de Montréal, où l'on ne distinguait ni protestants ni catholiques, mais où la passion aveugle seule commandait, et il fut obligé de céder momentanément à l'orage, en quittant sa ville épiscopale pour mettre sa vie à l'abri du danger.

La dernière et la plus sanglante action de cette triste campagne fut celle qu'on appela depuis la bataille de Saint-Denis, qui fut livrée près du village de ce nom, par les insurgés, contre les troupes de l'Angleterre. Ce fut aussi la plus funeste pour les Canadiens. Leurs plus braves paysans, hommes au cœur droit, aux intentions pures, mais égarés par Papineau, qui les commandait, donnèrent des exemples d'un courage héroïque, au nom d'une liberté illusoire. Mais cet homme, qui avait su les conduire à l'insurrection, leur manqua au plus chaud de l'action. Il eut peur, et disparut du champ de bataille quand ils pouvaient en être les maîtres.

Abandonnés des lâches qui comptaient profiter du

sang qu'ils avaient versé, les combattants se firent tuer en désordre, et leurs débris ne prirent la fuite que lorsque toute résistance fut devenue impossible. Les soldats anglais en firent une affreuse boucherie. Ils entrèrent ensuite dans le village de Saint-Denis, le dévastèrent par le fer et l'incendie, et ne se retirèrent que lorsqu'il n'y eut plus que des cendres et des cadavres.

Après ces scènes funèbres, ils continuèrent quelque temps encore à ravager les propriétés des vaincus, et cette explosion funeste finit bientôt par être entièrement étouffée par les baïonnettes britanniques. Un grand nombre de ceux qui avaient pris les armes à la voix de l'ambitieux Papineau avaient été condamnés à mort, d'autres à une prison rigoureuse ou à l'exil. Les malheureux Canadiens expièrent ainsi cruellement leur révolte. On ne peut que plaindre leurs infortunes, et l'Angleterre seule peut revendiquer le droit de les condamner. Quant à ceux qui avaient fomenté l'insurrection par leurs discours incendiaires, ils trouvèrent moyen d'obtenir leur grâce, ou bien allèrent étaler à l'étranger leur désertion sous les couleurs d'un patriotisme malheureux. Papineau était de ce nombre. Il s'était sauvé un des premiers sur la frontière américaine. Il se rendit ensuite en France. Quelques années plus tard, il se crut trop heureux de demander sa grâce et de l'obtenir de la reine d'Angleterre, à laquelle il avait eu la prétention de succéder en qualité de chef de la république canadienne.

Lorsque la commotion qui avait ébranlé le Canada commença à se calmer, Lartigue revint parmi ses ouailles, qu'il n'avait jamais d'ailleurs quittées entièrement. Mais cette commotion, à laquelle il dut être plus sensible qu'il ne le laissa paraître, avait brisé les ressorts de sa débile existence. Il alla, dans son épuisement, demander de nouveau un asile et des soins aux religieuses de l'hôtel-Dieu, où il avait vécu jusqu'à l'achèvement de sa résidence épiscopale. Homme de lutte et d'action, prêtre actif et intrépide, mais auquel il manqua trop souvent la prudence et la douceur nécessaires dans son intérêt et celui de l'Église, il succomba en soldat, sur la brèche, et alla rendre compte à Dieu de ses travaux, de ses combats, de ses fautes, et de ses vertus, le jour de Pâques 19 avril 1840. Sous l'écorce d'un caractère rude et emporté, il cachait toutefois un cœur bon et une charité sans bornes pour les pauvres, qui furent toujours ses frères et ses enfants. Comparativement éloquent et instruit pour son pays et les hommes de son pays, dans les diverses branches d'enseignement ecclésiastique, il montra plus d'une fois des vues larges et profondes, et jeta par ses difficiles labeurs les fondements d'un diocèse destiné, ce semble, à devenir le plus beau et le plus grand du Canada. On lui fit de pompeuses funérailles dans l'église de Notre-Dame des Sulpiciens ; ensuite on le transporta dans sa cathédrale, où sa place était préparée dans un caveau en face du maître-autel.

Quatre jours après la mort de M. Lartigue, son coadjuteur, M. Ignace Bourget, fut solennellement installé sur le siége de Montréal. Ce prélat n'avait rien du côté brillant qui avait distingué son prédécesseur ; mais il parut apporter dans l'administration de son diocèse une modération et une prudence bien plus propres à lui concilier les esprits que la rude inflexibilité de M. Lartigue. Celui-ci avait, dans les derniers temps de son épiscopat, demandé au Saint-Siége l'institution d'un chapitre, avec toutes les dignités et prérogatives attachées à ce corps, pour la cathédrale de Montréal, dont les chanoines pourraient plus tard former le conseil de l'évêque et composer les tribunaux ecclésiastiques nécessaires à un diocèse régulièrement établi. Une telle demande ne pouvait qu'être accueillie favorablement par le Pape, qui répondit avec une distinction marquée en envoyant à l'évêque Lartigue les bulles qui érigeaient canoniquement le chapitre de Montréal. Mais l'état alarmant de ce prélat, qui amena bientôt sa mort, l'empêcha de réaliser cette institution, qui fut une des premières œuvres de son successeur.

Québec, depuis plus d'un demi-siècle, avait vu s'éteindre, par la triste ambition de sa fabrique paroissiale, la dernière des dignités de sa cathédrale, et, dans le système de timidité où vivait son clergé, n'avait pas fait la moindre démarche pour réorganiser son chapitre, qui, avec le rétablissement des dignitaires et des tribunaux canoniques, serait si utile dans ce diocèse pour fortifier l'épiscopat et protéger le clergé. Montréal, que sa situation centrale et son nom même semblent destiner à de grandes choses, et qui apparaît déjà, avec ses nombreuses et saintes congrégations, ses hôpitaux, et surtout l'opulente et vénérable communauté de Saint-Sulpice, comme la Rome de l'Amérique du Nord, a voulu la première établir dans son église le spectacle des anciennes splendeurs du Catholicisme. La prise de possession des nouveaux chanoines eut lieu le 21 janvier 1841, avec une pompe inaccoutumée, en présence d'une multitude innombrable de fidèles; et ce fut un prélat français que sa fidélité à de grandes et royales infortunes avait chassé de son siége, M. de Forbin-Janson, évêque de Nancy et de Toul, conduit en Canada par son zèle apostolique, qui fut chargé par l'évêque de Montréal d'installer solennellement le nouveau chapitre.

C'était commencer dignement cette suite de grandes œuvres auxquelles Mgr Bourget consacra les premières années de son épiscopat. Le diocèse de Québec se laissait vivre et végétait comme une plante sans sève depuis la mort de M. Plessis. Celui de Montréal, sous l'influence de son évêque et la protection de Marie, à laquelle il est si spécialement consacré depuis la fondation de cette ville, marchait de cette marche qui caractérise les grandes choses; vivant de la vie que donne le Catholicisme bien compris, admettant toutes les bonnes œuvres sans craindre que l'une pût nuire à l'autre, recevant indistinctement dans son sein toutes les congrégations et les ordres religieux sans redouter leurs rivalités, qui ne sont qu'une conséquence des misères communes de l'humanité, parce qu'il comprenait que de ces rivalités même Dieu faisait souvent surgir une source de bienfaits pour la société chrétienne. Québec, au contraire, répudiait avec une défiance timide tout établissement religieux qui aurait pu exciter l'ombrage du gouvernement britannique, et se refusait à voir naître dans les villes et les forêts de son diocèse les grandes institutions qui ont planté la foi et la civilisation en Europe, et qui portent encore aujourd'hui le Christianisme et ses bienfaits aux extrémités de l'univers. Montréal recevait avec reconnaissance l'archiconfrérie du Sacré-Cœur de Marie ; et, bientôt après, M. Bourget avertissait son peuple, par une circulaire pleine d'onction, qu'il allait partir pour l'Europe afin d'y chercher parmi les ordres religieux qui avaient fait la gloire du vieux monde, des coopérateurs dans ses travaux et ceux de son clergé. Il voulait aller prier au tombeau des Apôtres et s'inspirer en marchant sur une terre arrosée du sang de tant de martyrs, afin de reproduire les grandes choses de Rome dans la ville de Marie.

Pour préluder à son voyage et attirer de plus en plus les bénédictions du Ciel sur ses pieux desseins, l'évêque de Montréal encourageait toutes les missions de son diocèse et en établissait de nouvelles sur l'Ottawa, aux lacs Temiscaming et Abbitibbi, ainsi qu'au village d'Aylmer, sur un autre lac du même nom ; des chapelles et des églises s'élevaient parmi les restes des tribus algonquines fixées autour de ces missions, où ces Sauvages venaient prier avec l'ardeur touchante et la simplicité des premiers temps de la foi en Canada. Enfin, le 3 mai 1841, le prélat s'embarqua, pour traverser le fleuve, avec M. Power, curé de la Prairie et depuis évêque de Toronto, et M. Paré, son secrétaire, au milieu d'un concours considérable de personnes de toute condition, qui lui témoignèrent jusqu'au dernier instant leurs respects, et leurs souhaits pour l'heureux succès de son voyage et de son retour. Il alla prendre à New-York un des paquebots de l'Atlantique, et arriva le 1er juin au Havre-de-Grâce. A Paris, il se recommanda, en passant, lui et tout son diocèse, à la Mère des miséricordes, dans l'église de Notre-Dame-des-Victoires, et partit ensuite pour Rome, où il resta six semaines.

Son retour de la ville éternelle, où il avait reçu du Souverain-Pontife toutes les marques d'une affectueuse tendresse, coïncida à Montréal avec celui de M. de Forbin-Janson, qui était revenu dans cette ville pour consacrer la croix gigantesque qui devait s'élever sur le sommet de la montagne de Belœil, près de la paroisse de Saint-Hilaire de Rouville. Toute la population catholique du diocèse avait concouru à ériger ce monument, comme un souvenir des merveilles que la parole apostolique de l'évêque de Nancy avait opérées dans une suite de missions données au peuple du Canada. Qu'on se figure une croix de cent pieds de hauteur, toute couverte de fer-blanc, s'élevant avec majesté sur un pic escarpé, dominant au loin les autres montagnes, les bois, les prairies, les rivières, le fleuve Saint-Laurent, des villes et des villages, tout un vaste pays aux traits gigantesques comme le fleuve qui le parcourt, et l'on pourra se faire une idée de l'effet que dut produire le spectacle de cette grande croix élevée dans les airs à une pareille hauteur.

Cinq évêques s'étaient réunis au jour de la bénédiction de ce nouveau calvaire; autour d'eux se pressait une immense population, avide de contempler ce spectacle, unique peut-être dans les fastes de l'Église. Arrivée à mi-chemin de la montagne, au pied du pic où devait s'élever la croix, la foule s'arrêta, pour se reposer avec ceux qui portaient le monument, sur les bords du lac de Rouville [1]; et l'évêque de Nancy, se plaçant debout sur la poupe d'une barque, comme autrefois le Sauveur sur le bord du lac de Tibériade, s'adressa à la multitude, de cette voix éloquente qui tant de fois l'avait émue, lui rappela les bienfaits de la Religion, et, après avoir conjuré ses auditeurs d'être toujours fidèles à la bannière de la Croix, donna le signal pour gravir la

[1] Le comté de Rouville borde la partie septentrionale du lac Champlain. Au milieu de l'ondulation des plaines s'élève la montagne de Belœil, dont la formation ressemble à une accumulation de rochers couverts de petits bois, d'un aspect extrêmement pittoresque. Sa hauteur est de plus de quinze cents pieds au-dessus des collines environnantes. Ses flancs, coupés par des ravins profonds, s'élargissent à moitié chemin du sommet, et présentent à l'œil un lac charmant, environné de bocages délicieux, et d'où s'échappent quelques ruisseaux, qui vont, à travers les sinuosités de la ravine, se mêler aux eaux du lac Champlain. La paroisse de Saint-Hilaire est au pied de la montagne, et c'est sur le sommet le plus élevé du pic de Belœil que l'on a érigé la fameuse croix de la Mission, à laquelle une chapelle, solidement construite, sert de base. Cette croix a cent pieds de hauteur sans cette base. Couverte en entier de fer-blanc, qui jamais ne se rouille sous le climat sec du Canada, soutenue par des chaînes immenses, qui la retiennent de tous côtés : on conçoit qu'elle doit être visible, dans une pareille situation, à une grande distance. Aussi l'aperçoit-on ordinairement à plus de quinze lieues à la ronde; et, par le soleil de midi, son éclat est comme celui d'un météore dans l'azur de l'horizon.

montagne. On se forma alors en procession régulière, les femmes marchant autour de la bannière qui ouvrait la marche, puis les évêques, le clergé, et toute la foule, chantant des cantiques sacrés.

« C'était un spectacle étonnant, dit un témoin oculaire, que celui de cette suite de vingt mille pèlerins, gravissant ce nouveau Golgotha [1], ondulant le long du sentier sinueux ; tantôt disparaissant en partie dans les profondeurs d'un ravin, tandis que les extrémités de la procession apparaissaient au sommet des rochers ou des monticules plus élevés ; tantôt se perdant à un détour du chemin, pour reparaître loin de là au travers des grands arbres. On eût dit la vaillante armée de Godefroid de Bouillon gravissant les montagnes de la Judée, et l'on songeait à cette montagne sainte qui est le ciel, au sommet de laquelle sont suspendues les couronnes promises à ceux qui, marchant dans le chemin de la Croix, ont le courage de les ravir : *Violenti rapiunt illud.* Car les chants sacrés, jetés aux échos de la montagne comme un céleste concert, ramenaient l'âme à de religieuses pensées et l'inondaient de je ne sais quelle pieuse et sublime harmonie. Tout-à-coup la cloche sonne et annonce une station : c'est la première du chemin de la croix. Toute cette multitude se prosterne religieusement, et Mgr de Nancy bénit la croix et récite les prières de la station ; puis on se remet à gravir de nouveau le calvaire, et ainsi jusqu'au sommet de

[1] *Mélanges religieux* de Montréal, du 15 octobre 1841. La bénédiction de la croix avait eu lieu le 6 du même mois.

la montagne, où bientôt apparaissent à tous les regards le gigantesque monument, et la chapelle du Saint-Sépulcre, servant de piédestal à la croix qui domine non-seulement ce pic élevé, mais tous les monts environnants. C'était la dernière station. Le plateau était littéralement couvert de fidèles et offrait le coup d'œil le plus magnifique et le plus saisissant. Je n'entreprendrai pas de décrire ce site grandiose, qu'ont admiré tant de fois non-seulement les habitants de cette province, mais tous les étrangers qui l'ont visité. Ce point de vue, d'où l'on découvre à l'œil nu un panorama immense, dans un horizon de plus de quinze lieues d'étendue, des campagnes, des rivières, des lacs, où le regard plonge avec étonnement, s'agrandissait de toute la grandeur de la religion avec cette grande croix, gigantesque drapeau du Canada catholique. Tout le monde parut un moment uni dans un même sentiment de bonheur et d'admiration. On remarqua un Sauvage, seul, debout sur l'angle d'un rocher, contemplant d'un œil morne ce spectacle si nouveau pour lui. Il me sembla voir, comme dans une mystérieuse apparition, le représentant de ces tribus éteintes, envoyé par les anciens maîtres du sol canadien pour savoir quels étaient ces nouveaux bruits qui troublaient leur solitude. Après les prières de la dernière station, Mgr de Nancy vint se placer au pied du monument, et de là, dominant la multitude, il épancha toutes les émotions dont son âme était saisie, et gagna pour jamais tous les cœurs à l'amour de la croix et de Jésus-Christ. Spectacle touchant! Sainte et sublime pensée! d'avoir réuni sur cette haute montagne toute la population d'une vaste contrée au pied d'une croix! de changer un rendez-vous de plaisirs souvent criminels en un saint pèlerinage!... Il était trois heures, heure sainte et propice, qui rappelle à l'âme chrétienne celle qui sonna sa rédemption, lorsque l'évêque de Nancy donna le signal du départ en entonnant le *Te Deum*.... On descendit lentement, et, après un dernier cri d'amour pour Jésus et la Croix, la foule s'écoula, pleine d'une religieuse émotion. »

L'évêque de Nancy, qui avait cru retrouver dans le Canada la France de sa jeunesse, laissa, en le quittant, des regrets dans bien des cœurs. Quelques hommes chagrins ne l'avaient vu qu'avec jalousie; les protestants fanatiques, avec haine et défiance; mais partout son souvenir se grava d'une manière ineffaçable avec celui du bien qu'il avait fait. Dans une foule de campagnes, nous avons rencontré des monuments élégants portant la croix à leur sommet; ils racontent les merveilles qu'opéra M. de Forbin-Janson dans les nombreuses missions qu'il prêcha dans les diocèses de Québec et de Montréal, et la grande croix de la montagne de Saint-Hilaire de Rouville est aujourd'hui le premier objet qu'on découvre en arrivant dans le Canada par la frontière américaine; elle brille au loin comme un signe d'espoir et de salut pour les Catholiques, et jette l'hérétique et l'infidèle dans un mélange d'étonnement et d'effroi.

L'évêque de Montréal, reçu à son retour de Rome,

avec tous les témoignages de l'allégresse la plus vive de la part de son troupeau, lui avait annoncé que de nombreux coopérateurs viendraient bientôt l'aider dans ses travaux et participer à ceux de son clergé. M. de Mazenod, évêque de Marseille, lui avait fait la promesse d'envoyer au Canada un certain nombre de pères Oblats de la congrégation de Marie Immaculée, instituée par ce prélat pour les missions de la France et de l'étranger. De leur côté, les prêtres de la congrégation de Saint-Sulpice de Montréal avaient opéré une immense amélioration dans l'instruction élémentaire en introduisant dans cette ville les frères de la Doctrine-Chrétienne, du bienheureux la Salle, auxquels ils avaient donné plusieurs établissements magnifiques, construits aux frais du séminaire, qui seul s'était chargé de leur entretien. Deux nouveaux colléges venaient encore d'ouvrir leurs portes à la jeunesse canadienne, à Sainte-Thérèse, et à l'Assomption, et celui de Saint-Hyacinthe d'Yamaska prenait chaque jour de nouveaux développements. Saint-Hyacinthe, petite ville qui commençait à s'agrandir sur les bords gracieux de la rivière d'Yamaska, édifiait en même temps un hôtel-Dieu desservi par plusieurs religieuses. D'un autre côté, l'évêque Bourget, n'ayant pu obtenir de France des Filles de Saint-Vincent-de-Paul, avait lui-même, d'après la règle de ce saint, institué des sœurs de la Charité, pour prendre soin de la maison de la Providence, que le zèle des habitants de Montréal avait érigée dans cette ville. La maison des Veuves et celle des Filles du Bon-Pasteur étaient encore autant de témoins de l'infatigable charité de l'évêque et de la pieuse générosité de ses concitoyens, qui n'ont jamais cessé de lui venir en aide dans ses œuvres de piété et de miséricorde.

CHAPITRE XXXI.

COMPRENANT LES COMMENCEMENTS DES PÈRES OBLATS EN CANADA, ET L'HISTOIRE DES MISSIONS DE LA RIVIÈRE-ROUGE.

Arrivée des Oblats. Leur installation à Longueil. Leurs missions. Stations de l'Ottawa et du lac Temiskaming. Ils sont appelés par le vicaire-apostolique du territoire de la baie d'Hudson. Histoire première des Indiens de la Rivière-Rouge. Les Assiniboines, les Kinistinoks ou Cris. Premiers voyages des Français dans ces contrées. Les compagnies de la baie d'Hudson et du Nord-Ouest. Destruction des Chippewas et des Assiniboines par la petite-vérole. Misère de ces Indiens. Colonie de lord Selkirk. Il demande des missionnaires à l'évêque de Québec. Fruits de leur apostolat. Les Oblats chez les Têtes-de-Boule. Missions du Saint-Maurice. Les pères Aubert et Taché envoyés à la Rivière-Rouge. Leur voyage sur les fleuves et les lacs du désert. Charmes de la solitude. Le lac Nipissing et le lac Supérieur. Description du territoire de la Rivière-Rouge. Mission de Saint-Boniface. Mœurs et coutumes de ses habitants. Érection de l'évêché de Saint-Boniface. Suite des missions des Oblats. Description du Saguenay. Incendie des chantiers de Ha-ha. Évêché de Bytown.

Les pères Oblats de Marie Immaculée que l'évêque de Montréal avait annoncés à ses ouailles arrivèrent au nombre de quatre, accompagnés de deux frères lais, le 2 décembre de la même année 1841. Ils furent reçus par le prélat avec toute la joie d'un tendre père, et quatre jours après ils furent installés au presbytère de Saint-Hilaire de Rouville, dont ils furent chargés de desservir la paroisse en attendant qu'ils pussent commencer leurs missions. Une maison avec une vaste propriété leur ayant été plus tard donnée à Longueil, sur le Saint-Laurent, leur permit de se constituer régulièrement et d'y former un noviciat de leur ordre. Dès ce moment, ils s'accrurent promptement; quatre ans après ils possédaient déjà trois établissements : le premier à Longueil, où réside le visiteur-général, qui est spécialement chargé des missions des townships ou terres à défricher ; le second dans la ville alors naissante de Bytown sur l'Ottawa, et le troisième sur la rivière du Saguenay, au diocèse de Québec[1].

L'Ottawa, qui serait ailleurs un fleuve magnifique, est un des affluents du Saint-Laurent, dans lequel il se jette au nord-ouest des îles de Montréal et de Jésus. Il prend sa source dans le lac Temiscaming à trois cent cinquante milles plus haut, dessinant dans son cours des détours sans nombre, embellis par tous les charmes dont la nature se revêt dans ces contrées septentrionales. C'est au confluent de la Gatineau, qui forme en se joignant à l'Ottawa des scènes ravissantes, que le colonel By avait jeté, quelques années auparavant, sur la rive droite de cette rivière, les fondements de la ville qu'il appela de son nom Bytown[2]. Cette ville, dont les accroissements furent extrêment rapides, appartenait alors au diocèse de Kingston dans le Haut-Canada. C'est là que les pères Oblats allèrent former leur second établissement. Cette communauté était destinée à évangéliser la po-

[1] C'est aussi vers la même époque que l'archevêque de Québec organisa la première mission qui fut envoyée dans l'Orégon, qui était alors regardé comme une dépendance de la compagnie de la baie d'Hudson. Les premiers missionnaires furent M. Blanchet, aujourd'hui archevêque d'Orégon-City, et M. Demers, depuis évêque de Vancouver. Mais ces contrées n'appartenant réellement pas au Canada, j'en omets ici l'histoire, qui entrera plus tard dans celle des Etats-Unis.

[2] By-town, ou ville de By.

pulation catholique disséminée dans les hautes terres, surtout celle des chantiers. On appelait ainsi les nombreux bûcherons dispersés pendant six mois de l'année dans l'intérieur des forêts, pour s'y livrer à l'exploitation des bois, et qui pendant tout ce temps demeuraient, sous le rapport religieux, dans le dénûment le plus complet. Les Oblats de cette mission étaient chargés en outre de porter le flambeau de la foi aux Algonquins et aux Abbitibbes, restes des anciennes nations sauvages si attachées autrefois à la France, et qui étaient alors répandus dans les régions canadiennes entre le 48ᵉ et le 50ᵉ degré de latitude [1]. Le père Laverlochère fut un des premiers à parcourir ces immenses solitûdes ; du lac Temiskaming aux postes les plus reculés de la baie James, il exerça son zèle apostolique, que Dieu récompensa souvent par les fruits les plus heureux et les plus inattendus.

L'évêque Provencher, vicaire-apostolique du territoire de la baie d'Hudson, les appelait de son côté dans les régions soumises à sa juridiction. Elle comprenait alors cette immense surface de terres, de bois, et d'eaux, aussi vastes que l'Europe, qui s'étend d'un côté depuis les limites occidentales du Labrador jusqu'au-delà des montagnes Rocheuses, vers les rivages de la mer Pacifique, et de l'autre depuis le lac Supérieur et les frontières septentrionales des États-Unis jusqu'à l'océan Arctique. Ce vicariat avait dès l'origine

[1] *Annales de la Propagation de la Foi,* année 1845, pages 239 et suivantes.

reçu le nom de Rivière-Rouge, du district de ce nom, où le prélat avait établi sa résidence. Les terres qu'arrose la Rivière-Rouge dans toute la longueur de son cours étaient autrefois occupées par la race guerrière des Sioux. Les Nadowessies, Assiniboines ou Sioux des Rochers, autre famille de la même nation, occupaient celles qui bordent la rivière de leur nom, qui se jette dans la Rivière-Rouge, à dix-huit lieues de son embouchure dans le lac Winipeg [1]. Mais, la division s'étant mise dans la suite entre les deux tribus, les Assiniboines appelèrent à leur secours les Kinistinoks, à qui les Français donnaient le nom de Cris. Ceux-ci habitaient les bords du lac des Bois, qui, par une chaîne d'autres lacs, écoule les eaux du lac Winipeg dans le lac Supérieur. Aidés de ces puissants alliés, les Assiniboines triomphèrent de leurs rivaux. Les Sioux abandonnèrent aux Kinistinoks les plages fertiles de leurs ancêtres, et émigrèrent vers les régions du sud-ouest. Depuis lors des mariages cimentèrent l'union des deux nations victorieuses, qui demeurèrent toujours en paix dans la suite [2].

Cette paix continuait lorsqu'ils reçurent pour la

[1] *Winipeg*, ou Eau Sale. Le cours du lac Winipeg est à peu près ouest-nord-ouest et sud-sud-est; l'extrémité orientale de ce lac est par 50° 37' nord : il se rétrécit à environ un quart de sa longueur, formant un détroit à la latitude de 51° 45'. En cet endroit, il n'a pas plus de deux milles de large, et l'on arrive à la côte méridionale par une suite d'îles et de baies ; après quoi ses eaux se déchargent dans la Saskatchiwin, à la latitude de 53° 15', et d'un autre côté, dans le lac Supérieur par le lac des Bois. — Montgommery-Martin, *Hudson-Bay* in his *British Colonies*.

[2] Montgommery-Martin, in his *British Colonies* etc. — Lettre du R. P. Aubert, O. M. I. dans les *Annales de la Propagation de la Foi*, année 1848, p. 136.

première fois la visite des Européens. On ignore l'époque précise à laquelle les Franco-Canadiens commencèrent à pénétrer dans leurs déserts ; mais on voit paraître dans les relations le nom des Sioux et des Assiniboines ou Nadowessies, lors de la fameuse assemblée des Sauvages convoqués par le père Allouez, au Sault-Sainte-Marie, avant la fin du dix-septième siècle. Malgré les dangers de tout genre qu'on devait y affronter, les coureurs de bois, les trafiquants en peaux de castor, français ou anglais, commencent à s'y hasarder dans les premières années du dix-huitième. Plus tard des officiers français par ordre du comte de Maurepas prirent possession, au nom de leur gouvernement, de ces vastes contrées : ils y construisirent plusieurs forts, dont l'un entre autres, nommé le fort de la Reine, en l'honneur de l'épouse de Louis XV, situé à vingt lieues de l'Assiniboine et de la Rivière-Rouge, montrait encore ses ruines, il y a quelques années, au milieu de la sombre végétation des forêts. C'est à dater de cette période que les chasseurs de castors et les employés des maisons de commerce fondées à Montréal pour la traite des pelleteries, commencèrent à s'aventurer plus hardiment sur les eaux et dans les solitudes de ce territoire, en établissant des postes de distance en distance. Ce commerce toutefois ne prit de l'extension qu'après la conquête du Canada par les Anglais.

Plus d'un siècle et demi s'était écoulé depuis la découverte de la baie d'Hudson, ainsi nommée en 1610 de Henry Hudson, qui avait été chargé par une compagnie anglo-russe de chercher un passage au nord-ouest. Divers voyages y avaient eu lieu depuis, surtout sous le règne de Charles II, roi d'Angleterre. Ce prince, sur la suggestion du prince Rupert, avait en 1669 octroyé le monopole du commerce de la baie d'Hudson à une compagnie qui en prit son nom, et qui en garda le privilége jusqu'après la conquête du Canada. Ce ne fut qu'en 1773 que le gouvernement le partagea avec la compagnie du Nord-Ouest, à laquelle fut adjugée la moitié de ces immenses territoires [1]. L'extension que prit alors le commerce des fourrures y attira un grand nombre de Franco-Canadiens, qui, pour le profit de quelques riches marchands, se soumettaient, par l'amour d'une vie indépendante et vague dans les forêts, aux privations les plus dures, et exposaient même leur vie à des périls continuels.

Le nombre de ces étrangers croissant chaque jour dans ces forêts, finit par donner de l'ombrage aux anciennes tribus indiennes : un complot fut formé par les Assiniboines, réunis aux Kinistinoks et aux Chippewas [2]. Ces derniers occupaient alors, comme au temps des Jésuites, les forêts baignées par les innombrables rivières et les bassins non moins nombreux qui forment comme une chaîne immense entre le lac Supérieur et le lac Winipeg. Ils résolurent d'exterminer tous les Européens. Mais un évènement que la Providence

[1] Elle s'appelle en anglais *The North West Fur Company.*

[2] Les Chippewas sont ceux que les missionnaires actuels appellent *Sauteux*; les Jésuites leur donnaient celui d'Outchibouecs.

semblait ménager à dessein vint les tirer de ce danger pour donner occasion à l'Église Catholique de s'introduire à leur suite. Quelques mois avant l'époque où devait s'effectuer le massacre général des Européens, un parti d'Assiniboines s'était transporté sur les bords du Missouri pour livrer un combat aux Mandans. Mais la petite-vérole s'était introduite dans cette dernière tribu et en avait frappé la plus grande partie. Quand l'ennemi arriva dans celui des campements qu'il cherchait à surprendre, il ne trouva plus dans les wigwams que quelques mourants, qui furent impitoyablement massacrés et auxquels on enleva la chevelure et les vêtements en lambeaux.

Fiers de leur triomphe, les Assiniboines s'en retournaient à leurs cabanes en chantant leurs chants de victoire, lorsque les premiers symptômes de la petite-vérole, qu'ils ne connaissaient pas encore et qu'ils avaient prise de leurs victimes, se déclarèrent parmi eux. La plupart succombèrent à ses atteintes avant même d'être rentrés dans leurs vallées. Douze seulement purent revoir leurs familles; mais ils portaient avec eux les germes du fléau, qui se communiqua bientôt à toute la tribu et gagna de proche en proche tous les clans voisins. L'épidémie décima promptement ces Indiens, si nombreux jusque-là. Un seul fait donnera la mesure de cette effrayante mortalité. Sur la pointe formée par le confluent des deux rivières, non loin de la bourgade actuelle de Saint-Boniface, s'élevaient cinq cents cabanes, habitées par une population florissante ; il ne s'en échappa que dix. Ceci nous étonnera moins si l'on réfléchit que ces malheureux, en voyant sortir les boutons et en se sentant dévorés par l'ardeur de la fièvre, couraient aussitôt se jeter à l'eau, dans l'espoir d'éprouver quelque soulagement à leur souffrance. L'expérience ne les a guère corrigés depuis lors, car ils observent encore aujourd'hui le même usage dans des cas semblables [1]. Ce qu'il y eut d'affreux, c'est que ces infortunés, vivant sans souci du lendemain, se trouvèrent dépourvus de toutes provisions au moment de l'invasion de la maladie. Plusieurs moururent de misère, d'autres furent dévorés par les loups. On ajoute que les chiens de la tribu, ne voyant plus la main qui leur donnait la nourriture, pressés par la violence de la faim, se jetèrent sur les corps inanimés de leurs maîtres, qu'ils dévorèrent.

Ces scènes se passaient dans l'automne de l'année 1782. Plusieurs Franco-Canadiens qui avaient quitté le service de la compagnie d'Hudson et de celle du Nord-Ouest, s'étaient établis déjà depuis quelque temps dans ces contrées et avaient épousé des femmes sauvages. Leur exemple fut suivi par quelques hardis chasseurs, qui formèrent en peu d'années un commencement de population semi-canadienne presque toute réunie sur les bords de la Rivière-Rouge, dans la partie inférieure de son cours. L'existence de ces colons différait peu de celle des Sauvages eux-

[1] Lettre du R. P. Aubert, O. M. I., citée plus haut.

mêmes. Ainsi que les Indiens, ils vivaient de la pêche et de la chasse. Durant l'hiver, ils parcouraient les prairies, où le buffle leur fournissait une nourriture toujours assurée; au printemps, ils revenaient camper sur les rives du fleuve, dont les eaux étaient abondamment pourvues de poissons. Ils n'avaient d'autres habitations que des cabanes formées de troncs d'arbres, couvertes de peaux de biche ou d'orignal [1].

Cet état de choses dura jusqu'en 1812. A cette époque, lord Selkirk ayant formé le projet de fonder une colonie au centre des territoires du nord-ouest, choisit comme le lieu le plus propre à l'exécution de ses desseins la région arrosée par les eaux de la Rivière-Rouge. Dans ce but, il décida plusieurs familles de cultivateurs écossais à s'y établir. Quelques Canadiens attirés par des promesses avantageuses s'y rendirent de leur côté, et ceux des Européens qui se trouvaient déjà sur les lieux s'unirent au nouveaux venus. Il y eut alors un commencement de culture, mais sur une bien faible échelle, et l'on se mit également à construire quelques maisons en bois. Il est inutile de dire toutes les épreuves qu'eurent à subir ces colons, et les difficultés de tout genre qu'il leur fallut vaincre durant plusieurs années avant d'arriver à rendre ces déserts habitables. Mais il est temps de faire connaître par quel concours de circonstances l'Eglise Catholique vint s'établir parmi eux.

[1] Orignal est le nom que les Canadiens donnent à l'élan américain.

La population qui habitait ces contrées lointaines avait été longtemps privée du ministère apostolique. Un missionnaire Jésuite ayant essayé d'y pénétrer en 1765, fut rencontré sur le lac des Bois par un parti de Sioux, qui le massacra sur un rocher de ce lac, où l'on montre encore le lieu de son martyre. La conduite des colons se ressentit naturellement de l'absence de tout principe religieux, et les Sauvages furent témoins alors de vices qu'ils n'avaient point connus auparavant. La plupart des postes établis par les compagnies de la traite étaient des écoles publiques de libertinage. La corruption descendit de haut en bas; et comme d'ordinaire, dans des circonstances analogues, elle produisit les plus funestes effets. Lord Selkirk comprit qu'il ne suffisait pas pour fonder une colonie d'employer des moyens matériels, mais qu'il fallait surtout le secours de la religion. L'expérience des premières années avait dû l'en convaincre.

C'est alors qu'il s'adressa à l'évêque de Québec, en lui demandant des prêtres pour cette population qui en avait été si longtemps privée. Nous avons vu précédemment comment Plessis avait reçu sa demande. L'abbé Provencher y avait été envoyé comme chef de la mission, avec le titre de vicaire-général de Québec. Il était accompagné de l'abbé Dumoulin, qui comme lui était canadien d'origine française. Partis de Montréal le 19 mai 1818, ils n'arrivèrent que deux mois après à leur destination. Ils trouvèrent un peuple profondément démoralisé, qui n'avait plus qu'une ombre de foi, mais qui heureusement n'était pas impie.

La vue des prêtres canadiens rappela aux colons le souvenir du pays natal, les instructions qu'ils y avaient reçues et les leçons de leurs mères. Les deux missionnaires furent salués comme des envoyés de Dieu. Les femmes et les enfants, qui n'avaient jamais vu d'ecclésiastiques, mais qui en avaient souvent entendu parler, ne leur témoignèrent pas moins de vénération; tous, par leur fidélité à se conformer aux avis qui leur étaient donnés, dédommagèrent promptement ces guides vertueux des sacrifices qu'ils s'étaient imposés pour les amener au sein de l'Église et leur procurer les consolations de la foi. La présence des missionnaires produisit même une influence salutaire sur les protestants, et depuis lors ces enfants du désert profitèrent si bien des instructions et des exemples de leurs pasteurs, qu'ils formaient au bout de quelques années une population aussi morale et aussi religieuse que celles des vieilles campagnes du Canada.

Après avoir passé six années parmi ces colons, M. Provencher fut appelé à Québec pour y recevoir la consécration épiscopale. Il avait été créé évêque de Juliopolis, et le territoire soumis à sa juridiction avait été érigé en vicariat-apostolique (1822). Il retourna ensuite parmi ses ouailles, emmenant avec lui quelques prêtres comme auxiliaires de son apostolat. Mais ils étaient loin d'être suffisants pour une population déjà considérable, et répandue sur une vaste étendue de territoire où les fleuves et les lacs sont les seuls chemins ouverts aux voyageurs. Malgré leur zèle et leur charité, ils n'avaient pu qu'en passant jeter la bonne semence parmi les tribus indiennes, dont la plupart ont conservé leur indépendance, mais qui toutes paraissaient disposées à accueillir avec empressement les ministres de l'Evangile.

Ce n'est que lorsque l'évêque de Montréal eut appelé dans son diocèse les anciens civilisateurs du Canada, ainsi que les Oblats de Marie-Immaculée, que les missions, si longtemps délaissées, et celles des territoires du Nord-Ouest commencèrent à concevoir quelques espérances. Après l'établissement de ces derniers à Longueil, l'évêque Provencher s'empressa de leur ouvrir son vicariat, en les conjurant de venir l'aider dans la multiplicité de ses travaux. Le père Paymant et ensuite les pères Marault et Bourrassa furent chargés les premiers de visiter les peuplades de la langue abénakise appelées Têtes-de-Boule, des bourgades de Warmantashing. Ils remontèrent le cours sinueux du Saint-Maurice ou fleuve des Trois-Rivières, qui s'écoule majestueusement, bordé de chaque côté de collines et de montagnes pittoresques, couvertes de hautes forêts. Ils virent en passant les chutes étonnantes du Shawanegan, dont les eaux s'élancent en mugissant avec la voix du tonnerre d'une hauteur de cent-cinquante pieds dans un abîme creusé parmi les rochers du Saint-Maurice [1]. Après avoir contemplé quelques instants ce

[1] Cette chute magnifique, une des plus belles du Canada, est à douze lieues environ plus haut que la ville des Trois-Rivières. Le Saint-Maurice est navigable pour

spectacle grandiose, ils continuèrent leur chemin jusqu'au rapide de la Tuque ; ils y trouvèrent une députation de Têtes-de-Boule qui venaient à la recherche du P. Paymant, dont ils déploraient l'absence depuis une année. Ils continuèrent à remonter ensemble les eaux du Saint-Maurice jusqu'au poste de Warmantashing, où ils furent reçus avec des démonstrations extraordinaires de joie par tous les Indiens de la tribu.

Sur les ordres de M. Mac Leod, commandant du poste au nom de la Compagnie, le pavillon royal fut hissé sur le fort, qui salua l'arrivée des missionnaires au bruit de son artillerie. Ce gentilhomme leur fit lui-même l'accueil le plus flatteur, et le lendemain ils se remirent en canot pour se rendre au poste de Kikendate, où il y avait une chapelle catholique, qui n'attendait qu'un missionnaire. Ils y arrivèrent quelques jours après. Les fruits qu'ils y recueillirent parmi les Sauvages compensèrent bien vite les fatigues de leur voyage. Un grand nombre d'Indiens se préparèrent au baptême et à la communion, et dès ce moment ils donnèrent constamment l'exemple de la plus touchante ferveur unie à la conduite la plus pure [1].

A la suite des missions du Saint-Maurice, d'autres s'établissaient à l'est et à l'ouest des grands lacs. Le père Aubert, français, et le père Taché, canadien d'ori-

de grands bâtiments jusqu'au rapide de la Tuque, à trente-huit lieues de cette ville, et il prend sa source à cinquante lieues au-dessus, dans le lac Oskelanayo. — Montgommery Martin, in his *British Colonies*.

[1] Lettre du R. P. Bourrassa, O. M. I., dans les *Annales de la Propagation de la Foi*, numéro 100, mai 1845.

gine française [1], étaient envoyés à la Rivière-Rouge. Embarqués dans un canot d'écorce de bouleau, au village de La Chine, sur l'île de Montréal, si célèbre par les cruautés qu'y exercèrent jadis les Iroquois, ils entrèrent bientôt dans les eaux de l'Ottawa, dont on remonte ordinairement le cours pour se rendre à la Rivière-Rouge. Quatre Canadiens et deux Iroquois composaient tout leur équipage. Ils emportaient des provisions pour deux mois, quelques pièces de toile, et des couvertures de laine qui devaient leur servir de lit; les rameurs y avaient ajouté des fusils, des munitions de chasse, et des lignes pour la pêche.

Ceux qui ignorent la vie des missionnaires dans les déserts de l'Amérique se font difficilement une idée de la manière avec laquelle on voyage dans ces contrées solitaires. Le voyage en canot est de tous les moyens de transport le plus commun et souvent le moins pénible. Une nacelle longue de vingt pieds, large de quatre, sur deux de profondeur, porte dix voyageurs avec leur bagage; elle flotte sur les moindres ruisseaux et traverse les lacs les plus étendus. Six rameurs font sans peine vingt lieues par jour, et l'on ne s'aperçoit du mouvement qu'ils lui impriment qu'en voyant les objets qui semblent fuir sur la rive. Puis, quand la navigation se trouve arrêtée par un rapide, deux hommes chargent aisément l'esquif sur leurs épaules, et traversent le portage [2].

[1] C'est le même que le Saint-Siége a consacré, l'année dernière, évêque coadjuteur de l'évêque de Saint-Boniface de la Rivière-Rouge.

[2] J'ai déja dit ailleurs que le rapide est la partie d'une rivière qui n'est point na-

Dans les lenteurs d'un long voyage sur les rivières et les lacs d'Amérique, la vie n'est pas pour cela trop monotone; avec un peu d'habitude on y peut lire et même écrire à son aise. Les paysages les plus variés se déroulent successivement sous les yeux du missionnaire comme dans un immense panorama, et les rameurs par leur chant, comme les gondoliers vénitiens sur les lagunes, animent la solitude. Le missionnaire lui-même joint sa voix à la leur, en répétant les cantiques de sa jeunesse, et ce délassement devient ainsi une source de pieuses méditations qui se communiquent aux matelots.

Les exercices religieux de l'équipage ne se bornaient pas là seulement; outre la prière commune sous la tente improvisée chaque soir, ils récitaient ensemble avec les missionnaires le chapelet, sur la barque, et l'un des deux prêtres le terminait par une pieuse lecture. Le dimanche se passait dans la solitude des forêts; mais il n'en était pas moins pour eux le jour du Seigneur. Une tente mieux parée que de coutume devenait le temple du Dieu des armées; on y dressait l'autel sur des troncs d'arbres couchés près du rivage; des fleurs et des plantes sauvages l'ornaient de leurs couleurs, et répandaient tout autour l'encens de leurs parfums. Là descendait la victime qui partout s'immole pour le salut du monde; là s'accomplissait d'une ma-

vigable à cause des bas-fonds occasionnés par la pente de son lit, et le portage la distance durant laquelle on est obligé de porter le canot entre un point navigable et un autre.

nière touchante la parole du Prophète : « Que du couchant à l'aurore on offre à Dieu une oblation pure et sans tache. »

La solitude a par elle-même quelque chose de grand et d'exceptionnel, qui jette, malgré la variété des lieux et des climats, une même empreinte sur tous les pays que l'on parcourt ainsi. Le bruit des rames, le grondement lointain des torrents, le frôlement des serpents qui se dérobent dans la fourrée, le sifflement des écureuils, les gazouillements des oiseaux frappent seuls l'oreille. Des arbres, des rochers, des eaux, des montagnes, un ciel d'azur, c'est là tout ce que l'œil aperçoit. A peine trouve-t-on çà et là quelques traces humaines.

Quelques postes appartenant à la compagnie de la baie d'Hudson, un petit nombre de huttes indiennes, échelonnées à de grandes distances sur les bords des lacs ou des rivières, furent les seules traces du séjour de l'homme que nos deux missionnaires eurent occasion de remarquer sur leur passage. Après avoir quitté le village de La Chine, ils avaient traversé le lac Saint-Louis et celui des Deux-Montagnes, où les Sulpiciens de Montréal ont encore une mission pour les Iroquois et les Algonquins. Ils remontèrent ensuite l'Ottawa, saluèrent en passant la maison que leur ordre y possédait, ainsi que les nombreux chantiers visités par leurs frères. Les rapides qu'on rencontre au-delà de l'Ottawa rendaient souvent nécessaire de transporter le canot d'une rivière à l'autre; mais ces portages sont de peu d'étendue; on en compte jusqu'à la Rivière-Rouge quatre-vingts, qui comprennent à peine la distance de dix lieues dans leur ensemble.

De l'Ottawa on entre dans la rivière Mattawan, un de ses affluents; puis dans la rivière des Vases, où l'on arrive en traversant la chaîne qui sépare le bassin du Saint-Laurent de celui de la baie d'Hudson. Cette rivière est d'abord si étroite, qu'on a de la peine à y naviguer. Elle va en s'élargissant peu à peu jusqu'au lac Nipissing [1], où elle verse ses eaux. Ce lac, qu'ils traversèrent en partie dans sa largeur, est fort dangereux; le manque général de profondeur soulève des vagues au moindre vent, et y cause de fréquentes tempêtes. Des croix plantées sur des tombeaux, dans une presqu'île où l'on touche en passant, avertissent du péril l'imprudent voyageur. Mais ce n'est pas là seulement qu'on rencontre ces monuments funèbres; ils se montrent encore auprès de quelques rapides, où ils protègent tristement les débris de plus d'un naufrage [2].

Le lac Nipissing s'épanche par la rivière des Français dans le lac Huron, où ils entrèrent ensuite. C'est un des plus remarquables de l'Amérique, par sa grandeur, la limpidité de ses eaux, et la multitude de ses îles. La stérilité de ses rives fait naître un sentiment profond de tristesse dans l'âme du voyageur. Les arbres

[1] Le lac Nipissing est situé entre le 79°50' et le 80°25' de longitude de Greenwich, et commence au 46°10' jusqu'au 47°20' de latitude.

[2] Lettre du R. P. Aubert, O. M. I., dans les *Annales de la Propagation de la Foi*, numéro 108, septembre 1846.

n'y croissent qu'avec peine et n'ont pour nourrir leurs racines qu'une terre maigre et sans sève ; c'est une végétation pauvre, sur des côtes pierreuses, où l'on ne découvre nulle part, si ce n'est à l'embouchure des rivières, les vallées ou les prairies dont l'herbe épaisse annonce un sol fertile en réjouissant le regard. Par compensation cependant, la Providence a doté ses eaux de poissons aux espèces variées, qui offrent une pêche abondante ; et la grandeur sauvage des rochers entre lesquels le canot glissait rapidement impressionnait vivement l'esprit des deux missionnaires. Ils admirèrent, en passant, les îles Manitoulines, d'où ils débouchèrent dans le canal du Sault-Sainte-Marie, qui les conduisit dans les eaux du lac Supérieur, le plus grand des lacs du monde [1].

Rien ne saurait donner une idée du spectacle qui se présente au voyageur en passant du Sault-Sainte-Marie dans le lac Supérieur. Abrité sous les dentelures cyclopéennes des rochers qui forment, du côté du nord, comme une suite de fortifications naturelles autour des eaux de cet Océan intérieur, on est saisi de je ne sais quel sentiment d'admiration pour la grandeur des œuvres de Dieu, et l'on s'humilie profondément dans sa propre petitesse en contemplant cette nappe immense dont les flots seraient capables d'inonder tout un continent. Quand le temps est favorable, on fait en huit

[1] Le lac Supérieur, élevé de six cent vingt-sept pieds au-dessus du niveau de la mer, a cinq cent quarante-un milles de longueur sur une largeur moyenne de cent quarante.

jours le trajet de ces eaux limpides, en suivant sur une longueur de cent cinquante lieues les contours granitiques du lac. Les deux Oblats entrèrent ensuite dans la Taministiquia, regardée par plusieurs géographes comme la plus haute source du Saint-Laurent. On arrive ainsi sur un plateau de médiocre étendue, qui sépare le Canada du territoire de la baie d'Hudson. A partir de ce point, les eaux roulent vers l'ouest, à travers le lac des Bois et la rivière de la Savanne jusqu'au lac Winipeg, qui a près de cent lieues de longueur [1].

Il n'y a peut-être pas, dit un voyageur[2], de plus magnifique pays au monde pour la résidence des nations sauvages, que les territoires qui s'étendent entre la Rivière-Rouge et le lac Supérieur : le poisson, le gibier de toute dimension, les oiseaux, peuplent les plaines et les forêts ; la terre, d'une exubérante fertilité, malgré la rigueur de l'hiver, produit spontanément et dans la plus grande abondance le riz sauvage, les fraises, les prunes, les cerises, les noisettes, les poires, les groseilles, etc., et aucune autre région ne pouvait offrir d'aussi grands avantages à l'établissement d'une colonie. C'était celle que lord Selkirk avait choisi pour la sienne, et où l'évêque Provencher avait fixé sa résidence.

Lorsqu'après avoir passé de la Savanne dans le lac Winipeg, on a traversé le lac pour prendre l'embou-

[1] Le lac Winipeg est nommé lac Bourbon dans les anciennes relations françaises.

[2] Mackensie.

chure de la Rivière-Rouge, qui s'y décharge en venant du sud, on entre dans une contrée dont l'aspect sourit agréablement au voyageur qui vient de l'est. Au lieu d'épaisses forêts, de rochers, de lacs nombreux et de rivières, dont la navigation est souvent interrompue par des chutes considérables, on découvre une plaine immense qui se déroule vers l'ouest jusqu'aux Montagnes-Rocheuses, et vers le sud-ouest, jusqu'aux rives du Missouri. Coupée seulement par quelques cours d'eau d'une pente presque insensible, elle forme une vaste et fertile prairie; c'est un océan de verdure, dont la vue n'est bornée que par de rares bouquets qui apparaissent isolément sur la surface des prairies. La Rivière-Rouge, qui donne son nom à cette contrée [1], roule ses ondes à pleins bords, du sud au nord, sur un lit bourbeux qui les rend peu limpides. Après un cours d'environ deux cents lieues, elle reçoit les eaux plus rapides et plus profondes de l'Assiniboine, à quelques lieues avant son embouchure.

Avant d'arriver au confluent de ces deux rivières, on commence à voir les premières maisons de la colonie, qui vont en s'échelonnant sur leurs rives, dans une étendue de vingt lieues. Construites en bois, leur aspect

[1] Les Sauvages lui donnent le nom de *Miskouagami Ansiping*, ou Eau Ensanglantée, à cause d'un combat qui fut livré sur les bords du lac Rouge, entre les Chippewas et les Assiniboines d'un côté, et les Sioux de l'autre; le sang en ayant rougi les flots, ils désignèrent sous le nom d'Eau-Ensanglantée le lac et la rivière qui y prend une de ses sources, et les Français le traduisirent par ceux de Lac-Rouge et Rivière-Rouge. Elle prend sa source au lac Travers, vers le 45° 40' de latitude et le 98° de longitude. Sa largeur est de cent cinquante à deux cents mètres, et sa profondeur de quatre dans la plus grande partie de son cours; elle donne cinq mille pieds cubes d'eau par seconde après sa jonction avec l'Assiniboine.

n'est pas brillant, mais il réjouit, comme un souvenir de la patrie, l'œil du voyageur ou du missionnaire qui vient des déserts lointains. C'est au confluent des deux rivières, que s'élève, sur la rive droite, l'église catholique, placée sous l'invocation de saint Boniface, bâtie en pierre, en forme de croix latine. C'est la cathédrale du vicariat, ayant à côté d'elle la maison qui sert de résidence au prélat, environnée d'un vaste terrain, dont le fondateur de la colonie avait doté la mission. Là se terminait la longue et périlleuse navigation des pères Aubert et Taché. L'accueil bienveillant que leur fit l'évêque Provencher, ainsi que ses commensaux, leur fit promptement oublier les fatigues du voyage. La beauté du pays, l'heureux naturel des Indiens, tout contribua à la douceur des premières impressions qu'ils éprouvèrent en arrivant dans leur nouvelle patrie.

D'un autre côté, la vénération que leur montraient les Franco-Canadiens, la docilité avec laquelle ils entendaient les instructions des missionnaires, étaient pour eux une source toujours nouvelle de consolation. L'autorité du prêtre y était d'autant plus féconde en vertus, qu'elle est plus grande et plus chérie ; les vieillards, comme les enfants, écoutaient ses observations avec une égale soumission. Aucun dévouement ne coûtait à leur ferveur. On a vu pendant des hivers rigoureux de jeunes femmes faire trois lieues à pied pour aller entendre la messe dans une église ouverte à tous les vents, et où le thermomètre descendait à 28° Réaumur. Telle était la vivacité de leur foi, que, lorsqu'un malheur les frappait, pour peu qu'ils sentissent les reproches de leur conscience, ils le regardaient comme une punition du Ciel, et bénissaient la main qui les châtiait. Une qualité qui les distinguait surtout de tant d'autres populations, c'était l'horreur qu'ils avaient pour le blasphème, et l'exactitude avec laquelle ils observaient le repos du dimanche [1]. Deux ans avant l'arrivée des Oblats, des hospitalières connues sous le nom de Sœurs-Grises avaient également été appelées de Montréal à Saint-Boniface, où elles s'étaient consacrées à l'éducation des jeunes filles; leurs soins avaient non seulement contribué à leur instruction religieuse, mais encore à faire d'elles des épouses capables et de bonnes mères de famille. L'une de ces religieuses, qui avait des connaissances en médecine était souvent appelée auprès des malades, qui, avant son arrivée, ne pouvaient recourir qu'à un seul médecin, trop éloigné du plus grand nombre pour donner à temps ses secours.

On peut diviser en deux classes les habitants du territoire de la Rivière-Rouge : ceux qui cultivent la terre et ceux qui vivent de la chasse. Les premiers sèment du froment, de l'orge, plantent des pommes de terre, et élèvent des bestiaux, qui du reste ne leur coûtent que peu de peine ; ils paissent dans des prairies sans bornes et qui sont du domaine de tous. Ces familles agricoles seraient riches si elles pouvaient exporter leurs produits ; mais la difficulté d'arriver jusqu'à la mer, ainsi que l'éloi-

[1] Lettre du R. P. Aubert, dans les *Annales de la Propagation de la Foi*, janvier 1848.

gnement où elles sont des États-Unis, les isole et ne leur permet point de tirer grand avantage de leurs travaux. A la charrue d'autres préfèrent le fusil ; ceux-ci vivent de la chasse : le buffle est principalement l'objet de leurs exploits, et c'est surtout au printemps et dans l'automne qu'ils le poursuivent avec une adresse et une bravoure inconcevables. La facilité avec laquelle ils se procurent ainsi des aliments en abondance leur fait négliger l'exploitation du sol ; on peut prévoir cependant, et le temps n'en est pas éloigné, qu'ils seront forcés de se soumettre au travail de la terre, qui paraît répugner à leurs goûts aventureux. Depuis quelques années, un petit nombre de familles fabriquent pour leur usage des étoffes de laine. Mais on trouve dans les magasins des diverses stations de la compagnie de la baie d'Hudson tout ce qui est nécessaire dans ces régions aux divers besoins de la vie [1].

Les Indiens commis à la charge pastorale de l'évêque Provencher commencent à se montrer à mesure qu'on avance vers le lac Supérieur ; mais rarement on en trouve des clans bien nombreux. Ils ne viennent par bandes qu'aux divers postes de la compagnie, où ils échangent le produit de leur chasse contre les objets qui servent à leur usage. Le missionnaire trouve parmi eux de grandes consolations dans la pratique de son

[1] Sous le rapport du climat, il y a peu de différence entre la Rivière-Rouge et le Bas-Canada ; il est très-sain, mais aussi très-rigoureux en hiver. La température y varie de 60 degrés Réaumur : dans les grandes chaleurs le thermomètre monte jusqu'à 30°, et dans les plus grands froids il descend jusqu'à 30° au dessous de zéro.

ministère; et, s'il y avait un nombre suffisant d'ouvriers évangéliques, ils dissiperaient promptement les ténèbres de l'infidélité. Ceux qui partagent les travaux du vicaire-apostolique ne peuvent se montrer à un poste sans se voir aussitôt forcés de le quitter pour un autre où leur présence est réclamée. Il n'est pas un prêtre qui ne fasse au moins cinq cents lieues chaque année. On est souvent obligé de retourner au point du départ; et, comme on ne peut parcourir ces contrées que durant la belle saison, la plus grande partie du temps destinée à visiter les Sauvages se passe en voyages [1].

Pour terminer le récit des missions de la Rivière-Rouge, nous ajouterons qu'en 1848 le Pape érigea en diocèse ce vicariat-apostolique, et M. Provencher prit dès lors le titre d'évêque de Saint-Boniface. Trois ans après, le père Taché reçut la consécration épiscopale, avec le titre de coadjuteur de la Rivière-Rouge (1851).

Le Saguenay, sur les bords duquel s'établit la troisième mission des Oblats de Marie Immaculée, est une des plus grandes et des plus belles rivières du Canada. C'est une de celles qui méritent le plus aussi en Amérique d'attirer l'attention des voyageurs et des naturalistes : elle sort toute formée du lac Saint-Jean [2], et roule ses eaux profondes dans un cours de trente-six lieues,

[1] Lettre du révérend père Aubert, etc.

[2] Le lac Saint-Jean est situé entre les 48° 27 ' et 48° 51 ' de latitude nord, et entre les 71° 35 ' et 72° 10 ' de longitude ouest ; il a environ cent milles de circonférence, et il est à peu près rond.

après quoi elle s'unit au Saint-Laurent à Tadoussac[1], premier sanctuaire de la foi catholique en Canada. En quittant le fleuve pour entrer dans le Saguenay, cette rivière présente durant plus de vingt lieues le spectacle le plus grandiose qu'il soit possible de contempler dans le monde. Son lit, d'une profondeur qu'il à été jusqu'ici impossible de mesurer[2], est encaissé entre deux murailles de rochers qui varient en hauteur de cent à deux mille pieds, couronnés à leur sommet de hautes et sombres forêts. A l'aspect de ce canal gigantesque, il semble que la nature dans une de ses convulsions ait fendu la montagne en zig-zag pour laisser passer les eaux du lac Saint-Jean entre deux remparts de granit, dont les anfractuosités hardies, parsemées de verdure et de plantes parasites, se déroulent à mesure que l'on avance, avec une variété et une magnificence sauvages rarement surpassées dans le Nouveau-Monde. Trente autres rivières se précipitent dans le Saguenay, et du haut de ses fortifications granitiques des torrents écumeux s'élancent avec impétuosité, formant de distance en distance les chutes pittoresques qui ajoutent encore à la grandeur du paysage. Large et profonde, cette rivière est navigable durant tout son cours pour les plus gros navires, et de nombreux bateaux à vapeur la parcourent tout l'été. A vingt lieues

[1] Le confluent du Saguenay et du Saint-Laurent a lieu à 100 milles plus bas que Québec, vers la mer.

[2] Le capitaine Martin y jeta à l'embouchure une sonde de 330 brasses et ne put trouver le fond.

de son embouchure, ces murailles cyclopéennes qui semblent ne devoir jamais finir s'ouvrent soudain à un détour du fleuve, et une rade magnifique et profonde se présente, capable de contenir les plus gros bâtiments[1]. C'est la baie de Ha-ha, nom que la surprise où l'on est en y entrant lui fit donner par les premiers Canadiens qui y pénétrèrent. Sur ses bords s'étendent de belles prairies, des bosquets enchanteurs, des bois superbes, où sont aujourd'hui établis d'immenses chantiers de construction. Plus loin se trouve une autre baie tout aussi belle, ainsi que les lacs de Kiguagomi et de Chicoutimi, qui ne tarderont pas d'être en communication avec le Saguenay, et enfin le lac Saint-Jean, d'où sort cette noble et majestueuse rivière[2].

C'est sur le bord du lac Saint-Jean que fut établie la troisième mission des pères Oblats, au lieu appelé les Postes du Roi ; cet établissement fut chargé en même temps d'entretenir un missionnaire sur la baie de Ha-ha, où une population considérable d'ouvriers était continuellement occupée dans les chantiers. De nombreuses tribus sauvages s'y mirent bientôt sous la direction des Oblats, qui opérèrent de grands fruits de foi parmi eux. Dans les derniers mois de l'année 1844, un vieillard octogénaire se présentait au missionnaire de la baie de Ha-ha ; il lui avoua humblement que depuis longtemps il désirait rencontrer une des robes

[1] La baie de Ha-ha a dix milles de large sur une profondeur qui varie de deux à deux milles et demi.

[2] Montgommery Martin, *The Canadas*, in his *British Colonies*.

noires dont il avait entendu parler dans sa jeunesse, afin d'apprendre la véritable prière du Grand-Esprit. Il en reçut les instructions suffisantes, fut baptisé ensuite; et, le lendemain de son baptême, son âme régénérée s'envolait vers le ciel[1].

Deux ans après, la baie de Ha-ha fut témoin d'un désastre qui anéantit en peu d'heures les constructions et les chantiers qui s'élevaient sur ses rivages. Un incendie s'était allumé dans les antiques forêts qui s'étendent entre le lac Saint-Jean et la baie; un incendie de ceux qu'on ne peut voir que dans les déserts du Nouveau-Monde. Semblable à ces torrents de lave qui descendent quelquefois des hauteurs de l'Etna, il ceignait de ses bras de feu des territoires entiers qu'il enveloppait dans une même destruction; et, assuré de sa proie, il marchait avec cette lenteur majestueuse qui annonce la puissance. C'était à la fin d'avril; la foudre ou un accident quelconque l'avait allumé dans les montagnes qui s'élèvent près des sources du Saguenay, et, poussé par sa propre force et par le vent qu'il créait par sa violence, il s'avançait brûlant la forêt vers les chantiers établis sur la baie. — Il serait difficile de se former une idée de ces forêts américaines : aussi vieilles que le monde, ce n'est qu'avec peine qu'on peut s'y frayer une voie la hache à la main. Sous le feuillage le plus vert s'élèvent à hauteur d'homme des arbres de toute espèce tombés de vétusté, qui pour-

[1] *Annales de la Propagation de la Foi*, Lettre du père Fissette, page 256, année 1845.

rissent ou se dessèchent depuis des siècles, et où la moindre étincelle suffit souvent pour allumer le plus vaste incendie [1].

Le père Guigues, visiteur-général des Oblats en Canada, se trouvait en visite sur le Saguenay lorsque le désastre se déclara. Par un miracle de la Providence, les flammes, après avoir dévoré les chantiers de Ha-ha et une partie des maisons de la baie, s'arrêta tout-à-coup, en se repliant sur lui-même, laissant intactes la chapelle et la maison du missionnaire. Dieu permit que personne ne pérît dans cette catastrophe, et la masse des pertes fut supportée par les marchands de bois de Québec.

Le père Guigues, profitant du bateau à vapeur, arriva quelques jours après, implorant des secours pour les habitants des chantiers, et surtout des vivres, les provisions ayant été presque toutes consumées par le feu. La munificence des autorités et des habitants de Québec, et la charité de l'archevêque, parvinrent en peu de temps à réparer les maux qu'avait causés ce désastre.

Le père Guigues retourna ensuite à Bytown, sur l'Ottawa, qui était considéré comme un des premiers postes des pères Oblats. L'année d'après, cette ville, à qui sa situation avantageuse, au confluent de l'Ottawa et du grand canal du Rideau qui la met en communi-

[1] J'étais à Québec lorsque cet incendie eut lieu. Quoique éloigné de plus de trente lieues du théâtre de ce désastre, je voyais de ma fenêtre les flammes aussi distinctement que si c'eût été d'un village voisin.

cation avec le lac Ontario, donnait chaque jour de nouveaux développements, fut érigée en évêché titulaire, à la prière de l'évêque de Montréal, et le père Guigues en fut nommé le premier pasteur (1847).

CHAPITRE XXXII

DEPUIS LE RETOUR DES JÉSUITES DANS LES MISSIONS DU CANADA, EN 1842, JUSQU'A LA NOMINATION DU COMTE DE CHARBONNEL A L'ÉVÊCHÉ DE TORONTO, EN 1848.

Les Jésuites rappelés en Canada par l'évêque de Montréal. M. Remi Gaulin, coadjuteur de Kingston. Il visite les grands lacs. Les îles Manitoulines. Leur description. État des anciennes missions des Sauvages. Les Cinq-Nations iroquoises. Les Hurons et les autres tribus de la langue algonquine. Suite de la visite de M. Gaulin Mort de Mac Donell, évêque de Kingston. M. Gaulin lui succède. Ses travaux. Division de son diocèse. Michael Power, évêque de Toronto. Il rend les Jésuites à leurs anciennes missions. Ils établissent une mission dans la grande Manitouline. L'époque des présents. Les pères Hannipeaux et Choné. Leurs considérations sur le lac Supérieur. Missions du Sault-Sainte-Marie. Fanatisme des sectaires contre eux. Mort de Michael Power. Humilité du père Larkin. Le comte de Charbonnel, second évêque de Toronto.

Après plus de soixante ans d'absence, les pères de la civilisation canadienne, écrasés momentanément sous les efforts du philosophisme triomphant au sein même de la ville éternelle, se préparaient à retourner dans les froides régions du Canada, et à arroser de nouveau de leurs sueurs ce sol qu'ils avaient fécondé de leur sang. Les Jésuites, rappelés par le vénérable évêque de Montréal, se mettaient en chemin pour l'Amérique, et bientôt après reparaissaient dans ces contrées devenues si riches et si puissantes durant le long intervalle qu'ils en avaient été éloignés, mais où chaque ville, chaque bourgade, chaque station rappelait le nom d'un de leurs pères, et où tous les monuments qu'ils allaient rencontrer, les évêchés qui y avaient été fondés, avaient surgi de leurs travaux et de leurs martyres.

Le dernier jour de mai 1842 fut celui où le Canada revit ces religieux. Il y avait quarante-deux ans que le père Cazot avait disparu, laissant à ses enfants le souvenir de ses bienfaits. Le plus grand nombre de ceux qui venaient d'arriver furent aussitôt envoyés dans le Haut-Canada, théâtre principal de leurs anciennes missions. Celles de l'Assomption de Sandwich, du Sacré-Cœur de Walpole (île du Sud), Saint-Clair sur la rivière du même nom, Sarnia, Sainte-Croix de Wekwemikong, Sainte-Philomène du lac Nipissing, le Sault-Sainte-Marie, si célèbre dans les anciennes relations des missionnaires, Saint-Jacques de Maidstone, Saint-Jude de Rochester, entendirent, après un silence de près d'un siècle, retentir de nouveau la voix de leurs anciens apôtres, et les cœurs des Sauvages tressaillirent d'allégresse en revoyant leurs pères d'autrefois.

Les pères Luiset et Martin, chargés de fonder à Montréal le nouveau noviciat de la Compagnie de Jésus, y furent retenus par l'évêque Bourget, qui leur assigna l'ancienne église des Récollets; dès ce moment ils y commencèrent leurs travaux et jetèrent les fondements d'un collége destiné à enseigner les belles-lettres à la jeunesse montréalaise.

Tandis que Québec cherchait à se faire oublier par

sa timidité et par son inaction dans le mouvement religieux que l'évêque de Montréal imprimait au Canada, avec le spectacle des grandes choses que ce prélat zélé entreprenait dans l'esprit du développement intellectuel qui est la sève véritable du Catholicisme, le vicariat-apostolique du Haut-Canada, érigé en siége épiscopal, étendait de plus en plus sa vivifiante influence sous la sage direction d'Alexandre Mac Donell, son premier pasteur. Homme d'onction, de science et de piété, l'évêque de Kingston travailla pendant toute la durée de son épiscopat avec le zèle et la fermeté d'un apôtre, fondant de nouvelles paroisses, érigeant des églises et des écoles, et formant des missions nouvelles au fond des forêts solitaires de son immense diocèse.

Epuisé par les travaux d'un rude apostolat, il avait demandé un coadjuteur au Saint-Siége pour remplacer le cardinal Weld. Au mois de mars 1833, M. Remi Gaulin, de Montréal, qui avait travaillé plusieurs années en zélé missionnaire dans les missions de la Nouvelle-Ecosse et du Cap-Breton, fut canoniquement institué, à la prière de Mac Donell; nommé évêque de Tabraca, il fut sacré sous ce titre, le 20 octobre de la même année.

Devenu coadjuteur de Kingston, M. Gaulin déploya dans ses courses apostoliques du Haut-Canada la même ardeur qu'il avait montrée auparavant comme simple missionnaire. Un long voyage qu'il entreprit en 1838 pour visiter les missions du lac Huron le récompensa de ses fatigues par de grandes consolations spirituelles. Le lac Huron, le troisième en s'éloignant de l'Océan[1] de la chaîne des grands lacs qui occupent les quatre plateaux de la partie supérieure de la vallée du Saint-Laurent, est d'une forme irrégulière mais extrêmement curieuse et pittoresque, surtout vers la côte septentrionale, où se trouve l'archipel sacré des Wyandots, appelé les îles Manitoulines. Ces îles qui s'étendent de la baie George ou lac Iroquois jusqu'à l'entrée du canal du Sault-Sainte-Marie, sont en grand nombre ; mais les plus remarquables sont celles de Saint-Joseph, de Drummond, et la grande Manitouline ou Ile-Sacrée, qui se développe sur une longueur de vingt-cinq lieues, sur cinq dans sa largeur moyenne. Des montagnes considérables, des précipices profonds, couronnés d'immenses forêts, d'agréables vallons et de belles prairies, tel est le caractère général que présente l'archipel sacré[1]. Le douze juillet 1838, le coadjuteur de Kingston descendait sur la plage de la grande Manitouline, à l'extrémité nord-ouest du lac. L'action incessante des vagues y avait creusé des criques, des baies, des havres commodes, abrités par des murailles de granit, dont la rugosité offre ainsi une image fidèle de l'inté-

[1] Le premier est le lac Ontario, le second est le lac Erié; ensuite vient le lac Huron, qui se joint au lac Michigan par le détroit de Mackinaw, et au lac Supérieur par le détroit ou rapide qu'on appelle le Sault-Sainte-Marie

[2] La dénomination indienne d'*Iles-Sacrées*, dit Montgommery Martin, se trouve pour la première fois dans le lac Huron, et de là dans le lac Supérieur, le Michigan, et dans les grands lacs si nombreux de l'intérieur. Les voyageurs qui ont été en Asie et qui ont fait des observations à ce sujet reconnaîtront de la ressemblance entre les noms indiens de l'Amérique Septentrionale et ceux du plateau de la Tartarie. — *The Canadas* in Montgommery Martin's *British Colonies*.

rieur, où la main du Créateur s'est plu à réunir toutes les sombres beautés et les contrastes de la nature la plus sauvage. C'est dans une baie de cette île que M. Gaulin trouva à exercer son zèle dans une tribu de Sauvages catholiques et industrieux, réunis au nombre de trente-cinq familles autour d'une petite chapelle qui formait le centre d'un agréable village. Ces bonnes gens le reçurent avec un bonheur et un respect indicibles ; il apprit de leur bouche que d'autres familles également catholiques, dispersées alors à Mackinaw, au Sault-Sainte-Marie, à la Rivière-Froide, à l'Arbre-Croche, et en diverses autres parties des lacs, se proposaient de se joindre à eux au printemps prochain.

Le lecteur qui a parcouru avec nous les phases diverses de l'histoire du Canada et des missions que les premiers Jésuites avaient fondées dans les solitudes de ses forêts, ne lira pas avec moins d'intérêt le tableau de ces missions telles qu'elles se présentaient à l'époque où M. Gaulin les visita. Depuis le temps de la domination française, quatre-vingts ans s'étaient écoulés, et durant ce long intervalle, c'est à peine si l'histoire mentionne encore de loin en loin ces races de Sauvages qui tant de fois avaient fait trembler les premiers colons de Québec et de Montréal. Des villes florissantes avaient succédé partout aux villages jadis célèbres des Hurons et des Cinq-Nations, et les noms seuls des anciens possesseurs du sol marquaient les lieux où ils avaient vécu et combattu pour leur indépendance. On avait bien encore quelques vagues traditions de leur existence, et c'est à l'aide de ces traditions que quelques écrivains modernes des Etats-Unis cherchèrent à poser les bases des travaux qu'ils ont publiés depuis sur ces races, dont aujourd'hui un si grand nombre sont anéanties[1].

La destruction des tribus indiennes, à laquelle leur propre organisation sociale travailla peut-être autant que la froide et barbare politique des Anglais et des Américains, n'est pas un spectacle moins digne d'occuper les esprits observateurs et solides que les combats où elles se trouvèrent si souvent mêlées dans les longues rivalités de la France et de l'Angleterre. Mais les calculs du commerce et de la colonisation n'ont malheureusement fait oublier que trop souvent le prestige qui s'attachait à cette race mystérieuse des forêts américaines; et en France surtout, où l'on ne remarque guères que l'accroissement prodigieux des intérêts matériels des États-Unis, la science et la philosophie ont négligé constamment ce grand problème, si digne de leur attention.

A l'exception des villages de Lorette près de Québec, de ceux de la Prairie, de Saint-Louis, et du lac des Deux-Montagnes, près de Montréal, où l'on rencontre les descendants civilisés de quelques clans hurons et iroquois qui s'y retirèrent au temps de la domination française, on ne voit dans les territoires dé-

[1] Voyez le grand ouvrage de M. Schoolcraft publié dernièrement par le *Smithsonian Institute* de Washington. Voyez aussi — *Observations respecting the Grave Creek Mound in Western Virginia, by Henry R. Schoolcraft* (*Transactions of the American Ethnological Society*, t. I.)

pendants des diocèses de Montréal et de Québec qu'un petit nombre d'Indiens, qui vont en s'affaiblissant chaque jour sous le poids de la misère et de l'ivrognerie. Le Haut-Canada en a gardé davantage, et les missions actuelles des Jésuites en ont réuni de douze à quinze mille.

Comprises autrefois sous les dénominations des deux langues principales, iroquoise et algonquine, les races indiennes de la Nouvelle-France sont encore aujourd'hui distinguées par les mêmes noms. La première langue embrassait les Cinq-Nations : c'étaient les Mohawks, les Oneidas, les Onondagas, les Cayugas, et les Senecas [1], que les malheurs des premiers colons français rendirent si célèbres. Ces Sauvages habitaient principalement la portion occidentale du New-York, et le long du lac Ontario. Mais après les guerres de l'indépendance, en 1776, comme la plupart étaient restés fidèles au roi d'Angleterre, George III leur accorda des terres considérables dans le Haut-Canada, le long de la rivière Ouse ou Grande-Rivière, qui se jette dans le lac Erié, auprès de Sherbrooke. Les autres, ayant vendu ce qu'ils possédaient, allèrent former des établissements dans le voisinage du lac Michigan, et à la Baie-Verte, où on les connaît encore sous le nom d'Indiens de New-York. Ces Iroquois, qu'on pourrait, suivant l'expression d'un missionnaire [2], appeler

[1] Les premières relations des Jésuites les appelaient Agniers, Onéyouthes, Onontagués, Guyoguins, et Tzononthouans.

[2] Le P. Chazelle, de la Compagnie de Jésus, lettre écrite à la *Propagation de la Foi*, avril 1845.

les Romains de l'Amérique, s'incorporaient quelquefois les nations vaincues, comme j'ai eu occasion de le faire remarquer plus d'une fois dans les premiers chapitres de cette histoire. Une d'elles a conservé son nom, celle des Tuscaroras ; c'est ce qui leur fait donner aujourd'hui le nom de Six-Nations. Le père Chazelle les visita en 1844, et parcourut les bords de la Grande-Rivière. Leur nombre, en cet endroit, montait à deux mille trois cents âmes, dont environ deux mille étaient encore infidèles : ils avaient conservé le sacrifice du chien blanc [1]. La civilisation chez eux n'avait fait aucun progrès. Encore quelques années, remarquait le même missionnaire, et l'on ne trouvera plus de ces Sauvages sur les rives fleuries de l'Ouse ; ils s'éloignent graduellement, et le gouvernement anglais fait lui-même ses efforts pour les détacher de cette contrée. Dans leur abaissement, leur nom inspire encore de la terreur aux autres Sauvages ; mais le voyageur qui connaît leur histoire n'éprouve, en les voyant, d'autre sentiment que celui de la compassion et de l'étonnement.

La seconde langue, c'est-à-dire l'algonquine, n'a rien de commun avec celle des Iroquois. Elle est presque universelle, depuis la baie d'Hudson jusqu'aux Montagnes-Rocheuses. C'est la langue du commerce ; elle a plusieurs dialectes, mais qui diffèrent peu l'un de l'autre. Les Hurons, dont les restes habitent l'ar-

[1] Le P. Chazelle, de la Compagnie de Jésus, lettre écrite à la *Propagation de la Foi*, avril 1845.

chipel des Manitoulines, parlent un de ces dialectes. Mais les principales tribus comprises maintenant sous ce nom sont celles des Ottawas et des Chippewas, qui sont encore au nombre de huit à dix mille dans le Michigan, au diocèse de Détroit.

Le gouvernement anglais avait partagé, depuis plusieurs années, ceux qui sont sous sa domination en surintendances, avec un département indien (*indian department*), qui administre le produit des terres vendues à la couronne. Le revenu annuel de ces fonds est employé à bâtir des églises, des écoles et des maisons que ces Sauvages consentent quelquefois à accepter. Il sert à faire aussi ce qu'on appelle les *Présents*, c'est-à-dire une distribution annuelle d'armes et de munitions, de couteaux, de couvertures de laine, et de quelques morceaux d'étoffe, que l'on donne aux Sauvages pour les dédommager de la perte de leurs terres.

Ce ne fut qu'en 1830 que des missionnaires hérétiques tentèrent de faire des prosélytes parmi les Indiens du Haut-Canada. Ces prétendus missionnaires étaient méthodistes ; ils ne parvinrent qu'avec peine à fonder trois établissements bien faibles. Mais par leurs courses, et à l'aide de leurs assemblées nocturnes ou *camp-meetings*, où les Sauvages se laissent quelquefois entraîner par l'attrait de la débauche et du mystère, ils finirent cependant par obtenir une influence qui, en certains endroits, est le seul obstacle sérieux, pour ainsi dire, que présente le protestantisme. Car, malgré toutes ses ressources, l'église établie d'Angleterre n'est point une rivale dangereuse, aussi longtemps qu'elle n'enchaîne pas la liberté d'action des Catholiques.

Lorsque l'évêque de Kingston songea à faire évangéliser de nouveau les Indiens du Haut-Canada, après la longue période qui s'était écoulée depuis l'extinction des missions des Jésuites, l'abbé Proulx, prêtre canadien, fut le premier qu'on envoya, et il établit sa station dans la grande île Manitouline. Plus tard, lorsque par les soins de l'évêque de Montréal les pères de la Compagnie de Jésus eurent repris possession du Canada, le premier poste qu'ils occupèrent fut celui de Sandwich, situé au même lieu où avait fleuri jadis la célèbre mission de l'Assomption, sur la rive canadienne de la rivière de Détroit. C'est là que les Jésuites avaient réuni autrefois les Hurons catholiques qui avaient refusé d'aller se joindre à ceux de Lorette, après qu'ils eurent été vaincus par les Iroquois et décimés par la famine. Leur dernier missionnaire jésuite, le P. Pothier, qui mourut en 1781, fut ensuite remplacé par Jean-François Hubert, depuis évêque de Québec. L'Assomption de Sandwich offrait maintenant aux Jésuites un ministère important à remplir auprès des Catholiques d'origine française et des Irlandais qui habitaient en grand nombre dans ses environs, et dans ceux de la petite ville voisine d'Amherstburg, située comme Sandwich à une courte distance du lac Saint-Clair.

Le coadjuteur de Kingston avait continué sa visite pastorale, après avoir administré les sacrements aux Sauvages de la grande Manitouline. Il avait dirigé sa course vers le Sault-Sainte-Marie, en parcourant les restes des anciennes missions des Jésuites qui se trouvaient sur son chemin. Les Sauvages partout se pressaient au devant de lui, et les wigwams encore infidèles lui promettaient de se convertir si on leur envoyait un missionnaire. Sur la rive droite de la Sainte-Marie, il trouva cinquante-sept familles de Canadiens, de Métis, et de Sauvages convertis, dont l'ensemble formait un village de deux cents âmes. Les protestants avaient établi une mission en cet endroit; mais leur ministre avait eu si peu de succès dans les tentatives qu'il avait faites pour séduire ces bons Catholiques, qu'il venait d'abandonner la place pour n'y plus retourner. Un empressement extraordinaire se manifestait parmi tous ces chrétiens à la vue de leur pasteur, et ils le suppliaient ardemment de ne pas les laisser périr faute de prêtre.

M. Gaulin demeura un jour et demi à l'île Saint-Joseph, la dernière des grandes Manitoulines; il y administra les sacrements à une petite peuplade de quatre-vingt-dix âmes, dont les bonnes dispositions le touchèrent vivement. De retour à la grande Manitouline, il reçut une députation des Potawatomies, et un sachem de la tribu des Chippewas lui assura que, s'il pouvait envoyer un missionnaire sur les bords du lac Supérieur, il y recueillerait certainement une bonne et abondante moisson. Dans l'île Manitouline, les protestants avaient fait de nouveaux efforts pour attirer les Sauvages à leurs meetings soi-disant religieux. Ils espéraient triompher facilement de leur résistance en leur offrant une plus grande quantité de vivres pour leurs repas, qui jusqu'alors avaient été d'une extrême frugalité. Sur les offres du ministre qui les pressait vivement, le fils d'un chef sauvage répondit avec hardiesse : — Tu te trompes fort, si tu nous crois assez vils pour vendre notre conscience à notre ventre. Garde tes vivres et fais ta prière comme tu l'entends.

L'évêque Mac Donell était mort, au commencement de l'année 1840, en Ecosse, où il était allé visiter sa famille. Remi Gaulin prit alors possession de l'évêché de Kingston. Malgré des infirmités gagnées prématurément dans le ministère pénible qu'il avait autrefois exercé au Cap-Breton, il continuait à travailler encore à l'amélioration de son diocèse. Secondé par le zèle pieux du chanoine Prince, depuis coadjuteur de Montréal, le nouvel évêque de Kingston appela dans sa ville épiscopale les filles de la congrégation de Notre-Dame, dont il avait eu tant de fois occasion d'apprécier les services dans le Bas-Canada. Leur école s'ouvrit dans cette ville le 25 novembre 1841, jour anniversaire de celui où, cent-quatre-vingt-deux ans auparavant, la sœur Marguerite Bourgeois, leur fondatrice, avait commencé sa première classe à Montréal. Deux autres écoles s'ouvrirent bientôt après pour les enfants pauvres des catholiques de Kingston, et l'année suivante le prélat organisait, parmi les dames les plus distinguées de la ville, une association de charité pour l'assistance des malades et pour d'autres bonnes œuvres. Cette association était nécessaire pour combattre les efforts des protestants, qui, par des moyens analogues, cherchaient à attirer à eux les Catholiques pauvres. Elle fut le prélude de l'arrivée d'un certain nombre de religieuses hospitalières de l'Hôtel-Dieu de Montréal, qui vinrent quelques mois après ouvrir un hospice à Kingston. L'accroissement sensible des Catholiques ayant fait sentir à M. Gau in la nécessité d'avoir une autre église dans la ville, il jeta les fondements d'un second édifice plus vaste que le premier, qu'il destinait à devenir la cathédrale de Kingston; il construisit en même temps un collége et un séminaire [1].

Les missions que l'évêque de Kingston avait visitées quelques années auparavant continuaient d'offrir l'aspect le plus consolant. Une visite qu'il fit dans les districts de Newcastle et de Midland, qui comprenaient une dixaine des townships de l'intérieur parmi lesquels aucun évêque ne s'était jamais rendu auparavant, ne lui donna pas moins de consolation pour le présent que d'espoir pour l'avenir. Avec l'émigration, le nombre des Catholiques croissait chaque jour dans cette contrée, et l'on voyait sur tous les points surgir de nouvelles églises. Dans la partie que M. Gaulin avait visitée en 1842, il avait consacré quatre nouvelles chapelles et deux grandes églises en pierre de taille, l'une à Péterborough, petite ville sur la rivière Otanabée, et l'autre

[1] Mgr Gaulin, dont les fatigues augmentaient chaque année les infirmités, reçut ensuite un coadjuteur dans la personne de M. Patrick Phelan, qui fut nommé évêque de Carrhes, et consacré le 20 août 1843. Mgr Gaulin lui a depuis cédé l'administration de son diocèse.

à Belleville, bourg charmant situé sur la baie de Quinté, à l'embouchure de la rivière Moria, sur le lac Ontario.

L'accroissement rapide de la population, dans une aussi vaste province que le Haut-Canada, y créait sans cesse de nouveaux besoins. Pour y subvenir plus aisément, le diocèse de Kingston fut divisé. La partie la plus occidentale fut érigée en évêché particulier, le 17 décembre 1841, et Rome en conféra le titre à Michael Power, curé du village de la Prairie près de Montréal. Le nouveau prélat fut autorisé à désigner lui-même les limites de son nouveau diocèse, et à prendre son titre épiscopal de la ville où il croirait pouvoir établir le plus convenablement son siége. Il fut sacré, le 8 mai suivant, dans l'église de la Prairie, par l'évêque de Kingston, assisté dans cette circonstance solennelle par celui de Montréal et M. Turgeon, coadjuteur de Québec. Il fixa le même jour les limites de son église, et prit le titre d'évêque de Toronto, du nom de cette ville, à qui on avait donné le titre de capitale du Haut-Canada.

Toronto était le nom indien d'un village qui avait reçu anciennement des Anglais le nom d'York. C'était alors déjà une jolie ville, dans une situation délicieuse sur le lac Ontario, qui en cet endroit forme une rade magnifique fortifiée par une forteresse en bon état. Quelques années à peine s'étaient écoulées depuis que Toronto n'était qu'un désert occupé par un petit nombre de huttes sauvages, et maintenant elle possédait tous les édifices qui sont du ressort d'un gouvernement, et plusieurs temples, chaque secte ayant le sien à côté de l'église des Catholiques [1].

Ce fut l'évêque Power qui rendit les missions du Haut-Canada aux pères de la Compagnie de Jésus. Nous avons dit que le premier poste où ils se fixèrent fut l'ancienne Assomption, dans la petite ville de Sandwich, vis-à-vis de Détroit. L'île Walpole, qui ressemble à un oasis de verdure sur les eaux du détroit, à l'entrée du lac Saint-Clair, fut l'endroit qu'ils choisirent pour leur première mission. Cette île n'avait d'autres habitants que des Indiens, mélange de diverses tribus, mais qu'unissait un esprit de nationalité dont on trouve rarement des exemples. Seuls ils se glorifiaient parmi les autres Peaux-Rouges d'être restés fidèles aux coutumes de leurs ancêtres. Ennemis, par conséquent de tout ce qui pouvait avoir l'apparence du Christianisme, ils nourrissaient et fortifiaient par l'habitude des pratiques mystérieuses de l'antique jonglerie américaine leur éloignement pour la prière et la civilisation chrétienne. Les missionnaires y furent, ainsi que dans les commencements de leur apostolat dans le Canada, deux siècles auparavant, exposés à de rudes épreuves ; mais Dieu cependant ne les laissa pas sans consolations.

A vingt-cinq milles de Walpole, à l'endroit où les eaux du lac Huron se précipitent dans la rivière Saint-Clair, les méthodistes avaient établi une station ap-

[1] Toronto avait en 1835 une population de 10,000 habitants.

pelée Port-Sarnia sur une réserve indienne où chaque année ils viennent renouveler les hurlements et les convulsions de leur *camp-meeting*. Ce fut néanmoins en ce lieu que Dieu préparait un troupeau aux missionnaires de Walpole, qui ne tarda pas à leur donner des preuves de sa ferveur. De Port-Sarnia à la grande île Manitouline la distance est d'environ deux cents milles. Les Jésuites y trouvèrent, en y débarquant, une population de près de douze cents Sauvages, établis dans cinq villages différents. L'un d'eux avait des cabanes bien bâties, une belle église, une école et des ateliers, où l'église d'Angleterre avait réuni tous ceux qu'elle avait attirés dans son sein. Ces convertis du protestantisme ne montaient cependant qu'à cent-soixante, quoique la secte donnât régulièrement une habitation gratuite et d'autres gratifications à ceux qui consentaient à se faire protestants.

Les Catholiques, au nombre de sept cents, ne recevaient rien, et ils augmentaient tous les jours. La grande île Manitouline était admirablement située pour recevoir les Indiens. Vaste, riche, et fertile, on pouvait la considérer dès lors comme la terre promise future où le Seigneur se disposait à appeler les restes dispersés des tribus algonquines [1]. Leurs longues infortunes et leur fidélité avaient fait monter vers le Ciel un cri de détresse qui avait touché le cœur de Dieu. Que

[1] La langue algonquine était la langue commune des Hurons, des Ottawas, et de la plupart des anciennes nations alliées de la France en Amérique au nord des grands lacs; c'est de cette langue que ces peuplades prenaient également le nom commun d'Algonquins.

de changements s'étaient opérés dans les deux mondes depuis que les Jésuites avaient cherché à fonder leur première mission dans l'île Manitouline, en 1649, après le martyre sublime des Lallemand et des Brébeuf! Mais rien, depuis cette époque, n'avait changé dans l'île sacrée des Wyandots. Ses rivages, ses forêts, ses rochers granitiques avaient conservé leur beauté primitive, et la race mystérieuse des grands lacs y a fixé de nouveau son wigwam. Les steamers gigantesques des Etats-Unis, des navires de tout genre sillonnent les eaux du lac Huron, où ils ont remplacé les canots d'écorce de bouleau; mais c'est à peine si l'un d'eux aborde par intervalle aux rives de la Manitouline. Les Sauvages seuls continuent à s'y transporter dans leurs barques et leurs canots, creusés dans un tronc d'arbre, comme au temps du père Daniel.

Au mois de juillet, époque des présents, on voit ces canots arriver par centaines de tous côtés, mais principalement du lac Supérieur. Les tentes, les huttes de joncs et de branchages s'élèvent rapidement, et l'on voit se dresser des camps autour des baies pittoresques de l'île Manitouline. On voit bien çà et là des hommes et des choses qui annoncent la civilisation, mais dont la présence même est un contraste. Le grand spectacle, c'est la vie sauvage en temps de paix et dans ses jours solennels. Alors la Robe Noire peut, comme il lui plaît, se promener autour de ces camps, entrer dans les cabanes, prendre place sur la natte du chef; le missionnaire peut causer, prêcher, se faire tout à tous, sauvage même pour gagner les Sauvages. Une chose néanmoins lui manque : le temps; car, aussitôt que la distribution des présents est finie, cette foule se disperse. On conçoit cependant les heureux résultats que le ministère sacré pourrait obtenir dans une réunion si nombreuse [1].

Lorsque les Jésuites eurent pris possession de Sandwich, le père Choné fut le premier qu'on chargea de visiter l'île Manitouline. Il s'y trouva avec l'abbé Proulx, qui depuis plusieurs années n'avait cessé de travailler parmi les Indiens de cette île, mais qui manquait de collaborateurs dans ses travaux évangéliques. Le Seigneur ne tarda pas à lui en envoyer dans la personne du père Hannipeaux, qui fixa son séjour au village de Sainte-Croix de Manitouline, lequel devint en peu de temps le centre des missions du lac Huron. En même temps l'évêque de Détroit, d'accord avec celui de Toronto, appelait les Jésuites au Sault-Sainte-Marie, et leur montrait du doigt les vastes régions qui s'étendent au-delà du lac Supérieur. « Mais déjà, dit un missionnaire [2], quand sur les bords du lac Saint-Clair, l'année dernière, nous dressions notre tente, déjà nous songions à la transporter sur le rivage de quelques-unes des baies du plus grand lac du globe, en face de cette immensité de forêts, de prairies, et de lacs, qui s'étend jusqu'aux Montagnes-Rocheuses.

[1] *Annales de la Propagation de la Foi*, lettre du P. Chazelle, avril 1845.

[2] Id., ibid.

» Cette pensée, ce désir, continue le même missionnaire, tiennent au fond même de notre entreprise, et sont impérieusement commandés par les circonstances ; car les nations indiennes les mieux conservées, les plus nombreuses, sont répandues dans ces immenses territoires de l'ouest qui touche au lac Supérieur. La plupart n'ont jamais eu de missionnaires catholiques, et depuis assez longtemps elles sont visitées par des prédicateurs méthodistes. Quand on s'arrête à cette pensée, il n'est pas besoin d'avoir beaucoup de zèle pour sentir ses entrailles émues. Je dirai encore une chose : ces Sauvages tels que nous les connaissons, depuis le lac Saint-Clair jusqu'au lac Supérieur, ont de quoi intéresser vivement quiconque a quelques sentiments apostoliques, non-seulement à cause de leurs grandes infortunes nationales, de leur misère privée, qui est quelquefois extrême, et de leur déplorable situation aux yeux de la foi, mais encore par les qualités estimables qui se révèlent à côté de leurs défauts et de leurs tristes penchants, par l'inclination qu'ils manifestent pour le Catholicisme, et par l'autorité puissante, paternelle, divine, qu'ils aiment à reconnaître dans la Robe Noire. »

Seule, en effet, l'Église Catholique, cette sage et tendre mère de tous les habitants du globe, peut donner à chaque peuple, comme à chaque individu, ce qu'il lui faut pour la vie présente et pour la vie à venir. Elle avait su rendre l'Indien fervent et heureux, en modifiant sa nature et ses habitudes, sans pour cela qu'il cessât d'être Sauvage. Moins, au contraire, il avait eu de rapports avec l'habitant des cités, plus sa régénération avait été aisée et durable. C'est en vue de cette considération que la grande Manitouline paraissait offrir aux Jésuites un refuge si assuré pour les Sauvages. Loin des sectes et des vices des hommes civilisés, loin des marchands et surtout des vendeurs de boissons enivrantes, ils avaient, en se fixant dans cette île, l'espoir de recueillir un grand nombre de ces pauvres enfants des forêts, que poursuit depuis deux siècles, jusque dans leurs retraites les plus âpres et les plus éloignées, cette civilisation matérielle, fille du protestantisme, qui les a dispersés et anéantis.

Si les travaux des premiers missionnaires du lac Huron étaient pénibles, ils en étaient amplement dédommagés par les consolations que leur donnaient les Sauvages. Le père Choné avait rejoint à son tour la mission de la grande Manitouline. Après lui vint le père Nicolas Point; ils avaient à eux seuls plus de vingt postes à visiter, soit dans cette île, soit sur le continent voisin. Quelques-unes de ces stations, qui renfermaient de cinquante à cent néophytes, étaient éloignées jusqu'à trente lieues du village de Sainte-Croix, et le père Point, quoique robuste et plein d'activité, s'estimait heureux de pouvoir une fois chaque année accorder quelques jours à un certain nombre de ces stations chrétiennes [1]. La mission de l'île Sainte-Croix et celles de l'Immaculée-Conception du lac Supérieur, du Sacré-

[1] *Annales de la Propagation de la Foi*, article *Canada*, année 1850.

Cœur de l'île Walpole, et du Sault-Sainte-Marie, principalement composées d'Indiens, étaient fort laborieuses; mais, sans jeter d'éclat, elles produisaient des fruits solides et bien précieux aux yeux du Seigneur.

Les missionnaires du Sault-Sainte-Marie desservaient une station de Sauvages qui en était éloignée d'environ quatre-vingts lieues. L'Immaculée-Conception avait plusieurs postes à quarante, à cinquante, et à soixante milles de distance. A la fatigue des excursions se joignaient d'autres épreuves bien pénibles au cœur du missionnaire. C'est ainsi qu'une nuit du mois de mars 1850, pendant que le père du Ranquet était absent de son village, son église et son presbytère devinrent la proie des flammes : on ne sauva rien de l'incendie; et l'opinion commune, même parmi les protestants, en attribua la cause à la haine de quelques chefs infidèles, attisée encore par l'esprit hostile des sectes voisines [1].

La partie supérieure du Haut-Canada occupait à elle seule la plupart des missionnaires que la Compagnie de Jésus avait envoyés dans cette contrée, où ils avaient non seulement repris les antiques missions de leurs pères, mais où ils en avaient encore ajouté un grand nombre d'autres. Bénis par les secours d'en haut, ils se voyaient investis de la confiance de l'évêque de Toronto, qui les appuyait de tout son pouvoir, lorsque ce prélat succomba tout-à-coup à une courte maladie. Michael Power

[1] *Annales de la Propagation de la Foi*, article *Canada*, année 1850.

était jeune encore quand Dieu l'appela à lui, dans le cours de l'année 1848. Le bien immense que les Jésuites avaient opéré engagea les Canadiens et le clergé à demander au Souverain-Pontife de donner pour successeur au prélat défunt un des enfants mêmes de saint Ignace, malgré les statuts de leur ordre qui s'opposaient à ce qu'aucun d'eux fût élevé en dignité. Le père Larkin, Anglais de naissance, aussi distingué par les qualités de son cœur que par ses vertus et ses connaissances, fut désigné à Rome et reçut les bulles qui l'instituaient évêque de Toronto. Mais il supplia humblement la Propagande de vouloir bien agréer son refus, et il désigna lui-même le sujet qu'il croyait le plus capable de gouverner l'évêché de Toronto. C'était le pieux et zélé abbé comte de Charbonnel, qui tant de fois avait fait retentir de l'éclat de sa parole ardente la chaire de Saint-Sulpice de Montréal, dont il était l'un des membres les plus actifs. M. de Charbonnel était français. Le choix qu'on avait fait de sa personne fut approuvé par le Pape ; en conséquence, il fut consacré évêque de Toronto dans le courant de l'année 1849. Il alla bientôt après prendre possession de son siége, où il n'a cessé depuis lors de travailler avec ardeur à l'accroissement de l'Église de Dieu dans son diocèse.

CHAPITRE XXXIII.

COMPRENANT LES DERNIERS ÉVÈNEMENTS DE L'HISTOIRE CANADIENNE, JUSQU'AU PREMIER CONCILE PROVINCIAL DE QUÉBEC, EN 1851.

Réflexions sur l'état actuel du Canada. A qui ressemblent les Canadiens. Commencement de leur assimilation avec l'élément britannique. Précautions du gouvernement anglais envers le Canada en 1763. Sa politique inégale. Conservation de l'élément français. Transfert du gouvernement de Québec à Montréal. Réunion du Haut et du Bas-Canada. Injustice de l'administration à ce sujet. Bill d'indemnité en faveur des victimes de la rébellion de 1837. Révolte du parti anglais. Outrages faits au gouverneur-général lord Elgin. Saccagement et incendie du palais du parlement à Montréal. Lord Elgin transfère le gouvernement de la colonie à Toronto. Avenir du Canada. Espoir chimérique des Canadiens. Ni Français ni Anglais. Leur absorption dans la race anglo-celtique. Québec élevé au rang de métropole. Incendie des faubourgs Saint-Jean et Saint-Roch à Québec. Épidémie (ship-fever) en Canada. Charité et dévouement du clergé catholique. Opération de l'Église dans la Constitution canadienne. Mort de l'archevêque Signay. Mgr Turgeon, son successeur, convoque un concile provincial à Québec (1851).

En terminant ici le récit des missions du Canada, il ne sera pas inutile de jeter un coup d'œil rétrospectif sur la situation que la politique anglaise avait faite à cette colonie depuis la cession du traité de Paris, sur les évènements que cette politique avait amenés, et sur ceux qu'on peut encore prévoir dans un avenir prochain. En France, où le Canada n'est, pour ainsi dire, connu que de nom, excepté d'un petit nombre de personnes, on se trompe généralement dans l'appréciation que l'on fait de l'état des choses dans un pays si bien connu de nos pères, et que l'on continue à juger d'après les anciennes relations du père Charlevoix, ou d'après de vagues notions, qui ont bien de la peine à traverser l'Océan sans subir d'altérations.

Les uns s'imaginent que les Anglais, en devenant les maîtres du Canada, l'ont changé de fond en comble, et le représentent comme une colonie toute britannique, où la religion, les mœurs, et le langage de la première patrie, n'ont laissé que peu de traces, qui tendent à s'effacer davantage chaque jour. D'autres, ayant ouï dire que la Religion Catholique et la langue française y tiennent toujours le premier rang, ne voient dans la conquête qu'un changement de gouvernement, et se persuadent que l'habitant des bords du Saint-Laurent et le citoyen de Québec ou de Montréal sont encore aussi français de cœur et d'esprit que nos compatriotes des bords de la Seine ou de la Loire. Sans contester qu'il n'y ait quelque chose de vrai dans ces deux hypothèses, nous pouvons assurer, à la suite des observations qu'un séjour prolongé nous a permis de faire dans cette partie des colonies britanniques, que les uns et les autres se trompent également sur l'ensemble de la situation, et qu'ils ont tout aussi besoin de réformer leurs idées à cet égard que ceux qui, moins instruits encore, s'imaginent que le Canada est toujours comme au temps des Brébeuf et des Lallemand, où l'on ne pouvait sortir de l'enceinte de Québec sans courir le danger d'être saisi et dévoré par les Sauvages.

S'il est évident pour l'observateur que les Canadiens

sont loin d'être *anglifiés* aujourd'hui, il faut convenir aussi qu'ils ont cessé depuis longtemps d'être français. Dans le Haut-Canada, province que l'on commençait à peine à coloniser à l'époque de la conquête britannique, l'élément franco-canadien n'entre que pour un cinquième dans l'ensemble de la population, composée principalement d'Irlandais, d'Anglais, et d'Anglo-Américains. Cet ensemble offre naturellement une physionomie anglaise, mais à laquelle le voisinage des Etats-Unis et les habitudes d'une vie indépendante dans les townships donnent une ressemblance frappante avec les Américains, auxquels, en cas d'une insurrection politique contre l'Angleterre, ils seront, comme ils l'ont été déjà une fois, tout les premiers à se joindre.

Dans le Bas-Canada, au contraire, peuplé dès l'origine par la race franco-normande ou bretonne, et où il ne se trouve tout au plus qu'un quart d'origine anglaise ou irlandaise, l'élément français domine encore, surtout dans les campagnes fertiles qui bordent le Saint-Laurent. Dans les cités et les villes, il y a dans l'allure des Canadiens un je ne sais quoi qui leur est propre, qui n'est ni anglais, ni français; il y a un mélange d'antique simplicité et de politesse bourgeoise de la vieille province de France et de la nature saxonne, en même temps que d'amour du confortable anglais, qui fait que les Canadiens ne ressemblent à personne, bien que leurs mœurs en général soient plus en rapport avec le caractère français qu'avec le caractère britannique. S'il était permis de prendre en France un point de comparaison par rapport aux deux principales villes du Bas-Canada, nous dirions que Québec a beaucoup de traits de ressemblance avec la haute-ville de Boulogne-sur-Mer, et Montréal avec la partie basse ou maritime de cette ville. A Montréal et à Québec, ainsi que dans la basse et la haute-ville de Boulogne, les mœurs anglaises se sont introduites et mêlées au caractère français, en amenant même dans la langue des mots et une phraséologie anglaise qu'on ne retrouve nulle part ailleurs.

Cette observation ne laisse aucun doute sur le travail qui s'opère parmi les Canadiens et leur assimilation aux usages des Anglais. On sait, par exemple, que dans la génération née dans les vingt premières années de ce siècle, il n'y a qu'une légère minorité qui ait étudié les éléments de la langue anglaise; tandis que maintenant, d'après les rapports du commissaire de l'enquête sur l'éducation, il y a dans Québec dix fois autant d'enfants franco-canadiens qui apprennent l'anglais qu'il y a d'Anglais étudiant le français. La langue du gouvernement gagne donc évidemment du terrain, malgré l'aversion que les Canadiens ont montrée si longtemps et montrent encore si souvent aujourd'hui à l'apprendre ou à l'entendre parler. Ceci n'a rien qui puisse causer de l'étonnement, si l'on considère qu'il y a bientôt quatre-vingt-dix ans que le Bas-Canada est devenu colonie britannique, et qu'il n'avait alors qu'une population de soixante à soixante-dix mille habitants, au lieu qu'il y en a actuellement plus d'un million. Ce qui peut à juste titre nous étonner, c'est que, dans de telles circonstances, le Canada soit demeuré encore si français, et que l'assimilation des races n'ait pas eu lieu plus tôt. Mais, par une politique dont elle cherche aujourd'hui à détruire les résultats, l'Angleterre elle-même travailla jadis à maintenir une ligne de démarcation entre la race française et la race anglo-saxonne, dont les haines devenaient chaque jour plus redoutables pour le gouvernement, à mesure que ces deux races rivales croissaient en population.

« Dans les premiers règlements adoptés par le gou- » vernement anglais, à la proclamation de la paix, en » 1763, pour constituer les Canadas, dit à ce sujet » lord Durham [1], et dans la commission donnée au » gouverneur-général de la province de Québec, on re- » connaît les indices certains de l'intention qu'avait » alors le ministère d'adopter le second et le plus sage » des deux systèmes, celui de l'assimilation des deux » populations. Malheureusement la conquête du Ca- » nada fut presque aussitôt suivie des troubles qui se » terminèrent avec l'indépendance des États-Unis. » Depuis cette période, la politique coloniale paraît » avoir subi un changement complet. Prévenir un nou- » veau démembrement de l'empire devint le premier » objet de nos hommes d'état ; ils travaillèrent avec un » soin particulier, et par tous les moyens en leur pou- » voir, à empêcher le reste de nos colonies septentrio- » nales en Amérique de suivre l'exemple d'une révolte

[1] *Rapport à la reine*, etc.

» heureuse. Le caractère national des Franco-Canadiens et leur ancienne hostilité contre le peuple de la » Nouvelle-Angleterre ne favorisaient que trop la ligne » d'isolement où on voulait les retenir. La séparation » des habitants des nouvelles colonies d'avec ceux des » colonies révoltées devint l'objet principal de la politique du gouvernement, et la nationalité franco-canadienne fut maintenue en conséquence comme la » plus forte barrière à mettre entre eux et leurs voisins.

« La politique du gouvernement britannique paraît » avoir été celle de diviser ses colonies pour régner sur » elles [1], en les affaiblissant autant que possible, et » en les isolant en petites communautés incapables » de s'unir et de posséder jamais une force suffisante » pour résister individuellement à l'empire. On trouve » des preuves de cette politique dans une foule d'actes » du gouvernement britannique relatifs aux colonies » septentrionales de l'Amérique. En 1775, l'Angleterre envoya des instructions portant défense d'octroyer des terres dans la province de Québec, qui » comprenait alors le Haut et le Bas-Canada, autrement qu'en fiefs et seigneuries, et en 1786 il » fut ordonné que les concessions de terres promises » aux officiers et soldats de l'armée coloniale et aux » réfugiés loyalistes ne seraient faites que suivant la » même tenure...... Par suite de la même politique

[1] *Divide et impera.* Quel aveu dans lord Durham !

» on sépara les Franco-Canadiens des émigrants bri-
» tanniques, tout en faisant quelques efforts pour se
» concilier les premiers en leur laissant leur langue,
» leurs lois, et leurs institutions religieuses. (Ce n'était donc point d'après l'esprit de l'observation des traités.)

» C'est dans ce dessein qu'en 1791 le Canada fut
» divisé en deux provinces : on laissa aux Franco-Ca-
» nadiens la partie habitée, et la portion encore in-
» culte fut destinée à la colonisation britannique.
» Ainsi, au lieu de profiter des moyens que donnaient
» l'étendue et la nature de la province pour favoriser
» l'introduction d'une population anglaise dans les
» différentes parties du Canada, de manière à mettre
» plus aisément les Franco-Canadiens dans la mino-
» rité, le gouvernement constitua une majorité fran-
» çaise et admit, en le raffermissant, son caractère na-
» tional. Si la politique plus sage de rendre la pro-
» vince anglaise dans ses institutions eût été adoptée
» dès le commencement, et qu'on y eût persévéré, les
» Français auraient été en peu de temps surpassés en
» nombre, et l'heureuse opération des institutions li-
» bres (pas en matière de religion au moins !) de l'An-
» gleterre n'aurait jamais été arrêtée par des rivalités
» de races.

» Le gouvernement adopta non seulement la marche
» peu sage de diviser le Canada et de tenir à part une
» population française avec des institutions françaises,
» mais il ne persévéra pas même d'une manière uni-

» forme dans la suite de ce plan : car il prit vers le » même temps des mesures pour encourager l'émigration britannique dans la province qu'on disait réservée aux Français.... Or, pour maintenir une population et des institutions françaises en Canada » avec quelque chance de succès, on n'aurait dû en » accorder l'entrée à aucune institution étrangère, » ni à des races rivales l'autorisation de s'y établir. »

On ne peut s'empêcher de reconnaître que ces réflexions de lord Durham ne soient parfaitement justes quant à leur objet. Le gouvernement britannique avait commis une faute d'autant plus grande dans le commencement de sa domination, qu'en donnant aux Franco-Canadiens toutes les espérances et les moyens de conserver leur nationalité au milieu de l'envahissement de la race anglaise, il avait cherché d'un autre côté à mécontenter la population en l'humiliant dans sa religion, et en excluant les Catholiques de presque tous les emplois administratifs et politiques. Pour suivre ses plans antipathiques envers la race française et le Catholicisme, et faire du Canada une province véritablement britannique, le gouvernement anglais aurait voulu voir disparaître jusqu'aux dernières traces des mœurs, de la langue, et de la religion des Canadiens, en les amalgamant forcément à la race anglo-saxonne, et en établissant de force la suprématie de l'église anglicane sur les ruines de l'Église Catholique; mais la haine protestante dut se taire devant l'intérêt de la conservation de la colonie, et si l'on voyait dans le lointain le danger qui pourrait naître dans la suite de l'aversion mutuelle des deux races, qui croissaient en présence l'une de l'autre, on comprenait, d'un autre côté, trop bien à Londres le parti à tirer de la fidélité du clergé catholique et de l'existence de la nationalité française, qu'on regardait avec raison comme la plus forte barrière à opposer aux envahissements ambitieux des Etats-Unis.

Le lecteur a vu combien cette barrière avait servi la politique de l'Angleterre aux époques diverses de l'invasion américaine, et a pu apprécier l'étendue de sa reconnaissance à l'égard de la milice et du clergé canadiens. Mais depuis lors les choses ont changé, et le danger que le gouvernement britannique voyait, il y a soixante-dix ans, croître dans un avenir encore éloigné, mais qu'il se sentait forcé d'encourager dans son essence pour éviter un péril actuel, a pris aujourd'hui des proportions démesurées, et menace l'existence de toutes les colonies anglaises du nord de l'Amérique. Après avoir vu soutenir leur nationalité par un pouvoir étranger, les Canadiens, s'imaginant peut-être avec raison de nos jours qu'on voulait les effacer de leur propre pays, en crurent pouvoir prendre eux-mêmes la défense, et se soulevèrent à la voix de quelques avocats ambitieux, qui prirent pour prétexte la violation de leurs droits constitutionnels.

Vaincus une première fois dans leur lutte avec le gouvernement dans l'insurrection prêchée à Montréal, en 1837, ceux des Canadiens qui avaient alors rêvé l'indépendance n'avaient pas pour cela renoncé à toute espérance. Après avoir étouffé la révolte, le gouvernement avait transporté dans cette ville l'administration coloniale avec le parlement. Cette translation ne devait être que provisoire. Mais en 1841 le Haut et le Bas-Canada, séparés politiquement depuis 1791, ayant été réunis sous un seul gouvernement et une même législature, Montréal devint alors la véritable capitale de toute la colonie.

La chambre d'assemblée du Bas-Canada avait été jusqu'alors composée de quatre-vingt-huit représentants, nommés par les quarante comtés ou sections qui divisaient originairement la province. En vertu du bill de 1841, ce nombre fut réduit, afin de rabaisser l'influence de la population française. Le Bas-Canada ne compta plus que trente-six comtés, et au lieu de quatre-vingt-huit députés n'en nomma plus que quarante-deux. Le Haut-Canada, dont la population était en majorité d'origine britannique, mais bien inférieure en nombre, nommait tout autant de représentants. L'inégalité était flagrante, mais ce qui mit le comble à l'exaspération du Bas-Canada fut qu'on lui fit supporter, par suite de son annexion à l'autre province, la moitié de sa dette, qui montait à plus d'un million de livres sterling. Les deux races rivales, déjà en lutte dans le mouvement journalier des affaires, se trouvèrent désormais en face dans les brûlants débats du parlement, où elles s'envenimèrent plus que jamais. L'antagonisme exista dès lors à Montréal avec encore plus de défiances et de rivalités qu'à Québec.

Le loyalisme canadien s'était brisé une première fois contre l'injustice britannique en 1837. L'administration de lord Durham et de sir Charles Metcalf n'apaisa point les ressentiments de la population française. Dans l'espoir de la calmer, elle fit voter, en 1849, par le parlement de Montréal une indemnité pour les victimes de la rébellion précédente. A son tour, le parti anglais, dénonçant le bill d'indemnité, s'ameuta avec des cris forcenés dans la capitale, et des mécontents de toute espèce s'unirent à eux pour augmenter le bruit. Lord Elgin, alors gouverneur-général, fut insulté de la manière la plus outrageante ; on brisa sa voiture à coups de pierres. L'émeute, maîtresse des rues, soutenue sous main par une masse d'aventuriers américains, qui cherchaient à profiter de ce mouvement pour soulever le Canada, envahit les maisons de plusieurs ministres et députés, que l'on saccagea avec acharnement, et finit par mettre le feu au palais du parlement.

A la suite de cette insurrection, lord Elgin abandonna Montréal et transporta à Toronto le siége du gouvernement canadien. Il commanda à tous les membres de l'administration de le suivre dans cette ville, où il ouvrit quelques mois après les sessions du parlement. C'était une perte considérable pour Montréal ; mais la perte la plus sensible était celle de la bibliothèque nationale : outre les archives de l'ancien gouvernement de Québec, elle contenait une collection précieuse réunie par les soins de M. Faribault, de cette ville, qui vit anéantir en quelques heures les résultats de vingt années de veilles et de travaux.

L'Angleterre n'a pas plus gagné par ses concessions que par ses rigueurs : deux partis travaillent toujours le Canada. Les modérés, et ce parti comprend la portion la plus notable de la population d'origine française, préfèrent rester unis au gouvernement britannique, par l'aversion que leur inspirent les institutions purement démocratiques. La majorité de la population d'origine anglaise ou irlandaise, surtout dans le Haut-Canada, demande l'annexion au gouvernement des États-Unis, ou au moins un gouvernement indépendant, une république canadienne, et dans ce sens il ne manque pas de Canadiens d'origine française qui se joindraient à eux. Ce qui paraît certain toutefois, c'est que le jour viendra où la colonie brisera les liens de la métropole. Mais ce ne sera pas, ainsi que l'espèrent chimériquement des Franco-Canadiens, pour fonder une nationalité française sur les bords du Saint-Laurent.

Depuis le jour où ils ont pu comprendre la nécessité où se trouvait l'Angleterre d'entretenir leur caractère national, les Canadiens se sont souvent bercés de l'espoir de le conserver et de le transporter intact à travers les siècles, avec leurs mœurs, leur langue, et leurs lois, et de fonder ensuite un empire ou une république canadienne. Ni Français ni Anglais : telle était leur espérance. On voit dans une brochure publiée en Canada au commencement de ce siècle qu'à cette époque, qui est déjà loin de nous, ils avaient cessé depuis longtemps de se regarder comme français : « Mais sans parler d'une foule d'autres circonstances, y est-il dit, et dont le détail nous mènerait trop loin en ce moment, nous sommes, par notre position géographique, destinés à former un peuple entièrement différent des Français et de nos voisins eux-mêmes. La nature de notre sol, la dissemblance de nos besoins et de notre agriculture, doivent nécessairement mettre entre nos mœurs et celles des autres peuples une différence marquée. Cela est si vrai, que, dans le temps même que les Français possédaient ce pays qu'ils avaient établi, on voyait déjà dans le caractère des Canadiens des nuances très sensibles, des teintes très fortes, qui les distinguaient de leurs ancêtres. Quelques années avant la conquête, lorsqu'il entra un plus grand nombre de Français à la fois dans le pays, ils formaient déjà deux peuples, et se considéraient réciproquement comme tels. Ces marques distinctives sont tellement multipliées, que les Français et les Canadiens, quoique leur séparation ne date que d'un demi-siècle, pourraient à peine, la ressemblance de langage exceptée, être reconnus pour avoir la même origine. Cette remarque a déjà été faite avant moi par tous ceux qui ont pris la peine d'examiner les choses et de faire quelques observations à ce sujet sur les lieux. »

Si ce langage était vrai à l'époque où il fut écrit,

combien ne l'est-il pas plus encore de nos jours! et nous n'avons été que trop, à même de le reconnaître. L'auteur se trompait en parlant de la nationalité et des destinées particulières de son pays ; mais il est encore bien des Canadiens qui aujourd'hui partagent ses illusions. Malgré l'antipathie qu'ils ont éprouvée et qu'ils éprouvent encore pour leurs voisins de la Nouvelle-Angleterre, le jour viendra, selon toute apparence, où ils seront frères et unis dans la même langue et les mêmes sentiments. Malgré la lutte encore actuellement si vive entre les deux races rivales, et qui amènera infailliblement la ruine de la puissance britannique dans les colonies de l'Amérique du Nord, ces races se fondront, et l'élément français, quelque fort qu'il soit encore par le nombre et l'influence, s'absorbera dans l'élément anglo-celtique. Certes, ce n'est pas là un souhait de notre part, et nous serions heureux de voir revivre la France sur les bords du Saint-Laurent : mais telle est la marche des choses en Amérique. Dieu veuille seulement conserver aux Canadiens leur foi! c'est le plus bel héritage qu'ils aient reçu de la France, et qu'ils sauront transmettre non seulement à leurs enfants, mais encore aux descendants de ceux des races rivales dont ils sont environnés.

Cependant, la translation du siége du gouvernement à Montréal, en 1841, en ôtant à la ville de Québec une partie de son lustre, lui avait enlevé en même temps la prééminence dont elle avait joui depuis sa fondation, pour la donner à son heureuse rivale. Les

Catholiques s'en consolèrent en voyant quelques années après l'antique cité bâtie par Champlain élevée d'une manière effective au rang de métropole. Les craintes auxquelles on n'avait que trop cédé au temps de M. Plessis s'étaient dissipées au milieu des orages politiques dont le Canada avait été le théâtre, et les courageuses initiatives de l'évêque de Montréal avaient fini par faire quelque sensation à Québec. A la demande de la majorité du clergé canadien, le Souverain-Pontife donna, le 12 juillet 1844, la bulle qui érigeait en province ecclésiastique les diocèses réunis du Haut et du Bas-Canada, plaçant sous la juridiction métropolitaine de Québec les siéges de Montréal, de Kingston, et de Toronto, auxquels, en 1847, vinrent se joindre le nouveau siége de Bytown, sur l'Ottawa, et celui de St-Boniface, érigé pour Mgr Provencher, dans le territoire de la Rivière-Rouge et de la baie d'Hudson. Quoique dans ses relations avec le Canada, Rome eût continué, depuis l'évêque Plessis, à donner à ce prélat et à ses successeurs le titre d'archevêque de Québec, M. Joseph Signay fut toutefois le premier à s'en décorer officiellement; et, quelques mois après sa nomination, il reçut le pallium, qui lui fut apporté par l'abbé Hudon, vicaire-général de Montréal.

L'incendie du faubourg Saint-Roch et celui du faubourg Saint-Jean à Québec, qui se succédèrent jour pour jour à un mois d'intervalle, dans le courant de l'année 1845, vinrent affliger sensiblement le cœur de l'archevêque Signay, qui partagea charitablement ses ressources avec ceux de son troupeau que les flammes avaient ruinés. Deux ou trois ans après, une épidémie (*the ship-fever*), causée par les fièvres pestilentielles qu'apportaient les émigrants irlandais entassés dans les navires venants d'Angleterre, lui donna, ainsi qu'à son coadjuteur et à tous les membres de son clergé, l'occasion d'exercer son zèle religieux. La maladie gagna jusqu'à Montréal, où elle fit comme à Québec des ravages considérables. Le clergé canadien montra alors véritablement tout ce qu'il valait; prêtres et évêques rivalisèrent de soins et de charité auprès des tristes victimes du fléau, et ces pauvres étrangers furent secourus et consolés comme s'ils n'avaient été environnés que de leurs frères. L'épidémie, en s'appesantissant sur eux, n'épargna point les prêtres; un grand nombre furent attaqués et moururent victimes de leur humanité et de leur courage. Le coadjuteur de Québec, l'évêque de Montréal et son coadjuteur, tombés malades à leur tour, furent pendant longtemps aux portes du tombeau, dont ils ne sortirent probablement que grâce aux ferventes prières qui furent adressées au Ciel pour leur conservation dans toutes les églises.

En terminant ici l'histoire du Canada, nous ferons remarquer au lecteur, surpris peut-être de la part si large que nous y avons faite au clergé, aux évêques et aux missionnaires, que c'est à eux que cette contrée doit sa constitution. Ainsi que l'ancienne France, la nouvelle a été formée par l'Eglise, dont l'action, comme le remarque si justement M. Guizot, est visible dans toute son histoire. Si notre patrie est parvenue à un si haut degré de prospérité, de civilisation et de gloire, elle ne peut qu'en remercier ses évêques, qui s'immiscèrent dans toutes ses affaires depuis la conversion de Clovis. Le Canada, de son côté, s'il n'égale pas en tout les progrès matériels des Etats-Unis, l'emporte certainement sous le rapport moral et les véritables progrès de l'intelligence. La moralité et la probité du Canadien sont indisputables ; ses vertus paisibles, son hospitalité, sa politesse, si remarquables jusque dans les classes les plus inférieures de la société, il en est redevable entièrement à son éducation catholique. L'histoire du Canada est donc inséparable de celle de son église; et quiconque a cherché ou cherchera à la traiter à part de ses missions et de son clergé n'obtiendra jamais un résultat satisfaisant. Otez au Canada ses églises, ses colléges, ses monastères et ses hôpitaux, et vous lui ôtez la vie, vous le dépouillez de ses plus nobles prérogatives, vous lui enlevez enfin cette sève qui seule l'a animé sous le climat rigoureux où nos pères ont porté l'Eglise Catholique.

A la suite de l'épidémie dont nous avons parlé plus haut, nul événement n'est venu se faire consigner dans les annales religieuses de Montréal et de Québec, jusqu'à la mort de l'archevêque Signay, qui rendit paisiblement son âme au Seigneur, vers la fin de l'année 1850. Mgr Pierre-Flavien Turgeon a pris sa place, et a inauguré son pontificat par un de ces actes solennels que l'Eglise aime à commémorer dans ses fastes, le premier concile de la province de Québec (août 1851). Pour la première fois, depuis la fondation de l'épiscopat en Canada, tous ses évêques se sont réunis dans la cité qui vit les efforts du pieux Laval, et leurs accents ont retenti en commun pour appeler sur leurs travaux les lumières de l'Esprit-Saint, sous ces voûtes où reposent les reliques de leurs prédécesseurs. Sans doute, l'ombre sacrée du premier évêque de Québec a dû tressaillir de joie au fond de son tombeau, et du haut du Ciel, où il jouit du bonheur des justes, il a jeté un regard de glorieuse béatitude sur cette assemblée et sur celui qui la présidait. Puisse le nouvel archevêque continuer comme il a commencé, en marchant sur les traces de ses plus saints prédécesseurs, et assurer par ses travaux l'heureuse influence que la métropole du Canada a si longtemps exercée autrefois sur les vastes régions arrosées par le Saint-Laurent!

FIN.

TABLEAU CHRONOLOGIQUE

DES VICE-ROIS ET GOUVERNEURS DU CANADA

SOUS LA FRANCE.

ANNÉES

1540 François DE LA ROQUE, seigneur de Roberval, Vice-Roi.

1598 Le marquis DE LA ROCHE, Vice-Roi.

1603 Le sieur DES MONTS obtient la souveraineté de l'Acadie et dépendances.

1610 Le prince DE CONDÉ, Vice-Roi.

1664 Le duc DE MONTMORENCY, Vice-Roi.
Samuel DE CHAMPLAIN, Gouverneur.

1626 Le duc DE LÉVI, Vice-Roi
Samuel DE CHAMPLAIN, Gouverneur.

1633 Samuel DE CHAMPLAIN seul, *id.*

1636 Le chevalier DE MONTMAGNY, *id,*

1647 Le chevalier D'AILLEBOUST, *id.*

1653 Le comte DE LAUZON, *id.*

1636 Le chevalier DE MÉZY, premier Gouverneur-Général.

1665 Le marquis DE TRACY, Vice-Roi.
Le comte DE COURCELLES, Gouverneur-Général.

1666 Le comte DE COURCELLES seul, *id.*

1672 Le comte DE FRONTENAC, *id.*

1682 Le marquis DE LA BARRE, *id.*

1685 Le marquis DE DENONVILLE, *id.*

1689 Le comte DE FRONTENAC, pour la seconde fois, *id.*

1699 Le chevalier DE CALLIÈRES, *id.*

1703 Le marquis DE VAUDREUIL, *id.*

ANNÉES

1726 Le marquis DE BEAUHARNAIS, *id.*

1747 Le comte DE LA GALISSONNIÈRE, *id.*

1749 Le marquis DE LA JONQUIÈRE, *id.*

1752 Le marquis DU QUESNE DE MENNEVILLE, *id.*

1755 Le marquis DE VAUDREUIL DE CAVAGNAL, *id.*

1760 Fin du gouvernement français en Canada.

SOUS L'ANGLETERRE.

1765 James MURRAY, Governor.

1766 Paulus-Emilius IRVING, President.

— Guy CARLETON, Lt. Governor and Commander-in-Chief.

1770 Hector J. CRAMAHÉ, President.

1774 Guy CARLETON, Lt. Governor, *pour la seconde fois.*

1778 Frederick HALDIMAND.

1784 Henry HAMILTON, Lt. Governor and Commander-in-Chief.

1785 Henry HOPE, *id.*

1786 Lord DORCHESTER (Guy CARLETON), Governor-General.

1791 Colonel CLARKE, Lt. Governor and Commander-in-Chief.

1793 Lord DORCHESTER, *pour la seconde fois*, Governor-General.

1796 Robert PRESCOTT.

1799 Sir Robert S. MILNES, Bart. Lt. Governor.

1805 Hon. Thomas DUNN, President.

1807 Sir John-H. CRAIG, K. B. Governor-General.

1811 Hon. Thomas DUNN, *pour la seconde fois*, President.

— Sir John PREVOST, Bart. Governor-General.

1815 Sir G. DRUMMOND, G. C. B. Ad.-in-Chief.

1816 Sir John WILSON, Administrator.

— Sir John C.-C. SHERBROOKE, G. C. B. Governor-General.

1818 Duke of RICHMOND, K. C. B. Governor-General.

1819 James MONK, President.

1820 Sir PEREGRINE MAITLAND, *id.*

— Earl (comte) of DALHOUSIE, G. C. B. Governor-General.

1824 Sir Francis Matt. BURTON, K. C. G. Lt. Governor.

ANNÉES

1825 Earl of DALHOUSIE, *pour la seconde fois*, Governor-General.

1828 Sir James KEMP, G. C. B. Governor-General.

1830 Lord AYLMER.

1835 Lord GOSFORD.

1838 Lord DURHAM.

1845 Sir Charles METCALF.

1849 Lord ELGIN.

ARCHEVÊCHÉ ET ÉVÊCHÉS DU CANADA

DIOCÈSE DE QUÉBEC.

1.	FRANCOIS	de Laval-Montmorency, évêque de Pétrée, vicaire-apostolique de la Nouvelle-France.	1658
		Evêque de Québec.	1670
2.	JEAN	Baptiste de la Croix Chevrière de Saint-Valier.	1688
3.	FRANCOIS II	Louis Duplessis-Mornay.	1727
4.	PIERRE	Herman Dosquet.	1732
5.	FRANCOIS III	Louis du Pourroy de l'Auberivière .	1739
6.	HENRI	Marie Du Breil de Pontbriand. . .	1740
7.	OLIVIER	Briand.	1766
8.	LOUIS	Philippe Mariaucheau d'Esglis. . .	1784
9.	JEAN II	François Hubert.	1788
10.	PIERRE II	Denaut.	1797
11.	JOSEPH	Octave Plessis. . . . . ,	1806
		Nommé archevêque.	1819
12.	CLAUDE	Bernard Panet, 2e archevêque. . .	1825
13.	JOSEPH II	Signay, 3e archevêque.	1832
14.	PIERRE III	Flavien Turgeon, 4e archevêque. .	1850

DIOCÈSE DE MONTRÉAL.

			ANNEES
1.	JACQUES	Lartigue, évêque de Telmesse, et administrateur du district de Montréal	1820
		Evêque de Montréal.	1836
2.	IGNACE	Bourget.	1840

DIOCÈSE DE KINGSTON.

1.	ALEXANDRE	Mac Donell, évêque de Regiopolis et vicaire-apostolique du Haut-Canada	1819
		Evêque de Kingston.	1826
2.	REMI	Gaulin.	1840

DIOCÈSE DE BYTOWN.

1.	PIERRE	Guigues, évêque de Bytown. . . .	1847

DIOCÈSE DE TORONTO.

1.	MICHAEL	Power, évêque de Toronto. . . .	1841
2.	. . . . .	De Charbonnel.	1859

DIOCÈSE DE CHARLOTTETOWN.

(ILE DU PRINCE-EDWARD.)

1.	BERNARD	Angus Mac Eachern, évêque de Rose, vicaire-apostolique des provinces du golfe Saint-Laurent.	1819
		Evêque de Charlottetown. . . .	1829
2.	BERNARD II	Donald Mac Donald.	1837

DIOCÈSE DE FREDERICTON.

(NEW-BRUNSWICK.)

1.	WILLIAM	Dullard, nommé en.	1845
2.	. . . . .	. . . .	1851

DIOCÈSE D'HALIFAX.

			ANNÉES
1.	EDMUND	Burke, évêque vicaire-apostolique de la Nouvelle-Ecosse.	1818
2.	WILLIAM	Fraser, 2e vicaire-apostolique. . .	1821
		Evêque d'Halifax.	1842
3.	WILLIAM II	Walsh. . . , ...	1844

DIOCÈSE D'ARISHAT.

1.	WILLIAM	Fraser, transféré d'Halifax. . . .	1844
2.	. . . . .	. . . . . . , ...	1851

VICARIAT-APOSTOLIQUE ET DIOCÈSE DE TERRE-NEUVE.

1.	JAMES	Lewis O'Donnell, évêque de Thyatire	1796
2.	. . . . .	Lambert, évêque de Chytre. . . .	—
3.	THOMAS	Gillow, évêque d'Hypsopolis. . . .	1818
4.	THOMAS	Scallan, évêque de Drago. . . .	1818
5.	MICHAEL	Fleming, évêque de Carpasia. . .	1829
		Evêque de Saint-John de Terre-Neuve	1847
6.	. . . . .	Murdoch.	1850

DIOCÈSE DU TERRITOIRE DE LA BAIE D'HUDSON.

1.	. . . . .	Provencher, évêque de Juliopolis, vicaire-apostolique de la Rivière-Rouge.	1822
		Evêque de Saint-Boniface. . . .	1847

TABLE DES MATIÈRES

TABLE ALPHABÉTIQUE DES MATIÈRES

FIN DE LA TABLE DES MATIÈRES,

www.ingramcontent.com/pod-product-compliance
Lightning Source LLC
LaVergne TN
LVHW020533230826
846091LV00002B/263

9782019685126